가정교회에서
길을 찾는다

가정교회에서 길을 찾는다

지은이 | 최영기
초판 발행 | 2015. 11. 23
7쇄 발행 | 2024. 4. 12
등록번호 | 제1988-000080호
등록된 곳 | 서울특별시 용산구 서빙고로 65길 38
발행처 | 사단법인 두란노서원
영업부 | 2078-3352   FAX | 080-749-3705
출판부 | 2078-3331

독자의 의견을 기다립니다.
tpress@duranno.com   www.duranno.com

신약교회 회복을 위한 가정교회 20년의 기록

가정교회에서
길을 찾는다

최영기 지음

두란노

contents

내가 휴스턴 서울교회에 부임한 때는 1993년 1월이고, 가정교회를
출범시킨 때는 같은 해 10월이다. 2012년 8월, 은퇴를 앞둔 어느 날,
성승현 국제가정교회사역원 총무가 찾아와서 '가정교회 20년 사'를
집필하여 기록으로 남겨 두는 것이 어떻겠느냐는 제안을 했다.

나의 성향은 미래 지향적이기 때문에 지난날을 돌아보는 일에 별
로 관심이 없다. 그래서 개인적으로는 일기를 쓴다거나 사진을 찍어
서 보관하는 일이 거의 없다. 교회 창립 20주년이나 30주년 기념행
사 같은 것도 부질없는 일이라고 생각하는 사람이라, 이 제안에 당연
히 시큰둥할 수밖에 없었다. 이런 반응에도 성승현 총무는 굴하지 않
고 이 책의 필요성을 강조했다.

"단순히 가정교회 20년을 기념하자는 것이 아닙니다. 그동안의 사
역을 정리해서 기록으로 남겨 두면 최 목사님이 은퇴하신 뒤에도 가
정교회가 계속 발전할 것 같아서 드리는 말씀입니다."

이 말에 결국 설득당했다.

지난 20년을 되돌아보면 성경적인 교회를 세우겠다는 의지만 있
었지, 꿈도 비전도 없었다. 계획도 없었고, 구체적인 방법도 몰랐다.
성경 하나 붙들고, 문제가 생기면 하나님의 음성을 기다리며 상황에
밀리다시피 여기까지 오다 보니 20년이 흘렀다. 그럼에도 불구하고

가정교회는 신약교회를 회복하는 큰 운동이 되었다. "하나님이 하셨다"는 말 밖에는 설명이 되지 않는다.

휴스턴은 미국 전체로 따지면 4대 도시지만, 한인 인구로만 따져보면 변두리 지방에 있는 작은 도시에 불과하다. 이런 작은 도시에서 시작된 가정교회가 지역, 문화, 언어, 세대를 뛰어넘어 전 세계로 퍼져 가고 있으니 하나님이 하셨다는 말 밖에 무슨 말을 할 수 있겠는가? 그래서 이 책의 주인공은 하나님이시다. 휴스턴에서 시작된 가정교회가 하나님의 주도로 어떻게 세계 곳곳으로 번져 가게 되었는지, 하나님의 손길을 보고자 하는 것이 이 책의 핵심이다.

이 책은 휴스턴 서울교회의 성승현, 김예자, 박인배, 이렇게 3명이 가정교회 20년 사의 제작 위원이 되어 가정교회의 확산에 한 자락을 담당했던 분들을 직접 찾아가서 일일이 인터뷰하고, 원고를 부탁했다. 이렇게 작성한 초고를 토대로 이 책을 출간할 수 있었다. 이 분들의 역할이 컸기에 공동 저자로 이름을 넣고자 했으나, 가정교회를 위해 섬긴 것이지 자신들의 이름을 알리려고 한 것이 아니라며 극구사양해 내 이름만 넣게 되었다. 그러나 이 책은 4명의 공동집필임을 알아주기 바란다.

이 책을 통해 지난 20년 동안 하나님이 신약교회의 회복을 위해 어떤 식으로 일하셨는지를 보았으면 한다. 그래서 앞으로 20년, 40년, 60년을 넘어 가정교회를 통해 일하실 하나님의 인도하심에 대한 기대가 생겨나기를 소망한다.

2015. 11.

최영기

chapter 1

휴스턴 서울교회,
처음부터 좋은 교회는 아니었다

휴스턴 서울교회를 신약교회의 샘플로 삼아 벤치마킹하는 목회자들과 가정교회를 체험하기 위해 2~4주간 시간을 내어 연수를 받으러 오는 목회자들이 있다. 그러나 휴스턴 서울교회가 처음부터 건강한 교회였던 것은 아니다.

훈련된 교인을 준비해 놓은 1대 목사

휴스턴 서울교회는 평신도 몇 명이 모여서 성경 공부를 하다가 담임 목사를 청빙하여 시작된 교회이다. 1978년에 부임한 1대 목사는 일반 대학을 졸업한 뒤에 신학을 공부했는데, 학문적으로 탁월한 분이었다. 헬라어 단어를 풀어 가며 전하는 설교에는 깊이가 있었고, 지적 목마름을 가진 사람들에게 깊은 감명을 주었다. 또한 성경 공부를 철저히 시켜서 교인들을 말씀으로 무장시켰다. 목회 능력도 탁월했다. 교회를 시작한 지 3년 만에 지금의 휴스턴 서울교회가 소재하고 있는 부지 7에이커(약 8,500평)를 장만하고 장차 교회 건물을 지을 터전을 마련했다.

그런데 부임한 지 7년째 되던 해에, 큰 도시에 있는 교회로부터 담임 목사로 청빙을 받게 됐다. 청빙을 수락하고 휴스턴 서울교회를 떠나려고 마음먹었는데, 이를 알게 된 교인들이 강력히 만류했다. 그래서 결정을 번복하고, 휴스턴에 머물기로 했다. 그러나 담임 목사가 다른 교회에 가려고 했다는 사실을 못마땅히 여긴 사람들이 뭉쳐서 담임 목사 사임파를 형성했다. 교회는 이때부터 소용돌이 속으로 휘말리기 시작했다. 사임파 입장에 섰던 집사장이 "우리는 더 이상 담임 목사로 인정 못하겠으니 사퇴하십시오!"라고 일방적으로 통고하기에 이르렀다.

이런 상황에 놀란 교인들이 모여서 담임 목사 유임파를 결성하고 옹호하는 목소리를 내기 시작했다. 안수집사회가 일방적으로 담임 목사에게 사임을 요구할 수 있는지, 사무총회가 담임 목사에게 유임을 요구할 수 있는지 알아보려고 교회 헌법을 펴놓고 밤을 지새우기도 했다.

이러면서 교회는 완전히 두 파로 갈렸다. 회의할 때마다 서로의 눈초리는 날카로웠고 분위기는 싸늘했다. 논리적 발언으로 상대방이 찍소리도 못하게 입막음하는 것을 목표로 했지, 진정 타협점을 찾으려는 노력은 어느 쪽에서도 찾아볼 수 없었다. 이렇게 교회가 무너져가고 있었으나, 교회 안에 둥지를 틀고 있는 악한 영의 농간이라고 생각하는 사람은 아무도 없었다. 두 파 모두 하나님은 자기편이라고 굳게 믿었기 때문이다.

교회가 이처럼 시끄러울 때, 담임 목사는 이미 잡혀 있는 일정으로 한국을 방문할 수밖에 없게 되었다. 담임 목사가 출타중인 이때 사임파의 주동이 된 집사장과 유임파의 다혈질 집사가 공석에서 치열한 싸움을 벌였다. 결국 신도사무총회에서 둘 다 직분에서 물러나도록 결정을 내렸다.

집사장석이 공석이 되어 부서기가 회의를 주관하게 되었다. 부서기는 유임파였는데, 담임 목사를 좋아해서라기보다 교회에서 목사님을 이런 식으로 축출하는 것은 옳지 않다고 생각했기 때문이다. 그래서 교회 헌법에 정해진 절차를 밟아서 담임 목사 유임안을 결정하는 임시 신도사무총회를 소집했다. 이 회의 도중에 화가 난 사임파가 일제히 자리를 박차고 나갔고, 담임 목사 유임안은 이들 없이 만장일치로 통과됐다.

일정을 마치고 돌아온 담임 목사는 자초지종을 다 듣고 난 뒤 이렇게 말했다.

"돌아오는 비행기 안에서 교회를 떠날 것을 결심했습니다. 어디로 갈지 정해지지는 않았지만, 교회에서 분란이 일어난 것은 담임 목사의 책임입니다. 책임을 진다는 의미에서 그만 물러나야 할 것 같습니다. 그게 옳은 것 같습니다."

이러한 사임 의사는 담임 목사를 지지하던 부서기와 유임파 몇 명만 알고 있었다. 그동안 유임파의 토의 내용은 누구를 통해서인지는 모르지만 사임파에게 즉시 전해졌는데, 이번 사임 의사만은 신기하게도 새 나가지 않았다.

이후에 부서기와 사임파의 수장이 마지막 협상 자리를 마련했다.

이때 사임파는 담임 목사 유임안이 만장일치로 통과된 상황이라, 담임 목사 스스로는 절대 떠날 리 없다고 판단했던 것 같다. 그래서 무슨 방법으로든 담임 목사를 사임시키고 말겠다는 생각에 치우쳤다. 그래서 "만약 담임 목사님이 사임하시면 당신들은 어떻게 할 것인가?" 하고 묻는 부서기의 말에 사임파의 수장은 조금의 망설임도 없이 "우리도 나간다"라고 말했다.

"정말, 담임 목사님이 사퇴하시면 당신들도 나갈 것인가?"

"정말이다."

"그럼 각서를 써라."

그 자리에서 각서 한 장이 작성됐다. 각서를 본 담임 목사는 그 주일에 마지막 설교를 하고 휴스턴을 떠났다. 이렇게 초대 목사는 교회를 떠났고, 반대하던 무리도 교회를 떠났다.

불황 속에서 교회를 건축한 2대 목사

|

2대 목사가 부임한 1984년에 휴스턴의 경제는 제2의 석유파동을 맞아 하향 곡선을 그리기 시작했고, 도시 전체는 경기 침체로 술렁였다. 하지만 새로 부임한 2대 목사는 1대 목사가 마련해 놓은 터에 교회를 짓기로 결정했다. 많은 교인이 직장을 잃었고, 직장에 다니는 사람들도 언제 해고 통보를 받을지 모르는 불안한 상황이었지만 뚝심으로 밀어붙였다.

교회 부지는 드넓은 진흙 더미였다. 우선 교회 부지에 컨테이너를

진흙 위에 놓여 있던 2개의 컨테이너로 교회 이전(1984년)

완공된 교회 건물의 전경(1987년)

몇 개 들여놓고 예배를 드렸다. 비록 컨테이너였지만 온전한 우리 교회였다. 그동안 미국 교회를 빌려서 예배드리다가 셋방살이를 면하고 나니 뛸 듯이 기뻤다. 마음 놓고 김치 냄새를 풍겨도 누구 하나 뭐라고 할 사람이 없으니 천국이 따로 있나 싶었다.

이듬해 2월, 진흙 더미를 고르고 정지 작업을 시작했다. 당시에 교회 앞길은 가고 오는 길이 하나뿐인 2차선 도로였다. 그런데 우리와 때를 맞춘 듯 휴스턴 시에서 그 길을 4차선으로 넓히는 공사를 시작했다. 교회 부지에 흙이 모자랄 때는 그 길에서 남는 흙을 공짜로 제공받았다. 건물의 토대가 될 시멘트를 붓고 서서히 굳도록 물을 뿌려야 할 때는 때맞춰 비가 내리기도 했다. 교인들은 휴스턴 서울교회를 향한 하나님의 사랑의 표시라며 기뻐했다. 신축 공사는 순조롭게 진행되어 건축 헌금을 약정한 지 1년, 기공 예배를 드린 지 6개월 만인 1987년 8월에 새 성전 입당 예배를 드렸다.

새 건물이 지어졌는데도 기대와는 달리 100명 남짓한 교인 수는 늘지 않았다. 한인 수가 2만 명도 채 되지 않는 작은 교포 사회기도 하지만, 더 직접적인 이유는 "그 교회는 문턱이 높다"는 소문이 났기 때문이다. 소위 '사'(師)자가 붙은 사람이 아니면 사람 취급도 받기 어렵다는 소문이었다. 사실 그런 사람들이 많은 것도 아니었는데, 남들 눈에는 이들이 부각됐나 보다.

교회는 매월 적자를 면치 못했다. 담임 목사에게 줄 사례비도 없었다. 교회가 부흥하지 못하고 재정적으로 쪼들리니까, 담임 목사의 목회 역량을 탓하는 사람들이 하나둘 늘기 시작했다. 그러다가 교회에서 중추적 역할을 하던 평신도 지도자들이 교회를 떠났고,

1992년 8월에 2대 목사가 사임했다.

7년마다 자의 반, 타의 반으로 담임 목사가 떠나기를 두 번. 이쯤 되자 또 다른 소문이 퍼지기 시작했다.

"목사 쫓아내는 교회!"

사실 대부분의 교인에게는 이런 소문을 듣는 것이 참 억울했을 것이다. 교인들의 입장에서는 두 번 다 담임 목사가 떠나지 않도록 끝까지 붙들었기 때문이다.

청빙 0순위, 3대 목사

이런 가운데서도 하나님은 신약교회 회복의 진원지로 휴스턴 서울교회를 만들기 위해 일하고 계셨다. 1대 목사는 철저한 성경 공부로 교인들의 마음에 소프트웨어를 깔아 주었고, 2대 목사는 새 성전으로 하드웨어를 장만해 놓았다. 이제 3대 목사는 이것을 활용하여 하나님의 소원을 이뤄 드리기만 하면 되는 상황이었다.

하루는 캘리포니아 주에서 사역하는 한 목회자로부터 내게 전화가 왔다. 휴스턴 서울교회에서 안수 집사로 섬기면서 신학교를 졸업하고, 목사 안수를 받은 후 캘리포니아 주로 이주해서 목회하는 분이었다.

그는 휴스턴을 떠나 있었지만 휴스턴 서울교회를 늘 마음에 둔 모양이었다. "목사 쫓아내는 교회"라는 소문이 꼬리표처럼 달려 있었지만 속사정을 잘 알기에 늘 교회를 위해 기도했다. 그런데 기도 중

휴스턴 서울교회에서 부흥회를 마치고(1992년 9월)

에 내가 머릿속에 떠올랐다고 했다. 그래서 한 번도 만난 적 없는 나에게 전화해서 식사나 한번 하자고 초청했다. 그리고 첫 대면에 휴스턴에 이런 교회가 있는데, 기도 중에 목사님이 적임자라는 생각이 들어서 만나자고 한 것이라고 말했다. 그 말을 듣고 처음에는 어이없었지만, 그가 가볍게 말을 꺼낼 사람이 아니라는 것을 알았기에 기도해보겠다고 했다. 그러나 교회에 대해 전혀 모르면서 기도하자니 답이 나오지 않았다. 그래서 나를 부흥회 강사로 초청하도록 교회에 부탁해 달라고 요청했다.

1992년 9월, 나는 부흥회 인도 차 처음으로 휴스턴이라는 도시를 방문했다. 교인들은 내 메시지를 스펀지처럼 빨아들였다. 모두가 나를 담임 목사로 모시기를 소원했다. 나는 부흥회 중에 사람들을 만날 때마다 가정교회에 대해 말하고, 가정교회를 하겠다면 청빙을 수락하겠다고 약속했다.

부름을 받기까지

담임 목사 청빙 위원의 아내로서 청빙 과정을 처음부터 끝까지 지켜보았고, 내가 인도한 부흥회에 참석했던 김예자 자매는 당시 청빙 위원들이 알고 있던 나를 이렇게 묘사했다.

최영기 목사. 그는 한국에서 일류 학교를 졸업하고 미국에 유학 와서 전자공학 박사 학위를 취득한 고학력의 소유자다. 또한 북가주에 소재한 베리안(Varian) 연구실에서 근무한 9년 동안 25편의 연구 논문을 발표할 만큼 실력이 뛰어난, 잘나가는 연구원이기도 했다.

그는 성결교단의 유명한 순교자인 최석모 목사님을 조부로 둔 독실한 기독교 가정에서 태어났다. 경기고등학교 2학년 때 세례를 받았지만, 그때까지만 해도 믿음이 없었다. 오하이오 주립대학교에서 박사 과정을 밟을 때는 학업에서 오는 스트레스를 풀겠다는 핑계로 포커를 즐겼고, 빠듯한 생활비를 쪼개서 주말이면 맥주 파티를 벌이기 일쑤였다. 그래서 박사 학위보다 음주 운전 딱지를 먼저 수여받았을 정도다.

그러던 그가 하루는 길에서 신약성경을 배포하는 미국인 전도 단원을 만나 손안에 들어가는 신약성경을 한 권 받아서 읽기 시작했다. 다 읽고 난 뒤의 소감은 "예수라는 분, 참 황당한 분이군"이었다. 그러나 이런 황당한 분에 대한 호기심을 끊을 수 없었다. 그는 프랭크 모리슨(Frank Morrison)의 《누가 돌을 옮겼는가?》(Who Moved the Stone?, 생명의말씀사)라는 책을 읽고 예수님의 부활이 부인할 수 없는 역사적 사실이라는 확신을 갖게 된다. 그리고 C. S. 루이스(Lewis)의 《순전한 기독교》(The Mere Christianity, 홍성사)를 읽으면서 기독교 신앙의 핵심을 깨닫게 된다. 곧이어 그는 예수님을 주님으로 영접했는데, 이때 그의 나이는 30세였다.

그해 여름에 콜럼버스, 신시내티, 데이턴에 있는 한인 교회들이 모여서 연합 수련회를 가졌다. 그는 그곳에서 간증할 기회를 가졌다. 그 간증을 들은 두 자매가 와서 그에게 성경을 가르쳐 달라고 했다. 최 목사는 성경 공부는 아직 자신이 없어서 다른 사람에게 양보하고, 사람을 모으는 역할을 맡았다. 또 의기투합한 몇 사람과 함께 대학원생을 중심으로 기도 모임을 만들었다. 얼마나 진지하고 뜨거웠던지, 이 모임을 통해 그를 포함하여 7명의 목사가 배출되었다.

최 목사는 박사 학위를 받은 뒤 실리콘밸리에 있는 연구소에 직장을 잡아 북가주로 이주했다. 그리고 한국에 선교사를 많이 파송한 북장로교에 속한 장로교회를 다녔다. 그 교회는 박사 학위 취득을 위해 미국에 온 분이 세운 교회였다. 그러나 그분은 유학을 보내 준 교회의 강력한 요청에 의해 박사 학위를 취득하지 못한 채 한국으로 돌아가야 했다. 최 목사가 이 교회에 출석하기 시작할 때는 그분을 다시 담임 목사로 모시자는 그룹과 다른 분을 담임 목사로 세우자는 그룹으로 분열되어 싸울 때였다.

청빙 과정에서 교회는 회의의 연속이었다. 서로 비방하고 싸우는 가운데, 결국 창립한 목사님을 모셔 오자는 측이 승리해서 담임 목사가 귀환했다. 그러나 반대하던 사람들이 교회를 나가 새 교회를 세우면서 교회가 분열되는 아픔을 겪었다. 열광적으로 담임 목사를 모셔 오자고 했던 사람들이 얼마 안 되어 또다시 담임 목사를 대적하기 시작하면서 결국 담임 목사가 임지를 옮겨야 했다. 그런 가운데 교인 중 일부가 교회를 나가 또 하나의 교회를 세웠다.

이런 소용돌이 가운데 문제 많은 교회를 바로잡기 위해서는 최 목사 같은 사람이 당회원이 되어 당회를 바로잡아야 한다고 말하는 사람들이 늘어나기 시작했다. 최 목사 자신은 자격이 안 된다고 고사했지만, 결국 장로로 피택되었다. 그러나 영적으로 아직 미숙한 사람이 장로가 되었다고 교회가 바로 세워질 리 없었다. 거듭되는 갈등과 다툼 가운데 최 목사는 영적으로 탈진되었다. 영적으로 살기 위해서는 교회를 옮기지 않으면 안 되겠다 싶어서 근처에 새로 창립한 침례교회로 옮겼다.

얼마 후 담임 목사는 최 목사에게 남침례교회에서 주관하는 장년 주일학교(주일예배 전이나 후에 장년들이 나이별로 모여서 성경 공부를 하는 모임) 세미나에 참석할 것을 권유했다. 최 목사는 장년 주일학교에 매료됐다. 성경을 통해 예수를 믿게 되어 성경을 삶의 기준으로 삼았던 최 목사에게는 교인 전체가 성경 공부를 정기적으로 한다는 것이 너무나도 매력적으로 다가왔다. 그래서 주일 장년 출석이 100명 즈음 될 때 7개 반을 만들어서 각 반마다 교사를 세우고, 장년 성경 공부를 시작했다. 교인 수가 늘어나면서 장년 주일학교 수도 늘어났다. 주일 장년 출석이 500명이 될 때는 장년 주일학교 출석도 420~430명이 되어 85%의 출석률을 자랑했다. 그는 교단에서 장년 주일학교의 유명 강사가 되어 미국 전역을 다니면서 장년 주일학교 세미나를 인도했다.

그러나 이런 성공적인 성경 공부에서도 해결할 수 없는 문제점이 노출되면서 최 목사를 갈등하게 만들었다.

첫째, 성경 공부를 통해서는 삶이 변하지 않는다는 것이었다. 침례교회 장년 주일학교 교재를 통해 7년 만에 성경 전체를 한 번 섭렵하게 된다. 최 목사가 장년 주일학교 사역을 12년 했으니까, 신구약 성경 전체를 한 번 반 공부한 셈이었다. 그런데 예수 믿고 2~3년 동안에는 성경 공부가 신앙 성장에 도움을 주지만, 그 후부터는 소위 머리만 커지는 현상을 보인다는 것을 발견했다.

둘째, 성경 공부를 아무리 오래 해도 진정한 형제자매 같은 관계가 이뤄지지 않는다는 것이었다. 성경 공부가 강의실에서만 이뤄지고, 삶을 나누지 않기 때문에 생기는 결과였다.

셋째, 성경 공부를 통해서는 전도가 되지 않는다는 점이었다.

베리안 연구원 시절(1984년)

골든게이트 침례신학대학원 졸업식(1988년 5월)

사실 미국의 장년 주일학교는 전도를 위해 만들어졌다. 전도의 열기가 있는 평신도들이 안 믿는 사람들을 초청하여 성경 공부를 하고 예수님을 영접시켰는데, 이 모임을 일반 사람들이 일하지 않는 주일에 가졌기 때문에 장년 주일학교라는 이름이 붙은 것이다. 이 모임은 교회와 별개의 모임이었는데, 이들을 교회 안으로 끌어들인 것이 남침례교회였다. 세월이 흐르면서 전도의 열기는 사라졌고, 장년 주일학교는 믿는 사람들이 모여 성경 지식을 축적하는 모임이 되고 말았다.

넷째, 교실이 부족했다. 교인 수가 많아지면서 성경공부 반도 그만큼 늘어나야 했다. 교회 건물 주변에 있는 집을 사서 장년 주일학교 교실로 사용해 보았지만, 워낙 교실이 부족해서 20~30명이나 되는 인원이 작은 방에 붙어 앉아서 성경 공부를 해야 했다.

최 목사가 41세 되던 해에 하나님은 그를 목회자로 부르셨다. 그는 골든게이트 신학대학교(Golden Gate Baptist Theological Seminary)에 입학했고, 3년 후에 목사로 안수를 받았다. 그런 가운데서도 그의 장년 주일학교 사역은 계속되었다. 그러다가 최 목사는 랄프 네이버(Ralph Neighbour)의 《셀목회 지침서》(Where Do We Go from Here, 서로사랑)와 후안 카를로스 오르티즈(Juan Carlos Ortiz)의 《제자입니까》(Disciple, 두란노)를 읽게 되었다. 후안 카를로스 오르티즈 목사의 책은 심방과 프로그램에 의한 교회 성장이 교회의 본질을 훼손시키는 것임을 깨닫고, 교회의 조직과 프로그램을 없애고 성경적인 공동체를 만든 경험을 적은 것이다. 랄프 네이버 목사는 남침례교단에 속한 3대 목사로서 교회 안에서 영혼 구원이 일어나지 않은 것을 안타깝게 여겨서 셀 교회를 통해 돌파구를 얻으려고 했다.

이 책을 읽은 후 최 목사는 적어도 교실 문제는 해결할 수 있는 해법을 발견한 것 같아서 담임 목사에게 제안했다.

"교실 대신에 가정을 성경 공부 장소로 사용하자. 시간에 쫓기는 주일에 모이지 말고, 주 중에 모여서 여유 있게 성경 공부도 하고 교제도 하자. 연령별로 반을 구성하는 대신에, 나이에 상관없이 교회 주변의 지역을 크게 나눠서 각 지역에 교사들을 임명하고, 그 지역에 사는 사람들은 그 지역에 있는 교사를 선택하도록 하자."

아마 이때쯤 최 목사의 머릿속에 가정교회에 관한 그림이 그려지지 않았나 싶다.

그러나 교인 수가 계속 증가하는 추세에서 이런 극단적인 변화를 가져오는 것은 담임 목사에게는 부담스러운 일이었을 것이다. 결국 담임 목사는 이 제안을 거절했다. 그러던 중 최 목사가 휴스턴 서울교회로부터 부름을 받은 것이다. 교육 목사로 헌신하고 교육 목사로 은퇴하려고 마음먹었던 최 목사에게는 의외의 부름이었다. 장년 주일학교를 넘어서서 신약적인 교회를 이뤄 보라는 하나님의 부르심인 것 같아서 그는 초청에 응하기로 결심했다.

희비애락의 청빙 과정

한인도 많지 않고, 1년에 여름이 8개월이나 되는 무더운 휴스턴에 담임 목사로 가는 것은 쉬운 결정이 아니었다. 나에 대한 소문을 들은 휴스턴 서울교회 교인들 중에는 그 정도의 자격을 갖춘 사람이 이 먼 시골(휴스턴이 인구로는 미국에서 네 번째로 큰 도시지만 한인 인구가 많지 않아서 한인들 사이에서는 시골로 여겨짐)에, 이 문제 많은 교회에 담임 목사로 올 리가 없다고 공언하는 사람도 있었다.

내가 섬기던 교회에서도 휴스턴으로 가는 것을 말리는 사람들이 많았다. LA만 돼도 좋아갈 텐데 왜 그리 멀리 가느냐, 목회하려면 한인이 많은 곳에 가야지 왜 한인도 별로 없는 휴스턴에 가느냐, 휴스턴 더위가 보통이 아니라는데 그런 곳에 가서 살 수 있겠느냐고 염려해 주기도 했다. 이때 나의 선택에 결정적 역할을 한 것은 아내였다. 여러 가지로 악조건이기는 하지만, 선교지로 나가는 선교사들도 있는데 휴스턴에 못 가겠느냐고 하면서, 초청을 받아들이라고 권유했다.

그런데 휴스턴 서울교회 청빙 위원들에게 위기 상황이 발생했다. 청빙 과정을 공식화하기 위해 나에게 이력서를 보내 달라고 청한 것이 화근이 되었다. 의례적인 단순한 요청이었지만, 나는 이런 답신을 보냈다.

"저를 하나님이 보내신 사람이라고 생각한다고 해서 휴스턴 서울교회에 담임 목사로 갈 것을 고려하고 있었습니다. 그런데 그게 아니라 제가 여러 후보자들 중 한 명이라면, 저는 그곳에 갈 이유가 없습니다."

이런 답신을 받고 당황한 청빙 위원장은 최영기 목사 외에는 다른 후보가 없으며, 이력서를 요청한 것은 단순히 절차를 밟기 위한 것일 뿐이라는 해명의 글을 급히 보내 왔다. 내가 청빙 과정을 무효화하자고 할까 봐 청빙 위원장과 부위원장이 금식기도원에 들어가서 사흘 금식 기도까지 했다고 한다.

　그렇게 나는 1992년 12월 31일 송구영신 예배를 인도하는 것을 기점으로 휴스턴 서울교회의 3대 목사가 되었다.

서울 휴스턴교회 부임 첫 주일 예배(1993년 1월)

chapter 2

휴스턴에 뿌리내린
신약교회

Vol. 15   No. 16   1993. 1. 17

서울 침례 교회

지난주 현금 총계

입일조: 1,877.00   주월정: 2,939.67
감 사: 1,992.33   구 역: 93.00
특 성: 570.00   합 계: 7,472.00

감 사 : 최일기(첫열매) 송창숙 남상욱 이현숙
       이춘자

지난주 출석 통계

주일낮예배: 195 명   수요기도회: 57 명
주일저녁예배: 178 명   새벽 기도회: 35 명

조직자 교녀

이번 주일부터 주보에서 십일조 및 추정헌금 바친 분의
명단을 없애고 목회지 교서를 신실하였습니다. 감사 헌금
명단은 장시의 내온을 알고 같이 기뻐할 수 있도록 그냥
두었습니다. 십일조는 신앙인으로서 당연히 하여야 할 기본
의우입니다. 그러므로 당연한 일을 하시는 분들의 명단을
발표하는 것이 좀 우스운 생각이 들어 집사님들과 의논하여
명단을 없애기로 한 것입니다. 십일조는 하나님의 은혜를
깨닫고 예수님을 주로 섬기는 사람들이 할 수 있는 최소한
의 의우입니다. 깊은 신앙생활 하시는 분들은 십일조 외에
더 많은 것을 선교와 구제에 바치십니다. 십일조 하시는
분 명단을 없애는 것이 하나님을 향한 순수한 마음을 불러

집회안내

주 일 학 교 : 오전 10:00   담임 목사 : 최 영기
주일 낮예배 : 오전 11:15   전 도 사 : 김 동원
여전아우회학교 : 오전 11:00   지 휘 자 : 박 승호
영 어 예 배 : 오전 10:15   반 주 자 : 김 은미
한 글 학 교 : 오전 9:40
주일 저녁예배 : 오후 7:00
수 요 기 도 회 : 오후 7:00
금요 구역예배 : 오후 8:00
토요 새벽기도회 : 오신 6:30

가정교회는, 신약교회

|

지금은 가정교회가 대세가 되어 구역을 '목장'이라고 부르고, 구역 장을 '목자'라고 부르며, 구역 공과 대신에 '나눔의 시간'을 갖는 교회가 많이 생기고 있다. 그러나 처음 가정교회를 시작할 때는 이런 단어도 생소했고, 이단이라는 공격까지 받았다. '가정교회'라는 단어 때문이었다. 존 스토트(John Stott) 목사가 쓴 로마서 강해 서문을 보면, 사도 바울은 로마서를 "로마에 있는 가정교회(house church)에 쓴 편지"라고 기록하고 있다. 그래서 'the house church'를 '가정교회'로 번역해서 사용했는데, 당시 통일교에서 소그룹을 '가정교회'라고 부르고 있다는 것을 몰랐다.

이런 오해와 비우호적 분위기 가운데서도 가정교회를 꾸준히 추구할 수 있었던 것은 가정교회가 '신약교회'라는 확신 때문이었다. 신약성경에 기록된 교회는 잘 조직된 교회가 아니었다. 베드로처럼 "주는 그리스도시요 살아 계신 하나님의 아들이시니이다"(마 16:16)

라고 고백을 하는 사람들의 모임이었다. 그들은 모여서 밥을 먹고, 사도들의 가르침을 받고, 기도하고, 삶을 나누며 다시 오리라고 약속하신 주님의 약속을 믿고 기다리며 기쁨 가운데서 살았다.

주님이 원하신 교회 공동체는 가족 공동체였다(마 12:49~50). 가족 공동체가 되기 위해서는 가정에서 모이는 것이 당연했다. 성령님이 가족 공동체 가운데 강하게 역사하셔서 비신자들이 그들의 사랑에 녹아지면서 교회가 점점 커졌다. 4세기에 콘스탄티누스 로마 대제가 기독교를 공인할 당시에는 로마 시민권을 가진 사람의 절반 정도가 그리스도인이라는 놀라운 결과를 가져왔다[로드니 스타크(Rodney Stark), 《기독교의 부상》(The Rise of Christianity) 참조].

이처럼 신약교회가 로마 제국을 뒤엎을 수 있었던 것은 힘에 의해서가 아니라 사랑, 기쁨, 파워가 있었기 때문이다. 나는 오늘날의 교회도 신약교회의 모습을 회복할 때 사랑, 기쁨, 파워를 체험할 수 있으리라는 신념이 있었기 때문에 가정교회를 지속할 수 있었다.

매뉴얼은, 오직 성경

휴스턴 서울교회의 3대 담임 목사로 부임하는 조건으로 내세운 것이 가정교회였다. 그러나 신약교회가 가정교회라는 것 외에는 가정교회가 어떤 것이고, 어떻게 운영해야 하는지에 대해 확실한 그림이 없었다. 매뉴얼이 있었다면 오직 신약성경 하나뿐이었다. 성경 하나 붙들고, 하나님 음성에 귀 기울이고, 들은 음성에 절대적으로 순종한다는 각오 하나로 뛰어들었다.

아마 매뉴얼이나 비전이 있었다면 오늘날의 휴스턴 서울교회는 없었을 것이다. 매뉴얼 없이, 계획 없이, 오직 '하나님의 음성에 귀 기울이고 절대적으로 순종한다'는 생각 하나만을 갖고 사역했을 때, 성령님의 인도를 받을 수 있었고, 오늘날의 가정교회가 이뤄질 수 있었다.

더불어 휴스턴 서울교회의 담임 목사는 주님이시고 나는 부목사라고 생각한 것도 오늘날 가정교회를 정착시키는 데 크게 일조했다. 말로만이 아니라 실제로 휴스턴 서울교회 부목사의 삶을 살려고 노력했다. 담임 목사이신 주님의 뜻을 알기 위해 기도 시간을 늘렸고, 교회에서 일어나는 일은 전부 주님께 고자질(?)했으며, 주님의 지시라고 생각하면 과감하게 수행했다. 담임 목사의 영역을 침범하는 건방진 부목사가 되지 않으려고 교회에 문제가 생겨도 크게 고심하지 않았다.

이러한 부목사의 자세는 가정교회를 전파하는 데도 많은 부분 영향을 미쳤다. 사역의 책임을 자신에게 지우지 않았고, 주님이 일하시는 것을 보필한다는 자세로 임했다. 외부의 비판이나 공격이 있어도 스스로 방어하려고 하지 않았고, 주님의 보호를 기다리며 의지했다. 이런 것들을 내가 해결해야 할 문제인 것처럼 지나치게 걱정하지 않으려고 했다.

이러다 보니 매뉴얼이 있을 수 없었다. 신약성경만 가이드로 삼다 보니 유동성, 다양성, 신축성을 추구하지 않을 수 없었다. 신약성경에 등장하는 교회들은 성령님 음성에 즉각적으로 순종하는 유동성과 각 교회가 갖는 다양성과 주어진 환경에 적절하게 대처하는 신축성을 보였기 때문이다.

매뉴얼 대신에 잡은 것은 '원칙'이었다. 신약성경의 복음서, 사도행전, 서신서를 보면 주님이 원하시고 사도들이 추구한 교회 생활의 원칙을 볼 수 있다. 문제가 발생했을 때 이 원칙을 붙들고 임하면 문제가 자연스럽게 해결되는 것을 발견했다. 교회가 가야 할 방향을 설정할 때도 원칙을 붙들면 방향이 쉽게 발견됐다. 방법보다 원칙을 잡으니까, 교인들도 쉽게 받아들였다. 자연스럽게 교인들 사이에 갈등도 사라졌다. 어떤 문제를 놓고 의견이 갈렸을 때 누군가가 먼저 "죽고 사는 문제도 아닌데, 당신이 원하는 대로 합시다"라고 쉽게 양보하는 모습을 보였다.

가정교회의 3축과 4기둥

가정교회의 핵심은 '성경대로'이다. 이는 단순한 성경 접근 방법을 의미한다. 성경이 그렇다고 하면 그런 줄 알고, 아니라고 하면 아닌 줄 알고, 하라고 하면 하고, 하라고 하지 않으면 하지 않는 것이다. 모든 교회의 관행이 성경에서 시작됐지만, 오랜 세월을 지나면서 신학과 관행이 끼어들어 성경과 멀어졌다. 이런 위험에서 벗어나기 위해서는 단순한 성경 접근 방법을 잡아야 한다고 생각했다.

이러한 '성경대로'의 원칙에서 추출한 것이 가정교회의 '3축과 4기둥'이다. 이 원칙도 처음부터 세워진 것은 아니다. 성경을 매뉴얼로 삼고 신약적 교회를 이루기 위해 노력하다 보니 발견된 것이다.

'가정교회의 3축과 4기둥'이라는 명칭이 형성된 과정은 가정교회의 유동성과 다양성과 신축성을 보여 준다. 가정교회 초기에는 영혼을 구원하여 제자를 만드는 교회의 존재 목적, 가르침보다 보여서 제자를 만드는 시스템, 목회자와 평신도 간의 성경적 사역 분담, 이 세 개만을 신약교회의 특징으로 붙들었다. 그리고 2007년 2월에 개최된 "제35차 목회자를 위한 가정교회 세미나"에서 이 3개의 원칙을 '가정교회의 3축'이라고 부르기 시작했다.

그런데 가정교회 연수를 위해 휴스턴 서울교회를 방문한 목회자들이 가정교회가 성공한 이유는 목자와 목녀의 섬김과 담임 목사의 섬기는 리더십 때문이라고 말했다. 그러고 보니 가정교회를 잘 하는 목회자들을 보면 섬김의 리더십이 탁월했다. 그래서 섬기는 리더십을 가정교회의 원칙에 더하기로 하고, 다음 해인 2008년 1월에 개최된 "제43차 목회자를 위한 가정교회 세미나"에서 '4기둥'이라는 명칭을 공식적으로 도입했다.

그런데 가정교회를 잘 정착시킨 교회들을 보면 목장 모임, 삶 공부, 주일 연합 예배, 이 세 개가 잘 돌아가고 있는 것을 발견할 수 있었다. 이 세 가지가 인간의 지, 정, 의를 터치해 주기 때문이라는 것을 깨달았다. 그래서 정적인 면을 터치해 주는 목장 모임, 지적인 면을 터치해 주는 삶 공부, 의지적인 면을 터치해 주는 주일 연합 예배, 이 세 개를 더 이상 필요하지 않게 된 '3축'이라는 이름을 재활용하여 부르기로 하고, 2012년 1월에 개최된 "제84차 목회자를 위한 가정교회 세미나"에서 이 명칭을 공식화했다.

3축과 4기둥이 가정교회의 중요한 원칙이지만, 그러나 핵심 가치는 아니다. 핵심 가치는 '성경대로'이다. 시간이 흘러서 3축과 4기둥이 성경적 교회를 이루는 데 충분하지 않다고 판단되면 이 용어도 바꿀 수 있어야 한다.

준비 단계

가정교회로의 전환을 처음 시도할 때는 성경적 교회를 해 보겠다는 강력한 욕구, 가능하면 신약성경에 기록된 교회에 가깝게 재현해 보겠다는 결심, 무슨 일이든 성경에 비추어 정당화될 때만 결정을 내리겠다는 고집뿐이었다. 그런 가운데서도 불안하지 않았던 것은, 주님이 원하시는 교회를 세우려고 하는데, 성령님이 바르게 인도해 주시지 않겠느냐는 생각 때문이었다.

한 가지 분명한 것은 교회는 예수님을 모르는 사람들에게 예수님을 소개하여 믿도록 해야 하고, 깨어진 인생과 가정을 회복시켜야 한다는 것이었다. 휴스턴 서울교회는 비신자를 전도하는 교회, 예수님을 영접한 사람들의 삶을 헌신의 삶으로 바꾸는 교회가 되어야 했다. 그래서 가정교회를 출발시키기 위한 준비 단계로 세 가지에 집중하기로 했다. 첫째는 교인들과의 공감대 형성, 둘째는 삶 공부로 기초 다지기, 셋째는 교회 프로그램의 가지치기이다. 이 세 가지는 가정교회로 전환하려는 교회라면 반드시 거쳐야 할 준비 과정이다. 이 과정을 무시하면 반드시 무리가 따르고 문제가 발생하게 된다.

휴스턴 서울교회는 내가 부임하기 전에 14년간 말씀으로 잘 다져졌고, 교인 수도 100여 명밖에 안 되었기 때문에 10개월간 준비하고 가정교회로 전환할 수 있었다. 그러나 대부분의 교회는 이보다 더 오랜 준비 기간을 필요로 할 것이다. 준비 기간은 교회의 연륜이 깊을수록, 교인 수가 많을수록, 교인의 평균 연령이 높을수록 길게 잡아야 한다.

교인들과의 공감대 형성

내가 휴스턴 서울교회에 부임한 것이 1993년 1월이고, 가정교회가 정식으로 출범한 날은 같은 해 10월이다. 가정교회가 출범하기 전에 9개월 동안 나는 사석이든 공석이든 가리지 않고 가정교회를 설명했다. 교회는 그리스도의 몸이고, 그리스도는 교회의 머리이시며, 가정교회는 바로 주님이 꿈꾸셨던 교회이기 때문에 가정교회 외에는 선택이 없다고 강조했다. 한 마리의 길 잃은 양을 찾아다니시는 목자 예수님의 심정을 말했다. 그러면서 교회의 사명은 믿는 사람들을 모아서 관리하는 것이 아니라, 믿지 않는 영혼을 구원하는 것임을 끊임없이 강조했다.

목장은 소그룹이 아니라 '교회'이고, 목장 모임은 단순한 모임이 아니라 '예배'이며, 목자는 단순한 리더가 아니라 '목양하는 사람'임을 강조했다. 휴스턴 서울교회에서는 한 달에 한 번 구역 모임을 가졌기 때문에 고정관념을 깨기 위해서는 가정교회가 '교회'라는 것을 반복해서 설명해야 했다. 이 점을 하도 강조하니까 이런 질문을 한 교인도 있었다.

"가정교회를 시작한 후에도 일요일에 교회에서 드리는 주일예배는 계속되는 것 맞지요?"

설교를 통해

어느 교회에 부임하든지 첫 번째 설교가 중요하다. 앞으로의 목회 방향을 설정하는 의미가 있기 때문이다. 어떤 설교를 할지 고심하다가 세 편의 설교를 하기로 결정했다.

첫 설교 제목은 에베소서 4장 25~32절에 기초한 "교회는 병원이다"였다. 교회는 건강한 사람들이 모여서 교회 생활을 즐기는 곳이 아니라 모자란 사람들, 부족한 사람들, 상처 받은 사람들이 모여서 치유받는 곳이다. 이 목적을 위해 예수님이 세상에 오셨고, 교회를 세우셨다는 것을 힘주어 말했다.

두 번째 설교 제목은 마태복음 28장 19~20절의 대사명에 기초한 "교회의 존재 목적"이다. 영혼을 구원하여 예수님의 제자로 만드는 것을 교회의 궁극적인 목적으로 삼아야 한다고 강조했다.

세 번째 설교 제목은 에베소서 4장 11~12절에 기초한 "교회 사역은 이렇게"이다. 교회에서 목사의 할 일과 성도의 할 일이 구별되어 있는 것을 말했다. 콘스탄티누스 로마 대제가 기독교를 공인함으로써 제국주의 시스템이 교회 안에 들어오고, 성직자와 평신도의 구별이 생긴 사실을 전했다. 제1의 종교개혁이 성도의 손에 성경을 쥐어 준 것이라면, 가정교회는 평신도의 손에 사역을 쥐어 주는 제2의 종교개혁이라고 볼 수 있다고 강조했다.

세 번의 설교를 통해 앞으로 세워질 가정교회의 청사진을 제시했고, 휴스턴 서울교회가 앞으로 나아갈 모습을 그렸다. 그러나 가정교회의 정신에 관해서는 세 번의 설교로 끝나지 않았다. 당시에 어떤 분이 웃으면서 이렇게 말했다.

"목사님은 어떤 주제로 설교해도 결론은 가정교회로 끝나네요. 어떤 문제를 다뤄도 해답은 가정교회군요."

휴스턴 서울교회를 담임하는 동안 방문자에게 두 편의 설교가 들어간 CD를 선물했다. 그런데 여기에 수록된 설교는 최근 설교가 아니라 내가 처음 부임해서 전한 두 번의 설교이다. 이 CD를 전달받은 한 목사님이 이렇게 말했다.

"CD를 받아 들 때 몸이 으스스해지는 느낌이었습니다. 부임하고 20년이 지난 후에도 첫 부임 설교 CD를 준다는 것은, 20년 동안 한결같이 같은 목적을 위해 목회해 왔다는 의미이기 때문입니다."

가정교회의 정신과 더불어 계속 강조한 것이 있는데, 특별히 VIP에 초점을 맞추자는 것이었다. 가정교회에서는 비신자를 VIP(Very Important Person)라고 부른다. 하나님에게 중요한 사람들이기 때문이다. 이들을 불신자라고 부르지 않고 '비신자'라고 불렀는데, 불신자는 믿기를 거부하는 사람이라는 느낌을 주기 때문이다. 요즘 사람들은 기독교 신앙을 거부하는 것이 아니라 아예 관심이 없다. 그래서 불신자보다는 비신자라는 명칭이 더 적합하다고 생각한 것이다.

비신자를 한때는 '하자분'이라고도 불렀다. '하나님의 자녀가 되어야 할 분'의 약자다. 그러나 '하자분'은 '하자가 있는 사람'이라는 인상을 준다는 의견이 있어서, 국제가정교회사역원 회원들과 의논하여 VIP라는 용어를 도입하기로 했다. 명칭을 변경할 때 회원들과 의

논해서 결정한 것은, 어떤 공동체의 고유한 명칭은 멤버들을 하나로 묶는 효과가 있기 때문이다. 자신의 의견이 반영되어야 비로소 내 것이라는 생각이 드는 것이다.

나는 영혼 구원에 목회의 초점을 맞췄기 때문에 부임하면서부터 기신자 등록을 안 받는 것을 원칙으로 했다. 그러나 처음부터 철저하게 기신자 등록을 막은 것은 아니다. 이웃 교회의 교인이 와서 주일예배를 드리면 그 교회의 담임 목사에게 이 사실을 알렸다. 그러면 고마워하기보다 기분 나빠했다. 그래서 이웃 교회의 교인이 방문하면, 다른 교회를 방문해서 그 교회의 담임 목사에게 심방도 받고 적응하려고 최선을 다해 보고, 그래도 안 되면 오라고 했다. 최선을 다했다는 증거로 그 교회의 한 달치 주보를 가져오라고 했다. 그랬더니 적응하려고 최선을 다하기는커녕 주일예배만 4번 참석하고 한 달치 주보를 가져오는 사람들이 생겼다. 결국 기신자는 등록을 거절할 수밖에 없다는 결론을 내리고, 다음과 같은 구절을 주보에 싣기 시작했다.

"예수님을 이미 영접하고 구원의 확신을 갖고 계신 방문자들은 약한 교회에 가서 돕고 섬기실 것을 권합니다."

한인 교회 출석을 안 한 지 2년 이상 되었거나, 부부 중 한 사람이 구원을 받지 못한 가정이거나, 휴스턴 서울교회 교인들과 인척 관계가 된 사람들은 조건부로 등록을 허락했다. 이것을 꼬집어서, 기신자 등록을 거절한다면서 실제로는 타 교회의 교인을 다 등록시킨다고 비방하는 이들도 있었다.

목회자 코너를 통해

성경에서는 지도자들에게 본이 되라고 했다(벧전 5:3). 성도가 목사를 보고 배우도록 하려면 자신의 솔직한 모습을 노출시켜야 한다고 생각했다. 완성된 인격을 갖춰서가 아니라, 불완전하지만 예수님을 닮으려고 얼마나 노력하는지, 자신처럼 모자라는 사람을 통해 하나님이 어떻게 일하시는지를 보여야만 교인들이 보고 배울 수 있다고 생각했다. 자신을 교인들에게 드러내는 방법 중 하나로 주보에 "목회자 코너"라는 칼럼을 쓰기 시작했다.

부임 전부터 사용하던 주보는 레터 사이즈(215.9×279.4㎜) 용지를 반으로 접어 만든 4쪽짜리 주보였다. 그래서 목회자 코너도 아주 작은 지면에 실을 수밖에 없었다. 얼마 후 리걸 사이즈(215.9×355.6㎜) 용지를 셋으로 접어 6쪽으로 모양을 바꾸고, 넓어진 공간에 본격적인 내용의 칼럼을 싣기 시작했다.

이 목회자 코너를 통해 담임 목사의 일상을 공개하는 투명 목회가 시작됐다. 일상을 진솔하게 적어 나가다 보니 나의 약점이 자연스럽게 공개되기 시작했다. 가끔은 써 놓고서 '나도 별수 없는 인간이구나' 하는 자괴감이 들기도 했지만 그대로 공개했다. 그러자 오히려 교인들과 친밀한 관계가 형성됐고, 이 관계가 쌓이다 보니 담임 목사에 대한 신뢰감으로 이어졌다. 이런 모습을 보면서 가정교회가 제대로 될 수 있겠다는 희망이 생겼다. 가정교회의 성공 여부는 교인들과 담임 목사 간의 신뢰도에 달려 있기 때문이다.

칼럼에 가정교회에 관해 갖고 있는 오해를 풀어 주는 글도 실었다. 또한 새 프로그램을 시작할 때면 그 프로그램을 하게 된 동기를 설명

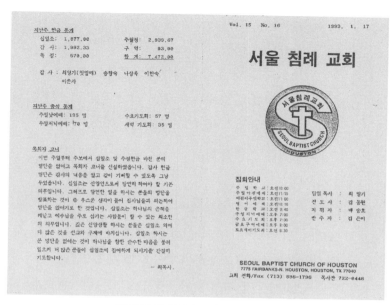
첫 목회자 코너가 실린 주보(1993년 1월 17일)

하고 필연성을 적음으로써 새로운 것을 시도하는 데 대한 두려움과
저항을 줄였다.

수양회를 통해

1993년 2월, 안수 집사 부부를 대상으로 수양회를 가졌다. 담임 목사
없이 6개월 동안 교회를 꾸려 나가느라 모두 지쳐 있었고, 감정적으
로도 메말라 있었다. 그래서 반목 대신 화해를, 오해 대신 이해를, 책
망 대신 용서를 하는 자리로 만들려고 했다. 이 수양회를 통해 안수
집사 가족들의 마음이 어느 정도 열렸고, 하나로 화합하는 분위기가
형성됐다.

이어서 4월에 전 교인 수양회를 가졌다. 전 교인이라고 해야 120명 정도밖에 안 됐기 때문에 근처에 있는 수양관을 빌려서 1박 2일 동안 시간을 가질 수 있었다. 교인들 역시 말씀에 굶주리고 감정적으로 메말라 있기는 마찬가지였다. 그래서 주제를 "하나 되게 하소서"로 잡았다. 개인적으로 만나면 모두 좋은 사람들인데, 신경이 곤두서 있고 감정이 메말라 있었다. 그래서 전체가 하나 되기란 무척 힘들다는 것을 감지한 것이다.

성격과 성품은 각기 달라도 주 안에서 하나가 될 수 있음을 가르쳐 주고 싶어서, 팀 라헤이(Tim LaHay)의 《성령과 기질》(*Spirit Controlled Temperament*, 생명의말씀사)에 기초하여 말씀을 전했다. 인간은 점액질, 우울질, 담즙질, 다혈질 등 다양한 기질을 갖고 있는데, 하나님이 아브라함, 모세, 바울, 베드로를 적절하게 들어 쓰셨듯이 각자가 모양에 따라 다르게 쓰임 받을 수 있음을 전했다. 그리고 〈한마음 주소서〉라는 찬양을 여러 번 부르면서 서로를 칭찬하는 시간을 가졌다. 한 사람이 앞에 나와서 다른 사람을 칭찬하면, 칭찬받은 그 사람이 앞에 나와서 다른 한 사람을 칭찬했다.

모두가 전에 경험하지 못한, 색다른 은혜가 가득한 수양회였다고 즐거워했다. 마지막에는 원하는 사람들을 위해 개인적으로 기도해 주는 시간을 가졌다. 그때 회개하며 예수님을 영접하게 된 한 자매는 몇 년 후에 남편과 선교사로 헌신했다. 그리고 연변과학기술대학교를 거쳐 평양과학기술대학교 교수로 섬겼다. 성령님이 강하게 역사하신 수양회였다.

새로 부임한 목회자들에게 도움이 될까 싶어서 〈참빛〉이라는 교회 정기 간행물에 게재된, 김학래 안수 집사가 쓴 수양회 소감문의 일부를 옮긴다.

"한마음 되기 위한 3단계 훈련을 마치고"

지난 4월 2~3일 동안 브렌햄(Brenham) 근처의 샌디 크리크(Sandy Creek)에서 전 교인 수양회가 있었다. 1박 2일의 짧은 기간이었으나, 재래의 수양회와는 달리 많은 기쁨과 도전이 있는 아름다운 수양회였다. 이 수양회를 인도하신 담임 목사님과 수고하신 스태프들에게 감사드리며, 특히 이 모든 것을 허락하신 아버지 하나님께 큰 영광을 드리고 싶다.

곰곰이 생각해 보니 이번 수양회가 그처럼 성공할 수 있었던 것은, 처음부터 주님이 기뻐하실 뚜렷한 주제하에 모두가 한마음이 될 기대를 가지고 참여했기 때문인 것 같다. "주님 안에 우리 모두 하나가 되게 하소서"라는 기도는 주님이 우리로부터 얼마나 듣기 원하시던 기도 제목이었을까.

그러나 주제가 아무리 훌륭해도 그것을 달성할 수 있는 효과적인 순서와 방법이 따르지 못하면 한낱 추상적인 개념에 그칠 수밖에 없다. 그런데 이번 수양회에서는 그 방법과 절차가 3단계의 과정으로 거의 완벽하게 조화를 이루어 주제를 달성할 수 있었다. 매우 감사한 일이다.

모든 문제 해결에서는 항상 문제 파악이 선행되어야 하듯, 우리 모두 하나가 되기 위한 1단계 훈련은 우선 나와 상대방을 판별(identify)하는 일로 시작됐다. 나와 상대방을 알면 백전백승이라는 손자병법의 원리가 이번 수양회에서는 전쟁이 아니라 평화의 달성에 아름답게 쓰였다.

구체적인 적용으로 우리 각자를 성경에 나오는 4개 타입의 중요 인물로 판별해 본 유형별 사례들은 매우 재미있고 효과적이었다. 하나가 되기 위해서는 먼저 서로가 다르다는 것을 인식하는 것이 문제 풀이의 필수 열쇠였던 것이다. 이 사례에서 나는 어쩌다가 감히 바울 유형으로 낙찰되었는데, 다른 것은 모르지만 단점에서는 부인할 수 없는 점이 많았다. 무엇보다 바울 유형의 사람들은 하나님의 자녀가 된 것에 크게 감사해야 한다는 데 전적으로 동감했다.

판별의 1단계가 끝나면 행동으로 옮기는 2단계로 들어가는데, 이것을 다시 두 부분으로 나눈다. 먼저 첫 번째는 나와 다른 교우 사이에 가로막힌 담을 헐어 버리는 작업이다. 구체적인 유형별 사례로서 교인마다 한 명씩 앞에 나가 가장 인상 깊었던 일화를 통해 다른 교우의 장점을 발표하는 것이다. 우리는 그동안 타인의 아름답지 않은 가십을 만끽하는 데는 시간 가는 줄 몰랐었다. 그러나 이처럼 밤늦도록 신이 나서 서로의 아름다운 점을 나눠 본 적은 별로 없었던 것 같다.

나는 한 자매님에 대해 이야기했는데, 그 자매가 교회 일을 할 때 다음의 네 가지 타입 중 마지막 경우에 해당한다고 생각했기 때문이다. 사람이 어떤 일을 할 때 마지못해서 겨우 하는 타입이 있고, 직책을 맡았기 때문에 하는 타입이 있고, 자발적으로 하되 사람들의 눈앞에서 하는 타입이 있고, 자발적으로 하되 남이 모르게 하는 타입이 있다. 마지막 타입의 목적은 분명하다. 사람보다는 하나님으로부터 인정받는 것이다. 그래서 혹시 내가 그 자매에게 누를 끼친 것은 아닌가 하는 생각이 들었다.

2단계 훈련의 두 번째는 이튿날 아침에 했는데, 모세의 얼굴을 덮은 수건에 비유하여 부부 사이에 베일을 벗기는 훈련이었다. 부부마다 따로 조용한 곳을 찾아가 상대방에게 구체적으로 자신의 마음속 깊이 갖고 있던 두려움을 솔직히 털어놓고, 그런 다음 상대방의 장점을 두 가지만 칭찬하게 했다. 우리는 이것이 첫 번째 순서보다 얼마나 더 어려운 것인지를 쉽게 깨달았다. 바쁘다는 핑계로 우리의 인간관계가 얼마나 형식적인 공백 상태에 머물러 있었는가를 고백하지 않을 수 없었다.

우리 교회의 모범 부부로 알려진 K 집사 부부는 "우리는 더 이상 벗길 베일이 없어요" 하며 발걸음도 가볍게 나갔다. 반면에 "이거 야단났군" 하며 무거운 발걸음을 내딛는 분들도 있었다. 두 번째 순서를 끝낸 소감으로 "이거 베일로만 알았는데, 막상 벗기려고 하니 용접된 콘크리트 벽이더군요. 특수 연장으로 장시간 작업해야 할 필요가 있을 것 같습니다" 하고 말하는 분도 있었다.

하나가 되기 위한 마지막 3단계 훈련은 우리 모두를 주님이 주신 사랑의 줄로 묶어 주께로 연결하는 작업이다. 이를 위한 구체적인 방법은, 모든 교우가 각자 최소한 10명의 상대를 찾아서 일대일로 만나 상대방의 두려움과 기도 제목을 나눈 후, 서로의 손을 잡고 하나님께 간절히 눈물로 기도하는 것이다. 이 기도를 나누며 우리는 너, 나 없이 모두가 얼마나 많은 고민과 갈등 속에서 몸부림치는 연약한 존재인가를 깨달았다. 동시에 그 아픔이 서로에게 전달되어 점점 한마음으로 녹아 들어가는 것을 느낄 수 있었다.

"하나 되게 하소서"란 주제는 수양회를 통해 너무나 아름답게 진행되고 알뜰하게 씨가 뿌려졌다. 100여 명 이상 참석한 교인들의 대부분이 이런 수양회를 좀 더 자주 할 수 없겠느냐고 아쉬워한 간증이 이를 입증한다. 그날 오후 샌디 크리크를 떠날 때 하늘에서는 보슬비가 가만히 내리고 있었다. 마치 어디선가 주님이 우리를 바라보시며 미소 지으시는 것만 같았다.

삶 공부로 기초 다지기

생명의 삶

가정교회가 제대로 서기 위해서는 교인들 각자가 성경의 기본 원리를 분명히 터득하여 하나님을 만나야 한다. 그래서 나는 부임한 지 두 달 후인 1993년 3월 1일에, 평신도 지도자를 대상으로 첫 '생명의 삶' 강의를 시작했다.

처음 '삶 공부'의 등록을 받기 시작할 때 약간의 두려움이 있었다. '주 중에 성경 공부를 하자고 하면 과연 등록하는 사람들이 있을까?', '등록금을 받는다고 하면 거부감을 느끼는 사람들은 없을까?', '안수 집사들 중에는 이 교재를 가지고 가르쳐 본 사람들도 있는데,

수강하겠다고 할까?', '앞으로 가정교회를 하게 되면 목자나 가정교회 임원들은 생명의 삶 수강을 조건으로 하려고 하는데, 안수 집사가 수강하지 않겠다고 하면 어쩌나?' 그래서 안수 집사들에게는 배우는 것이 없더라도 모범을 보이는 의미에서 수강해 달라고 부탁했다.

그러나 이러한 두려움은 나만의 기우였다는 것을 등록받기 시작하면서 알게 됐다. 당시에 큰 교실이 딱 하나있었는데 컨테이너로 된 방이었다. 중간 칸막이를 없애면 40명 정도가 앉을 수 있을 것 같아서 등록 정원을 40명으로 잡았는데, 등록 첫날부터 인산인해를 이루었다. 어떤 사람은 꼬깃꼬깃 접은 등록금 10달러를 접수대로 던지면서 "나 등록했어요!" 하고 소리치기도 했다. 결국 등록 인원을 2배로 늘려서 80명을 받고 일주일에 두 번, 월요일과 화요일에 걸쳐서 생명의 삶을 강의하기로 했다. 신앙 수준이 비슷한 사람들을 한데 묶는 것이 좋을 것 같다는 판단에 월요일에는 교회 생활을 오래 한 사람들, 화요일에는 교회 생활이 짧은 사람들을 대상으로 했다.

생명의 삶은 신앙의 기초를 쌓는 과목인데, 등록한 사람들이 모두 기신자였기 때문에 자칫 지루해하면 어쩌나 걱정됐다. 그런데 모두 성경 공부를 처음 하는 초신자처럼 진지하게 수강했다. 많은 이들이 이 공부를 통해 인생의 새로운 목표를 분명히 설정하게 됐다고 고백했다. 이혼의 위기에 있던 한 부부는 삶의 목표를 새로 설정하면서 가정이 회복되는 일도 일어났다. 생명의 삶은 비신자들에게 초점이 맞춰진 성경 공부지만, 조직신학의 주제를 골고루 다뤄서 균형 잡힌 신앙관을 심어 주기 때문에 기신자들에게도 도움이 된다는 것을 발견했다.

교인을 제자로 만들기 위해서는 반드시 책임감을 가르쳐야 한다. 그래서 등록금을 내고 수강하도록 했다. 강의 스케줄은 절대로 변경하지 않았다. 휴스턴은 지진이 없는 대신 일기 변화가 심한 곳이다. 어떤 때는 홍수가 나서 길이 끊기기도 하고, 태풍이 몰려와서 지붕이 날아가기도 한다. 하지만 천재지변이 생겨도, 생명의 위협이 없는 한 강의했다. 지난 20년 동안 휴강을 한 번도 하지 않았던 것으로 기억한다.

출석이나 숙제를 꼼꼼히 챙겨서 출석 수 미달이거나 숙제가 너무 밀리면 규칙대로 탈락시켰다. 교회에서 하는 성경 공부는 학교 공부보다 등한시하는 경향이 있기 때문에 이 점을 고치기 위해 더욱 철저하게 실행했다. 그런데 신기하게도 교인들은 이런 철저함에 오히려 후한 점수를 주며 잘 따라 줬다.

경건의 삶

생명의 삶이 끝나 갈 즈음에 수강생들에게 가정교회가 시작되면 어떤 사역을 하고 싶은지를 묻는 설문지를 돌렸다. 목자, 예비 목자, 교사 중 하나를 선택하도록 했는데, "아무것도 못하겠다"와 "맡겨 주는 대로 하겠다"라는 항목도 더했다. 이 중 "목자로 섬기겠다"와 "맡겨 주는 대로 하겠다"에 표기한 사람 20명을 선택해서 그들과 그들의 배우자들에게 '경건의 삶'을 제공했다. 인원이 많아서 내가 목자 그룹을 맡고, 아내가 배우자 그룹을 맡았다.

경건의 삶을 도입한 이유는, 당시 교회에는 인간의 지(知)적 욕구를 충족시켜 주는 성경 공부와 의지(意志)적인 면을 터치해 주는 사

'생명의 삶' 1기 졸업 사진(1993년)

역 훈련은 있지만, 정(情)적인 면을 터치해 주는 프로그램은 별로 없었기 때문이다. 그 당시 일반 교회에서는 기도해야 한다, 금식해야 한다, 신령과 진정으로 예배드려야 한다고 강조했지만, 구체적인 방법을 가르쳐 주는 프로그램은 별로 없었다. 그런데 신학대학원에 다닐 때 수강한 영성 훈련(Spiritual Formation) 수업에서 읽은 리처드 포스터(Richard J. Foster)의 《영적 훈련과 성장》(The Celebration of Discipline, 생명의말씀사)에 기도, 예배, 묵상, 금식, 섬김 등 제반 경건의 훈련에 대한 성경적 근거와 구체적 방법이 제시되어 있었다.

나는 신학 석사 과정에서 상담을 부전공으로 했는데, 이 책에 담겨 있는 영적 원리와 상담학에서 배우는 상담 원리를 접목시키면 교회 안에 진정한 치유가 일어나겠다고 생각했다. 그래서 이런 내용의 교과 과정을 만들어서 최종 과제물로 제공했는데, 이것이 가정교회에서 제공하는 경건의 삶의 기초가 되었다. 이 과제물을 만들 때 다음의 세 가지를 목표로 잡았다.

첫째, 경건 훈련을 한 번씩 실천하게 한다. 한 시간 기도하기, 하루 금식하기, 소각식, 세족식 등을 연습해 보도록 했다.

둘째, 내적 치유를 맛보도록 한다. 내적 치유가 일어나려면 자신을 드러내 보여야 한다. 그래서 첫 시간에 서로를 소개할 때 자신이 지금까지 살아오면서 가장 기뻤던 일과 가장 슬펐던 일을 나누게 했다. 상식적인 코멘트나 교과서적인 발언은 금하고, 간증과 질문만 하도록 해서 자신의 속마음을 자유롭게 말할 수 있도록 유도했다. 반원을 둘씩 짝을 지어서 서로를 위해 기도하면서 과거의 상처가 치유되도록 했다.

셋째, 이렇게 훈련한 경건을 습관화되도록 한다. 자신의 삶 속에서 고치고 싶은 습관 하나를 영적 과제로 삼아 매주 반원들과 함께 기도하고 점검하면서 새로운 생활 습관을 개발하도록 했다.

또한 사랑이 추상적인 단어에 머물지 않도록 하기 위해 이웃에게 작은 관심을 보여 주는 것을 과제로 삼아 매일 적도록 했다. 그리고 성경 한 구절을 과제로 내주고, 그 구절을 묵상하면서 떠오르는 생각을 자유롭게 적도록 하여 하나님 음성에 귀기울이는 연습을 시켰다.

사실 목장 모임은 이러한 경건의 삶의 내용을 거의 그대로 옮겨 놓은 것이다. 그렇기 때문에 목장 모임을 통해 삶이 변화되고, 내적 치유를 맛보며, 하나님의 임재를 체험할 수 있는 것이다.

교회 프로그램 가지치기

가정교회가 영혼을 구원하여 제자 만드는 것에 에너지를 집중하려면 영혼 구원과 직접적으로 관계가 없는 프로그램을 과감하게 정리해야 한다. 그러나 이 작업은 만만치가 않다. 오랫동안 익숙해 있던 프로그램을 하루아침에 정리하는 것은 당연히 쉽지 않다. 그래서 무리하지 않고, 스스로 알아서 해체하거나 흐지부지될 때까지 참고 기다렸다.

주일 저녁 예배를 가정 예배로

처음 휴스턴 서울교회에 부임했을 때는 주일 저녁 예배가 있었다. 아침에 예배드린 후 쉬다가 저녁에 다시 모여 예배드렸다. 모든 예배를 점검해 봤을 때 나름대로 존재 목적이 있었으나, 주일 저녁 예배만은 의미를 발견할 수 없었다. 그래서 저녁에는 가족과 함께 가정 예배를 드릴 것을 제안했다.

대부분 따라 줬지만, 이 결정에 반발한 교인들도 있었다. 모이기를 힘쓰라고 했는데, 더 모이지는 못할지언정 모임을 없애느냐며 반발했다. 그들 대부분은 내가 부임하기 전에 교회 안에서 영향력을 행사하던 사람들이었다. 전통적인 교회 생활에 익숙해 있었기 때문에 내가 전통을 깨는 것 같아 성령 충만하지 않게 보였던 것 같다. 평일에 그들끼리 모여 기도 모임을 가졌는데, 기도 내용은 새로 부임한 담임 목사가 인간적인 목회를 하지 말고 성령 충만한 목회를 하게 해 달라는 것이었다.

그들은 가정교회로 전환한 후에도 마음이 맞는 사람들끼리 목장을 형성해서 구역처럼 모임을 운영했다. 여러 모양으로 가정교회에 비협조적인 태도를 보이다가, 가정교회가 출범한 지 2년 되었을 때 10여 가정이 교회를 떠나 옆에 있는 큰 교회로 옮겼다.

지나고 보니 이 사람들은 하나님이 나에게 허락하신 고마운 존재들이었다. 대부분의 교인들이 나를 적극적으로 지원했기 때문에 자칫 오만해질 수도 있었는데, 이 사람들에게 트집거리를 심어 주지 말아야겠다는 생각에 돈 문제, 시간 문제에 있어서 자기 관리를 철저히 했기 때문이다. 하나님이 나의 자기 관리를 위해 2년 동안 이 사람들을 옆에 두셨고, 그 후에는 교회를 위해 이 사람들을 떠나게 하신 것 같다. 이 사람들이 떠남으로 인해 교회는 한마음이 되어서 영혼을 구원하여 제자 만드는 교회의 존재 목적을 위해 매진할 수 있었다. 이때부터 휴스턴 서울교회는 가시적인 성장을 보이기 시작했다. 교회를 떠난 사람들도 다른 교회에 가서 사역을 잘 하게 되었으니, 하나님 나라의 관점에서 볼 때 잘 된 일이었다.

성가대를 찬양대로

전통적으로 성가대는 눈에 띄는 사역이기 때문에 교회에서 일할 만한 일꾼은 다 여기에 몰려 있는 경우가 많다. 성가대원들은 교회에서 관심을 갖고 대접해 주니까 특권 의식을 갖기도 한다. 당시에 휴스턴 서울교회도 상황이 비슷했다.

VIP 전도를 하려면, 주일 아침에 직접 집으로 가서 예배에 데려오고, 예배 후 친교도 함께 해야 한다. 그런데 주일예배 전에 연습하기 위해 일찍 와야 하고, 예배가 끝난 후에도 연습한다고 모이니 VIP를 돌볼 기회가 없었다. 그래서 주일예배 후에 하던 성가대 연습을 수요 기도회 후에 갖도록 했다. 인원이 많아야 할 것 같은 압박감에서 벗어나도록 명칭도 찬양대로 바꿨다. 그 결과 찬양대원의 수가 대폭 줄었다. 그러나 수요일 저녁 시간을 희생해서 하나님께 찬양하는 충성스러운 대원들로 인해 찬양이 더 은혜로워졌다.

한글 학교는 한인회에서 제공하는 것으로

당시 주일에 1시간 정도 가르치는 한글 학교가 있었는데, 1시간 가르쳐서는 큰 효과를 기대할 수 없었다. 그런데도 많은 인원이 이곳에 투입되고 에너지가 많이 소요되고 있었다. 그래서 이를 없애고, 휴스턴 한인회에서 토요일에 제공하는 한글 학교에 보내는 것을 권장했다.

남녀 선교회의 자진 폐지

당시에 남선교회는 정기적으로 회보를 발행할 만큼 활발한 활동을 하고 있었고, 여선교회 역시 정기적으로 헌신 예배를 드리고 바자회도 갖는 등 열심히 활동을 하고 있었다. 가끔 전도 활동을 하기도 하지만 친교가 주목적이었다. 그런데 가정교회를 시작하면서 목장이 전도의 주체가 되니까 남녀 선교회의 필요성이 없어졌다. 선교회별로 맡아서 하던 부엌 봉사 등 교회 내 행사를 목장별로 맡게 되니까 선교회가 할 일이 없어졌다.

결국 남녀 선교회원들이 자진하여 헌신 예배를 폐지하고, 선교회 모임도 한 달에 1번을 3달에 1번으로 횟수를 줄였다. 그리고 2년 후에는 자진하여 선교회 폐지를 결정했다.

인내를 갖고, 조심스럽게

이처럼 모든 것을 단칼에 정리한 것은 아니었다. 예를 들어 주일 저녁 예배를 없앨 때는 1년간 시험적으로 예배를 안 드려 보고, 1년 후에 결과를 봐서 필요하면 부활시키자고 했다. 그런데 1년 후에 부활시키자는 사람이 한 명도 없어서 자연스럽게 없어졌다.

나는 가지치기를 하기 전에 철저하게 교인들을 설득했다. 가지치기가 교인을 돕기 위한 것임을 계속 강조했다. 평신도들이 제한된 시간과 에너지와 재정을 갖고 교회를 섬기는데, 이러한 것들이 본질적인 것에 집중되지 않고 낭비되는 것을 막기 위해서는 가지치기가 불가피함을 강조했다. 그리고 교인들이 가지치기의 필요성을 깨달을 때까지 기다렸다. 가지치기를 잘못하면 거센 저항에 맞닥뜨려 가정교회가 출범하기도 전에 좌초될 수도 있기 때문이다.

가지치기가 비교적 쉬웠던 것은 평신도 지도자들과 교인들을 끊임없이 설득하고, 교인들이 담임 목사가 추구하는 신약교회의 회복이라는 목표에 동의하며 적극적으로 지원했기 때문이다. 그들이 비협조적이거나 저항을 보였다면 아마도 가지치기는 어려웠을 것이고, 가정교회의 출범도 지연됐을 것이다.

드디어 가정교회로 전환
|

1993년 10월 1일, 부임 후 9개월의 준비 끝에 가정교회를 출범시켰다.

구역이 아니라 목장

구역장은 교회에서 정해 주는 사람들을 맡아서 관리하지만, 목자는 목장 식구와 VIP를 대상으로 목양한다. 처음에는 이 개념에 익숙하지가 않아서 많이 힘들어했다. 특히 안수 집사들이 고전했다. 안수 집사는 반드시 목자가 되어야 하는데, 그들은 과거에 장년 주일학교에서 가르치던 버릇이 남아 있어서 목원들을 계속 가르치려고만 했다. 그러다 보니 목장 사역에 어려움을 겪었고, 목장이 침체됐다.

풍성한 목장 모임

목자로 자원한 사람 20명에 3명이 더해져서 23개의 목장으로 가정교회가 출범됐다. 안수 집사는 자동적으로 목자가 되도록 했다. 그들의 성명, 나이, 사는 지역을 적은 용지를 배부하여 교인들로 하여금 자신이 원하는 목자를 선호하는 순서로 세 명씩 적게 했다. 약 30%는 원하는 목자를 적어 내지 않았다. 목장 정원 10명이 차지 않은 목자들이 돌아가면서 선택권을 행사하지 않은 교인들 중 원하는 교인을 선택하도록 했다. 이렇게 해서 기대에 찬 목장 모임이 시작됐다.

　새로이 목장 사역을 하는 목자들을 돕기 위해 주일예배 후 목자들을 모아서 조 모임을 가졌다. 각자가 지난 목장 모임에 대해 이야기하면서 문제점이나 질문 사항을 나눴다. 10년 동안 매주 예배 후에 조 모임을 가졌다. 목장이 많아지면서 이것이 초원 모임으로 발전했고, 나중에는 평원으로까지 발전했다.

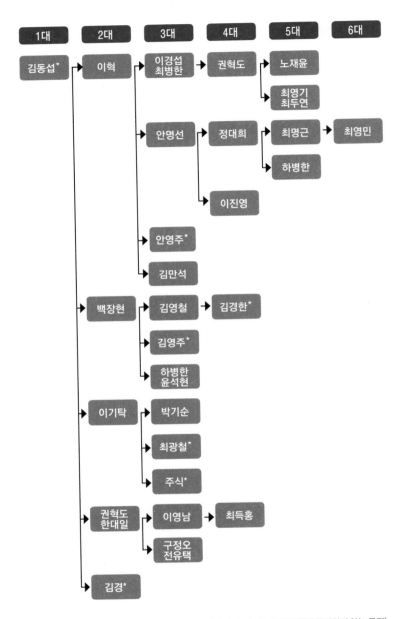

| 1대 | 2대 | 3대 | 4대 | 5대 | 6대 |

김동섭*

이혁
- 이경섭 최병한
  - 권혁도
    - 노재윤
    - 최영기 최두연
- 안명선
  - 정대희
    - 최명근 → 최영민
    - 하병한
  - 이진영
- 안영주*
- 김만석

백장현
- 김영철 → 김경한*
- 김영주*
- 하병한 윤석현

이기탁
- 박기순
- 최광철*
- 주식*

권혁도 한대일
- 이영남 → 최득홍
- 구정오 전유택

김경*

가정교회 출범 후 20년간 6대를 형성한 김동섭 목자의 가계도(★표 한 것은 현재 존재하지 않는 목장)

과정마다 이벤트로!

제자의 특징 중 하나는 재생산이다. 가정교회에서 제자 훈련은 개념이 명확하다. 비신자에게 전도하여 예수님을 영접시키고, 훈련시켜서 새로운 비신자에게 전도할 수 있는 목자로 세우고, 분가를 시키면 제자를 한 명 만들었다고 말할 수 있다.

이렇게 제자가 만들어지는 과정을 구체화하고 가시화하기 위해 과정 하나하나를 그냥 넘어가지 않고 이벤트로 만들었다. VIP가 등록하면 등록 선물을 줬다. VIP가 예수 영접 모임에 참석하면 목장 식구들이 문밖에서 기다리다가 예수님을 영접하고 나오면 꽃다발을 증정하고, 휴스턴에서 가장 좋은 식당에 가서 축하해 줬다. 침례를 받으면 침례 간증을 하게 하고, 침례 증서를 수여했다. 교회 회원이 되기를 원하면, 안수집사회의에서 신청서를 통과시켜서 임시 사무총회의 형식을 거쳐 정식 회원으로 영입했다. '확신의 삶'을 수료하면 제자로서의 첫걸음을 내디딘 것을 축하하기 위해 장미꽃 한 송이를 전달하고 안아주는 '허그식'을 했다(가정교회 초기에는 생명의 삶을 수강하는 사람들의 대부분이 기성 교인이었고, VIP가 드물었기 때문에 생명의 삶을 수강하면 허그식을 했다. 그러나 얼마 후 생명의 삶을 수강하는 것은 당연한 것이 되어서 확신의 삶을 수강하면 허그식을 했다).

허그식에서는 그동안 자신을 이끌어 준 목장 식구들을 한 명 한 명 짧게 소개하도록 해서 교인 모두가 그 목장의 식구들을 알게 하는 기회로 만들었다. 긴 세월을 얼굴 한번 찡그리지 않고 지극 정성으로 섬겨서 오늘의 자신을 있게 해 준 목자, 목녀에게 감사하다는 말을 들으면 가슴이 뭉클하고 눈물이 나올 때가 한두 번이 아니었다. 그런

휴스턴 서울교회의 허그식

가 하면 "'누구는 요리 솜씨도 일품이지만 독서량도 엄청난, 이 시대에 마지막 남은 현모양처입니다'라고 소개해 달라고 협박해 왔습니다. 그런데 제가 보기에는 그 독서가 만화책인 것 같습니다"라고 말해서 폭소를 자아내기도 했다.

가정교회의 열매, 변화된 사람들

사도 바울은 자신의 추천서는 고린도 교인이라고 말한다(고후 3:3). 사역의 열매는 어떤 성도를 만들어 냈는지를 보면 알 수 있다. 가정교회의 열매도 가정교회를 통해 변화된 사람들을 보면 알 수 있다.

여기서 세 명의 목자를 소개하고자 한다. 앞의 두 분은 내가 휴스턴 서울교회에 부임하기 전부터 있었고, 한 분은 최근에 교인이 되었다.

감옥에서 영광으로 : 진정섭 목자

목자가 되어서 인생이 극적으로 바뀐 대표적인 사람이 있다면 바로 진정섭 목자다. 그는 부유한 가정에서 태어났다. 1960년대 사립 국민학교(지금의 초등학교)에서 부유한 가정의 자녀만이 할 수 있는 스피드 스케이팅 선수를 했고, 명문 고등학교를 졸업했다. 미국으로 유학 와서 그리스도인 아내를 만나 가정을 이루고, 휴스턴 서울교회에 출석하고 있었다.

내가 부임하기 전, 그는 학창 시절에 운동선수로 자유분방하게 살던 습관에서 못 벗어나 결혼 생활을 구속받는 것처럼 생각했고, 가정을 책임져야 한다는 강박감에 힘들어하고 있었다. 게다가 자폐아로 판정받아 정상적인 삶을 살지 못하는 첫아들의 장래에 대한 불안과 이런 상황을 방치하는 듯한 하나님에 대한 원망이 있었다. 그래서 친구들과 술집을 돌아다니며 밤새 포커 게임을 하다가 새벽에 집에 들어오는 생활을 하고 있었다.

그의 계획은 유학을 마치고 얼마간 미국 생활을 한 후 한국으로 돌아가서 아버지의 사업을 물려받는 것이었다. 그래서 미국 생활에 큰 애착이 없었다. 내가 부임할 즈음에 그는 한국으로 돌아가고자 집과 사업체를 정리하려고 내놓고 있었는데, 뜻밖의 소식이 날아왔다. 아버지의 회사가 부도나서 부모님이 미국으로 피신 온다는 것이었다.

그의 아버지는 25년간 열심히 일해서 직원이 300명 가까이 되는 중소기업을 이룬 사장이었다. 그러나 정치에 발을 들여놓고 대통령 선거운동의 선봉에서 일하다가 지원하던 대통령 후보가 낙선하는 바람에 정치적 보복을 당했다. 한순간에 회사가 망하고, 그 많던 재산을 깡그리 잃게 됐다. 그래서 미국으로 쫓기듯 도망 오게 된 것이다.

한국에 가서 사업을 이어받아 회사를 운영해 보려던 그의 꿈은 산산조각이 났다. 그는 절망과 원망 속에서 술로 나날을 보냈다. 그러다가 음주 운전으로 경찰에 연행되어 철창신세까지 졌다. 그 후에도 그는 계속 술을 마셨고, 두 번째 음주 운전으로 또다시 유치장에 들어갔다. 그는 실제적으로 알코올중독자가 되었다.

술에 취해 살다 보니 사업에서도 고전했다. 부부 관계는 엉망이 되어 착하던 아내도 더 이상 참지 못하고 이혼을 요구했다. 이렇게 가정이 깨지기 직전에 내가 휴스턴 서울교회에 담임 목사로 부임한 것이다.

처음에 23명의 목자를 선정할 때 그는 물론 그 명단에 들어가지 못했고, 목원으로 소속되어 있었다. 그가 속한 목장은 젊은 가정이 모인 목장이었는데, 그 목장을 맡고 있던 목자가 다른 주로 이주하게 되어 김홍근 형제가 그 목장을 맡게 되었다. 그때부터 교회에 없던 싱글들이 하나둘 모여들기 시작했다.

싱글로 구성된 목장을 만들어야 할 필요를 느껴서 김홍근 목자에게 예비 목자를 세워서 기존 목장을 맡기고, 싱글 목장을 시작해 보라고 권했다. 김홍근 목자는 그 말에 순종했다. 그는 대행 목자로 진정섭 형제를 추천했는데, 목장 식구들이 모두 반대했다. 그도 그럴 것이 당시에 진정섭 형제는 두 번째로 음주 운전에 걸려서 법원으로부터 집행유예를 받은 상태였고, 알코올단주협회의 AA 프로그램에 참여하고 있었기 때문이다. 이런 사실을 잘 아는 목장 식구들이 그를 받아들일 수 없는 것은 당연했다.

그러나 웬일인지 진정섭 형제를 목자로 세우면 잘할 것 같은 예감이 들었다. 그래서 김홍근 목자에게 진정섭 형제를 대행 목자로 세우는 일을 추진해 보라고 했다. 김홍근 목자는 그를 찾아가서 자신은 앞으로 싱글 목장을 맡아야 하니 이 목장을 맡아 달라고 부탁했다. 그는 펄쩍 뛰었다.

"뭔 소리요, 나 같은 것을! 최 목사님도 지금 장난하느냐고 화내실 겁니다!"

김홍근 목자가 말했다.

"최 목사님이 이미 허락하셨습니다."

이 말을 들은 그는 충격을 받았다고 한다.

"뭐? 최 목사님이? 나 같은 것을 대행 목자로?"

이 믿기지 않는 말이 그의 인생을 완전히 뒤집어 놓는 계기가 됐다고 한다. 사업도 제대로 못하고, 음주 운전으로 유치장에 갇히기 일쑤고, 부인은 이혼하자고 하는 최악의 상태였다. 술조차 끊지 못하는 쓸모없는 자신을 탓하며, '더 이상 살아서 뭐하나? 죽어 버릴까 보다!' 하고 생각하고 있었다. 그런 자신을 신뢰해 준다는 사실에 그는 변화되기 시작했다.

그는 교회에서 살다시피 하면서 온갖 궂은일을 도맡아 했다. 그리고 목장을 지성으로 섬기기 시작했다. 당시에 가구점을 하던 그는 새로운 손님이 오면 물건을 파는 것보다 밥 사 주고 잘 보여서 목장에 데려오는 것에 더 전력을 기울였다. 그 결과 그가 목장을 맡은 지 3개월 만에 목장 식구는 장년 23명에 아이들이 15명 정도가 됐다. 할 수 없이 아이들은 거실에서 놀게 하고, 어른들은 안방에서 침대를 들어 올려 벽에 세우고 예배를 드렸다.

그러나 예전 그의 과거를 알던 목장 식구들은 1년 넘게 그를 목자로 부르지 않았다. 목자는 Mr.진, 목녀는 Mrs.진이라고 불렀다. 과거의 전적을 너무나 잘 알고 있었으니 무리도 아니었다. 어제의 알코올 중독자를 지도자로 인정하고 따르라는 것은 사실 무리였다. 그러다 1년 동안의 변화를 지켜보면서 그의 변화가 일시적인 것이 아님을 알게 된 후, 그들의 태도도 달라지기 시작했다. 그의 전도로 목장 식구가 늘면서 자신들이 목자와 목녀가 되어 분가하게 되자, 그제서야 그를 목자라고 부르기 시작했다.

그 또한 돌아온 탕자의 마음으로 자신을 낮추고, 남보다 몇 배의 노력을 해야 했다. 그 결과 그는 교인들의 신임을 얻게 됐다. 1999년 2월, 휴스턴 서울교회 역사상 최연소 나이인 37세에 그는 안수 집사가 됐다. 이 최연소 기록은 아직 깨지지 않고 있다. 그는 목자와 초원지기로 열심히 섬기고 있으며, 미주와 한국과 호주에서 개최되는 목자 콘퍼런스에서 8년째 '초원 사역 가이드' 강사로 강의하고 있다.

그는 예능에도 재능이 뛰어나서 교회의 연극, 퍼포먼스, 장기자랑 대회 등을 기획하고 공연하다가 지금은 휴스턴 서울교회 문화기획 사역부 부장을 맡아 섬기고 있다. 매년 화려하고 재미있게 펼쳐지는 휴스턴 서울교회의 유명한 VIP 초청 송년 잔치도 그의 작품이다.

가구점에서 중저가 보석 가구점으로 업종을 바꾼 결과 사업도 잘되어 물질의 축복도 받았다. 그럼에 재능이 있는 자폐아 아들은

LA에 있는 오티스 미술대학교에 기적같이 입학하여 화가를 꿈꾸고 있다. 둘째 아들은 예일 대학교에서 컴퓨터 사이언스를 전공하고 있다.

이 모든 것이 20년 전 목자로 섬기기 시작하면서 이뤄졌기 때문에 진정섭 목자는 자신이 가정교회의 최대 수혜자라고 말한다. 한 지도자의 신뢰가 오늘의 자신을 만들어 냈다고 한다.

목장의 부흥 : 김홍근 목자

김홍근 목자는 가정교회를 출범시킬 즈음에 무역업을 시작했다. 혹시라도 목자가 되라는 권유가 있으면, 비즈니스에 전력을 기울일 때지 교회 일을 할 때가 아니라며 거절하기로 마음을 굳게 먹고 있었다. 그러나 자신이 속해 있던 목장의 목자가 직장 문제로 이주하게 되면서 목장 식구 가운데 누군가는 목자가 되어야 했다. 많은 사람들이 그에게 목자가 되어 보라고 권유했으나 당연히 거절했다.

그런데 하루는 별로 연락도 없던 VIP에게서 전화가 왔다. 만나서 대화를 나누던 중, 왜 당신은 목자를 안 하느냐는 질문을 받았다. 이 말을 듣자 그는 이런 생각이 들었다. '이게 뭐지? 정말 하나님이 나에게 목자가 되라고 하시는 건가?' 주변 사람들을 통해서, 나중에는 VIP를 통해서까지 하나님이 말씀하시는 것 같은데 계속 거부하면 안되겠다는 생각이 들어서 결국 목자로 헌신하기로 했다. 가정교회가 출범한 다음 해에 그는 목자로 임명받았다.

그의 목장에는 새로운 VIP가 대거 모여들었다. 20대 후반의 젊은 부부들, 어린아이가 딸린 부부들을 데리고 목장 모임을 하다 보니 집안은 난장판이 되기 일쑤였다. 아이들은 여기저기 뛰어다니며 벽에 낙서하고, 문짝이 떨어져 나갈 정도로 난리였다. 게다가 목원들은 목장이 끝나도 집에 갈 생각을 안 하고, 남아서 놀다 가곤 했다.

당시에 휴스턴 서울교회는 50대가 주류를 이루고 있었다. 싱글이 몇 안 되었기 때문에 부부 목장에 속해 있었는데, 싱글들을 따로 모아 목장을 만들어야 전도도 되고 젊은이들이 늘어날 수 있을 것 같았다. 그래서 싱글 목장을 맡아 달라는 제안을 몇 사람에게 했는데, 모두 묵묵부답이었다. 그럴 수밖에 없는 것이 싱글 목장만의 원칙이 있었기 때문이다.

첫째, 싱글은 집이 없음으로 목자, 목녀 집에서 계속 모여야 한다.

둘째, 대가를 기대하지 말고 무조건 다 퍼 줘야 한다.

셋째, 싱글은 뭉쳐야 힘이 생기기 때문에 분가는 없다.

사실 김홍근 목자 내외에게 싱글 목장을 맡길 생각은 하지 못했다. 이미 목자로 섬기고 있는데다가 김홍근 목자는 거센 청년들을 제압할 만한 카리스마가 부족한 것 같았다. 반주자인 김은미 목녀는 너무 가녀려 보여서 청년들에게 사시장철 밥을 해 먹일 수 있을 것 같지 않았다. 그러나 아무도 하겠다는 사람이 없어서 얘기를 꺼냈더니, 선뜻 하겠다고 했다. 나중에 얘기를 들어 보니, 두 아들이 너무 개구쟁이라서 다른 사람들에게 집을 오픈하라고 하는 것이 미안해서 자신의 집에서 계속 모였는데, 그럴 바에는 싱글들을 불러다가 먹이는 것도 괜찮겠다는 생각을 했다고 한다.

그렇게 해서 8명으로 시작한 목장이 폭발적으로 늘어나서 한때는 목원이 65명까지 늘어났다. 하루는 교회에서 목장현황판에 참석 인원을 적는데, 이 놀라운 숫자를 본 건축업을 하는 교우가 그 많은 인원이 어디서 모이느냐고 물었다. 2층 거실에서 모인다고 하니까 주택 구조상 무너져 내릴지도 모르니 아래층에서 모이라고 충고까지 했다고 한다.

싱글들은 먹성이 유별난 엄청난 소비 군단이다. 그들을 매주 섬기다가 기둥뿌리가 흔들리지 않도록 주님이 그의 사업에 물질적 축복을 부어 주셔서 하나님의 신실하심을 경험하게 하셨다. 목장에 쏟은 정성의 반의 반도 사업에 쏟지 못했는데도 목원이 늘어남에 따라 사업이 번창하면서 물질의 축복이 더해졌다. 집도 계속 늘려 주셔서 이사도 자주 다녔다.

청년 65명이면 웬만한 이민 교회 수준이라고 할 수 있다. 목장이 제대로 진행될까 우려도 됐지만, 목원 중 8명의 지도자를 따로 세워 소그룹으로 나눈 후 각기 흩어져서 나눔의 시간을 진행하게 했다. 이 8명의 지도자들을 주 중에 따로 불러서 보고를 받았다. 8명의 리더들을 위해 주 중에 또 한 번의 목장 모임을 한 것이다.

부부간 대화는 목원들에 관한 내용뿐이었다. "새로 참석한 VIP에게 어떻게 접근하면 좋을까?", "잠수 타고 있는 이 사람을 어떻게 다루면 좋을까? 어떻게 도와줄 수 있을까?" 등 대화가 거의 목회자 수준이었다. 그러다 보니 목회자의 심정도 헤아려 줬다. 고민이 있어도 담임 목사에게 가져가지 않고 자신들이 알아서 처리했다. 이 정도면 어디에 내놔도 나무랄 데 없는 평신도 목회자였다.

그러나 65명은 너무 많은 것 같아서 싱글 목장은 분가시키지 않는다는 원칙을 뒤집고 분가를 권했다. 좋아할 줄 알았더니 의외로 섭섭해 했다. 65명이 모여서 목장을 하려면 한 번씩만 화장실을 드나들며 물을 내린다고 해도 65번이다. 수시로 변기를 고치는 일은 이력이 났다고 한다. 집이 많이 망가졌을 텐데 섭섭해 하다니! 그만큼 이들 부부에게 목장은 하나님을 경험하는 확실한 축복의 통로였던 것이다.

결국 이들 부부는 나의 제안을 받아들여서 9번의 분가를 했다. 그들이 1995년에 싱글 목장을 시작한 이래 17년간 해 먹인 밥그릇 수만 해도 약 2만 그릇은 될 텐데, 이에 따른 하나님의 축복은 헤아릴 수 없는 무한대라고 한다.

김홍근 목자는 사업의 특성상 서울에서 하는 것이 유리해서 2010년 12월에 서울로 이주했다. 이때 내 소개로 서울 다운교회(이경준 목사)에 출석하게 됐다. 다른 곳으로 이주하는 교인들에게 나는 다음과 같은 당부를 한다.

첫째, 등록하는 순간부터 '우리 목사님'은 등록한 교회의 목사님, '우리 교회'는 등록한 교회가 되어야 한다.

둘째, 1년 동안 사역을 맡지 말고, 휴스턴 서울교회에 관해서는 입도 열지 마라.

셋째, 무조건 여당이 되어 담임 목사 편에 서라.

그런데 이경준 목사는 등록한 지 1년도 안 된 김홍근 목자 부부를 파격적으로 목자와 목녀로 세웠다. 두 내외가 맡은 목장은 이곳에서도 부흥을 해서 분가를 했다. 김은미 목녀에게는 '부부의 삶'을 맡겼는데, 이혼 직전까지 갔던 가정이 회복되기도 했다. 이 모습을 보면서 너도 나도 부부의 삶을 듣겠다고 해서 일주일에 모임을 두 개나 인도하기도 했다.

이즈음에 나는 20년의 목회를 마치고, 2012년 8월에 정년 은퇴를 했다. 후임 목사 중심으로 교인들이 뭉칠 기회를 주기 위해 휴스턴을 떠나 서울에서 1년간 머물고자 했는데, 묵을 곳이 마땅치 않았다. 이 사실을 알게 된 김홍근 목자 내외가 아파트를 구해서 내가 묵을 수 있도록 배려해 주었다.

김홍근 목자 내외는 막내아들의 교육 때문에 한국 생활을 접고 2015년 7월에 다시 휴스턴으로 돌아왔다. 1년만 한국에 나가 있을 예정이었던 나는 한국 사역이 많아져서 1년의 절반은 미국에서, 나머지 절반은 한국에서 보내는 생활을 3년째 계속하고 있다. 김홍근 목자 내외는 자신들이 미국으로 돌아가도 내가 아파트에 계속 머물 수 있도록 했다. 일주일에 한 번씩 와서 빨래와 청소를 하고 아침 식사까지 준비할 분을 미리 마련해 놓고 떠났다. 하나님이 한국에 가정교회가 튼튼히 자리 잡도록 하기 위해 김홍근 목자 내외를 나보다 먼저 한국으로 이주시키시고, 할 일이 끝나니까 다시 휴스턴으로 귀환시키신 것이 아닌가 싶다. 인간의 생각을 뛰어넘는 방법으로 일하시는 하나님이시니까.

폭력배에서 목자로 : 김희준 목자

2006년 7월, 현재 휴스턴 서울교회를 담임하고 있는 이수관 목사가 싱글 목장의 목자로 섬길 때 한 청년이 목장 모임에 참석했다. 훤칠한 키에 작고 귀여운 얼굴을 한 김희준 형제였다. 그런데 그 귀여운 얼굴에 비해 그의 눈빛은 강렬했다. 처음 목장에 온 날, 자기소개 시간에 "저는 하나님께 용서도 구할 수 없는 죄인입니다"로 시작하여

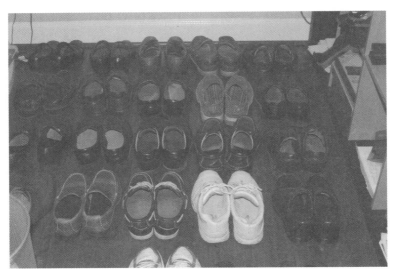
중국 청소년 미션 목장 현관에 가지런히 놓인 신발

자신의 파란만장한 과거를 모두 털어놓았다.

그는 7세 때 부모가 이혼했고, 중1 때 이민 가는 아버지를 따라 휴스턴으로 왔다. 운동을 좋아해서 축구 선수가 되기를 희망했으나 미국에서는 축구가 인기 종목이 아님을 알고 나서 꿈을 접었다. 고등학교 때는 학교에서 하루에 10시간씩 테니스를 칠 만큼 열심히 연습하는, 잘나가는 테니스 선수였지만 부모의 뒷받침이 없어서 포기해야 했다.

하루는 동생 친구의 차를 빌려 타고 달리던 중 차가 완파될 정도의 큰 사고를 냈다. 이것이 자신의 인생을 구렁텅이에 빠지게 하는 올가미가 될 줄은 그때는 몰랐다. 워낙 엄한 아버지이기 때문에 사고 났다는 말을 못했고, 새어머니에게는 더더욱 입이 안 떨어졌다. 자신이 벌어서 차 값을 갚겠다고 열심히 아르바이트를 했지만, 고등학생이 아르바이트로 차 값을 갚기에는 역부족이었다.

사고를 내게 된 상대방 차의 주인은 갱단과 연루되어 있었다. 시간이 지날수록 차 주인과 갱단이 그를 점점 조여 왔다. 돈은 안 모이고, 갚을 길은 막연하다 보니 오기가 나서 칼에는 칼, 총에는 총이라는 생각을 하게 됐다. 싸움은 어느 정도 하는 편이니, 그들에게 눌리지 않을 집단을 만드는 것이 돈을 벌어서 갚는 것보다 훨씬 빠른 길이라는 계산이 나왔다. 상대와 맞설 수 있는 조직을 만들기 위해서는 어두운 환경 속으로 들어갈 수밖에 없었고, 결국 마약에까지 손을 댔다.

그 와중에도 머리가 좋아서 고등학교를 졸업하고, 텍사스 대학교에 들어갔다. 대학생이 되었다는 기쁨보다 지긋지긋한 휴스턴을 벗어나게 된 것이 훨씬 더 기뻤다. 이제 갱단에서 손을 떼고 착실하게 공부하겠다고 결심하고 학교에 갔는데, 한인 학생 한 명이 접근해 왔다. 그런데 비슷한 환경에 있는 사람들은 서로 끌리는 법인지, 이 학생도 폭력 집단의 멤버였다. 이 학생을 통해 결국 그전과 똑같은 환경의 사람들을 만나게 됐다. 새 도시에서의 새 꿈은 무너졌고, 악의 올가미는 또다시 그를 덮쳤다.

공부를 접고, 낮에는 식당 종업원으로 일하고 밤에는 마약에 절어 살았다. 뭐든지 하면 끝장을 내는 성격이라 열심히 일한 덕분에 짧은 시간에 식당 매니저가 됐다. 그러나 하루 24시간 마약이 없으면 지탱할 수 없었다. 끝없이 밀려오는 좌절감과 이유 없이 끓어오르는 분노 때문에 일을 할 수 없을 정도로 중독 증세가 심해졌다.

이때 무서웠던 것이 마비되어 가는 양심이었다. 감옥에 처음 들어갈 때는 두렵고 반성도 하지만, 두세 번 왕복하다 보면 친숙한 곳이 되어 버린다. 빚-갱-마약-감옥-인생 끝장의 연결 고리를 생각하면 가끔씩 속이 뒤집히기는 했지만, 착한 삶을 살 가능성은 아예 접기로 했다.

그런데 하루는 여자 친구가 근처에 있는 교회에 같이 가 보자고 권유했다. 교회라니, 참으로 낯선 곳이고 왠지 자기 같은 사람이 가서는 안 될 곳 같았지만 일단 가 보기로 했다. 예상대로 굉장히 낯설고 어색했다. 그런데 찬송을 듣는데 갑자기 더러운 과거가 필름처럼 눈앞을 스쳐 지나갔다. 주체할 수 없는 눈물이 쏟아져 내렸고, 여자 친구에게 눈물을 보이기 싫어서 밖으로 뛰쳐나왔다. 그리고 더 이상 교회에 나가지 않았다.

그러다가 휴스턴에 계신 아버지로부터 입원해야 하니 그동안 와서 가게를 돌봐 달라는 연락을 받았다. 다시는 휴스턴에 가기 싫었지만 거절할 상황이 아니었다. 휴스턴에 와 보니 함께 술을 즐기던 친구 중 한 명이 얼마 후 다른 도시로 떠나게 되는데, 그 전에 꼭 소개할 사람이 있다고 했다. 의리 때문에 나간 자리에서 만난 사람은 이수관 목자의 아내 이은주 목녀였다. 뒷좌석에 앉아 인사하고 식사 장소로 이동하는 잠깐의 시간 동안 뭔가에 홀린 듯 했다. 이분에게 자신의 인생을 걸어야겠다는 거부할 수 없는 느낌이 왔다. 성공과 실패를 거듭하며 더 이상 앞으로 나아가야 할 길이 보이지 않던 당시에 그녀는 하늘이 보낸 수호천사 같았다.

별것 아닌 듯 보이는 이 만남은 하나님에 의해 계획된 것임에 틀림 없었다. 그가 소원하던 대로 과거와 단절하고 새사람으로 태어날 수 있는 계기를 만들어 줬으니 말이다.

이은주 목녀가 초청해서 참석한 첫 목장 모임에서 자신을 소개하라고 하자 그는 하나도 숨기지 않고 자신의 과거를 다 말해 버렸다. 그날 이 청년의 고백이 부른 충격의 여파는 쓰나미 급이었다. 이제까지 나눔의 시간에서 자신의 차례가 되면 "별일 없었어요", "잘 지냈어요" 하며 마음에 자물쇠를 채우던 싱글 목원들이 뒤집어지는 역사가 일어난 것이다. 이 청년의 고백을 계기로 성령의 회오리바람이 불어 회개의 눈물이 곳곳에서 쏟아졌다. 이제까지 눈물 한 방울 흘리지 않고 강하게만 살았던 이 청년에게 이날은 하나님의 치유하심과 회복을 경험하는 시발점이 되었다. 그리고 목장 식구들에게는 나눔의 시간이 가장 기다려지는 순서가 되었다.

그는 이은주 목녀의 중매로 미모와 지성을 겸비한 약사를 아내로 맞아 어엿한 가장이 되었다. 참석 첫날 자신의 과거를 다 털어놨던 그 목장을 이어받아 2012년 이수관 목자에 이어 그루터기 목장의 2대 목자가 됐다. 교회 기록에 의하면 김희준 형제가 목자로 임명받은 그해에 그 목장에서 가장 많은 사람들이 예수님을 영접하고, 침례를 받았다고 한다.

이 세 명은 극적인 간증을 갖고 있다. 정도는 다르지만 대부분의 목자, 목녀들이 이와 비슷한 사연을 갖고 있다. 자라 온 배경, 사는 환경 등은 다르지만 하나님은 다양한 방법으로 그들의 삶에 은혜를 베푸셨다. 이런 간증은 휴스턴 서울교회에서만 들을 수 있는 것이 아니다. 수많은 가정교회에서 이런 간증을 쉽게 들을 수 있으며, 더 극적인 간증도 많다. 사람이 바뀌고 하나님의 은혜를 체험하는 것이 가정교회의 가장 큰 장점이 아닌가 생각한다.

chapter 3

가정교회를 성공시킨 리더십

나는 특별한 리더십을 가졌다고 생각하지 않는다. 목회자 콘퍼런스에서 '가정교회 리더십'이라는 과목을 강의하지만, 자원한 것이 아니라 목회자들의 요청에 의해 하는 것이다. 강의의 초점도 "리더십이란 이런 것이다"가 아니라 "가정교회 사역을 이렇게 하니까 사람들이 따라 주었다"이다. "하나님 말씀에 귀 기울이고 절대적으로 순종하다 보니 여기까지 왔습니다"라고 말할 뿐이다. 가정교회의 리더는 오직 하나님이시기 때문이다.

　스스로 나의 리더십에 대해 말하는 것은 쉽지 않다. 그래도 가정교회 20년을 이해하는 데 조금이나마 도움이 되고, 가정교회 목회자들의 목회에도 도움이 되고자, 오랫동안 나를 가까이에서 지켜본 국제가정교회사역원 성승현 총무의 이야기를 들어 보겠다. 평신도의 눈을 통해 관찰된 리더의 모습이기 때문에 특별히 목자, 목녀에게 동기부여를 주고자 하는 목회자들에게 도움이 될 것이다. 성승현 총무가 쓴 글을 약간 수정하여 전문을 싣는다.

평신도 사역자를 세우는 리더십

|

최영기 목사님의 리더십은 한마디로 '평신도 사역자를 세우는 리더십'이고, '가정교회 리더십'입니다. 그리고 그 리더십은 가정교회를 만나 '극대화'되었다고 생각합니다.

최 목사님에게는 사소한 일들을 하나님 관점으로 보는 특별함이 있습니다. 하나님의 아픔을 자신의 아픔으로 느끼고, 그분이 눈물 흘리시는 곳에 시선을 두고, 하나님의 소원을 풀어 드리는 데 집중하려는 한 목회자의 소원이 '가정교회'를 통해 구현되었다고 생각합니다. 지체 모두가 주님이 주신 영혼 구원이라는 사명에 충성할 수 있는 '사명 공동체', 예수님이 십자가에 달려 돌아가시기 전날 밤에 제자들을 위해 기도하면서 간구하셨던 '사랑 공동체'를 구현하기 위해 최 목사님은 끊임없이 주님께 묻고 순종했습니다. 그런 가운데 형성된 리더십이 바로 신약교회를 회복하기 위해 평신도를 사역자로 세우는 리더십입니다. 이것이 가정교회를 일으킨 근간이 되었다고 생각합니다.

21세기를 사는 우리에게 서번트 리더십(Servant Leadership)이라는 용어는 결코 생소하지 않습니다. 기독교 단체가 아니어도 웬만한 집단에 가 보면 구성원의 인격을 존중해 주고 그들의 잠재력을 발휘할 수 있도록 도와주는, 서번트 리더라고 자처하는 사람들을 만날 수 있습니다. 하지만 그들이 과연 무엇을 위해 그렇게 하는가를 생각해 볼 필요가 있습니다.

GE의 전설적인 경영자 잭 웰치(Jack Welch)는 인재를 키우는 것을 성공의 시작으로 봤습니다. 그래서 그는 "리더가 되기 전에는 자기 자신의 성장이 성공의 핵심이었다면, 리더가 된 다음에는 다른 사람들을 성장시키고 성공하도록 돕는 것이 핵심이다"라고 강조했습니다. 하지만 "양손에 비료와 물을 들고 꽃을 가꾸되 아름다운 정원이 되지 못하면 잘라 버리는 것, 이것이 경영의 전부다"라는 말도 서슴없이 했습니다. 세상적인 서번트 리더십이란 멘티를 위한 것이 아니라 멘토의 이익을 위한 것입니다. 잠시 발톱을 감추고 키울 뿐입니다.

그렇다면 평신도 사역자를 세워 주는 가정교회의 리더십은 어떻게 다를까요? 우선 목적이 다릅니다. 평신도를 사역자로 키워서 세상의 기업처럼 자신의 교회를 성장시키려는 것이 아니고, 신약교회 본연의 모습을 찾으려는 것입니다.

다음 그림에서처럼 가정교회의 정신은 목회자를 통해 평신도에게 전달됩니다. 목장이 바로 서려면 목자가 가정교회의 정신 위에 바로 서야 합니다. 목자가 제대로 서기 위해서는 목회자로부터 가정교회의 정신을 전수받아야 합니다. 전수가 이뤄지기 위해서는 평신도가 목회자를 신뢰해야 합니다. 신뢰가 없으면 방법은 전수될 수 있을지 모르지만, 정신은 전수되지 않습니다. 목회자에 대한 신뢰를 바탕으로 평신도 사역자에게 가정교회의 정신이 전수되고, 가정교회의 원리를 이해한 평신도가 헌신할 때 가정교회의 '목장'이 세워집니다.

평신도 사역자를 세울 때 사역을 위임해 주기만 하면 된다고 생각하기 쉬운데, 위임했다고 자동적으로 사역이 이뤄지는 것은 아닙니

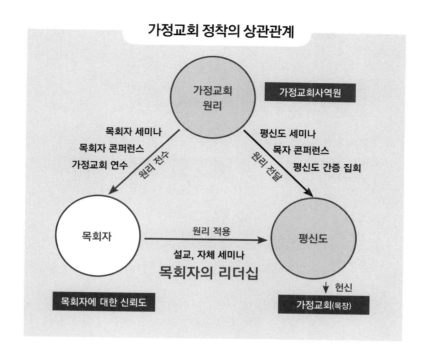

가정교회 정착의 상관관계

가정교회 원리

가정교회사역원

목회자 세미나
목회자 콘퍼런스
가정교회 연수

원리 전수

평신도 세미나
목자 콘퍼런스
평신도 간증 집회

원리 전달

목회자

원리 적용

평신도

설교, 자체 세미나

목회자의 리더십

목회자에 대한 신뢰도

헌신

가정교회(목장)

다. 보여 주고, 가르치고, 맡겨 줘야 합니다. 그렇다면 진정한 평신도 사역자를 만들기 위해 무엇을 보여 주고, 무엇을 가르치며, 무엇을 맡겨야 할까요? 목회자는 먼저 '목회자의 삶'을 보여 줌으로써 그리스도인으로서의 롤 모델을 제시하고, '사역의 원칙과 원리'를 가르치며, 그 다음에 비로소 '사역'을 맡겨야 합니다.

　그렇다면 최영기 목사님은 무엇을 보여 주시고 가르치시며, 어떻게 맡기셨는지를 살펴보겠습니다. 크게 세 부분으로 나눠서 한 부분에 3개씩, 총 9개로 세분하여 살펴보겠습니다.

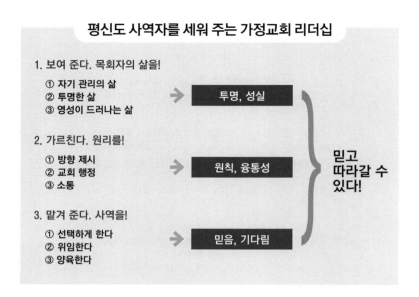

보여 준다, 목회자의 삶을!

최 목사님은 평신도 때 목회자처럼 사는 평신도가 되기로 결심했다고 합니다. 그리고 목회자가 된 후에는 평신도처럼 살아서 교인들이 보고 배울 수 있도록 했습니다. 자신은 옆으로 걸으면서 아기 게가 옆으로 걷는다고 나무라는 엄마 게의 이야기처럼 우리는 자신은 바로 살지 못하면서 자녀들이나 이웃에게는 바로 살라고 가르치려고 합니다. 사람은 보고 배우지, 듣고 배우지 않습니다. 최 목사님은 보여 주셨습니다. 하나님께 순종하고자 노력하는 삶을 보여 주셨기 때문에 교인들에게 자연스럽게 그리스도인으로서의 롤 모델이 되었습니다.

사실 교인들은 목회자가 자신들보다 더 나은 삶을 살기를 기대합니다. 이러한 기대치를 아는 목회자들은 교인들에게 실망을 심어 줄까 봐 삶을 가리고 내보이려고 하지 않습니다. 그러나 최 목사님은 삶 전체를 있는 그대로 내보이는 투명한 목회를 하셨습니다. 유리상자 안에 있는 것처럼 누구나 들여다볼 수 있도록 자신을 내 비추셨습니다. 이렇게 할 수 있었던 것은 철저한 자기 관리 때문이었습니다.

자기 관리의 삶

자기 관리로 우선 '몸 관리', 즉 건강관리를 꼽을 수 있습니다. 최 목사님은 철저하게 건강관리를 하셨습니다. 교인들에게 담임 목사님의 건강에 대한 기도의 비중이 커지면, 그만큼 다른 기도를 못하게 됩니다. 교인들을 위해 목회자는 몸이 건강해야 합니다.

군대에서도 장교들에게 가르치는 것 중 하나가 철저한 몸 관리라고 합니다. 자신의 몸도 제대로 관리하지 못하는 사람이 하는 말은 다른 사람에게 영향력이 없음을 숙지시키면서, 장교로서 권위를 가지려면 몸 관리를 철저히 해야 함을 강조합니다. 최 목사님이 봄가을마다 한국에 한 달씩 집회를 나가서 그 빡빡한 스케줄을 소화할 수 있었던 것은, 철저하게 건강관리를 하셨기 때문입니다.

최 목사님은 따로 시간을 내서 헬스클럽에 가기보다는 사무실에서 러닝머신을 이용하여 시간이 날 때마다 걷기 운동을 하셨습니다. 식초 마시기도 한번 시작하면 끝까지 하셨습니다. 건강관리를 위해 스스로 할 수 있는 일들에 최선을 다하셨습니다.

자기 관리는 또한 생활 관리입니다. 최 목사님은 집회로 출타 중일 때를 제외하고 휴스턴에 계시는 한 거의 교회 사무실에서 사셨습니다. 불필요한 외출이나 활동은 하지 않으셨기에 언제나 주차장에는 최 목사님의 차가 세워져 있었습니다. 이는 교회에 드나드는 교인들에게 편안한 마음을 갖도록 해 줬습니다.

그리고 이성과의 관계에서 철저한 자리 관리를 하셨습니다. 처음 휴스턴으로 이주해 오셨을 때, 사모님은 산호세에 계시고 목사님만 먼저 오셨습니다. 그때 여성 교인들에게 음식을 해서 갖다 주러 오지 말라고 엄명을 내리셨습니다. 사역으로 인한 것일지라도 여성 교인들을 개인적으로 만나는 일은 철저하게 피하셨습니다. 사무실에서 부득이 여성 교인과 상담해야 할 때는 문을 반쯤 열어 놓으셨고, 여성 교인과 둘이서 차를 타는 법이 없으셨습니다. 많은 목회자들이 여자 문제 때문에 넘어지는 것을 보고 미리 대처하는 철저함을 볼 수 있었습니다.

휴스턴 서울교회 3대 목사의 청빙 조건 1호는 사모가 직장을 갖지 않는 것이었다고 합니다. 사모가 직장을 가지면 담임 목사가 교회 일에 전념할 수 없을 것이라고 생각했던 것 같습니다. 2대 목사님의 사모님이 직장 생활을 했기 때문에 교회적으로 겪은 어려움이 있어서 청빙 위원들이 이런 조건이 필요하다고 생각한 것입니다. 돌이켜 생각해 보면, 2대 목사님의 사모님은 일하고 싶어서가 아니라 목사님 사례비가 충분하지 못했기 때문에 어쩔 수 없이 직장을 가지셨던 것입니다.

최혜순 사모님은 부임하면서부터 풀타임 약사로 일하셨습니다.

그런데도 이의를 제기하는 사람이 하나도 없었습니다. 최 목사님이 담임 목사로 오시기를 간절히 원했기 때문에 부임 조건 같은 것은 입에 올리지도 못했습니다. 그런데 사모님이 직장 생활을 하신 것이 최 목사님의 목회에는 덕이 되었습니다. 사모님이 직장을 잡아 일하심으로써 최 목사님이 경제적으로 구애받지 않고 목회할 수 있도록 했습니다. 경제적인 것뿐 아니라 가사와 모든 대외적인 일을 독립적으로 혼자 처리하셔서 최 목사님으로 하여금 목회 이외에는 어떤 것에도 신경 쓰지 않도록 했습니다. 목회의 일등 공신이 되신 것입니다.

이런저런 경로로 수집한 정보에 의하면, 사모님은 이화여자고등학교를 졸업한 후 이화여자대학교 약학과를 수석으로 입학한 수재였습니다. 한국에서 직장 생활을 하던 중 남성 동료들이 행여 직장에서 잘릴까 봐 상사에게 지나치게 굽실대는 것을 보고는 몹시 안쓰러우셨다고 합니다. 그래서 최 목사님이 신학교에 가기로 결정하셨을 때, '목사 남편을 재정적으로 지원해서 남편이 교인들 눈치 보지 않고, 기죽지 않고, 소신대로 목회하게 해 주자'고 결심하셨다고 합니다.

최 목사님은 사모님으로부터 많은 도움을 받았지만, 사모가 교회 일에 간여하는 것은 철저하게 막으셨습니다. 행여 교인들이 사모를 통해 담임 목사에게 영향을 미칠까 봐 우려한 것입니다. 안수집사회의에서 나온 얘기도 사모님에게 전달해 주지 않아서, 사모님은 교회에 무슨 일이 생길 때 가장 늦게 아는 사람이 되었습니다. 또 교인들에게 사모를 통해 부탁하지 말라고 당부하셨습니다. 심지어 설교 중에 이런 말씀도 하셨습니다.

"만일 내게 직접 말하지 않고 최 사모를 통해 부탁하면, 그 부탁은 무조건 거절입니다."

최 목사님은 개인적인 일에서는 얼마든지 사모님의 조언을 들으셨겠지만, 공식적인 일에서는 사모를 제외하여 담임 목사에게 직접 소통하도록 만드신 것입니다. 목회자의 자기 관리 중에는 '사모 관리'도 포함되어야 하는데, 최 목사님은 이 부분에서 성공하셨습니다.

자기 관리에서 무엇보다 빼놓을 수 없는 것은 시간 관리입니다. 우리는 시간이 부족할 경우 급하다고 생각하는 일을 먼저 하게 됩니다. 급히 처리해야 할 일들이 많으니까 시간에 쫓겨 가며 일하게 되는데, 이렇게 하다 보면 중요한 일을 놓칠 수 있습니다. 최 목사님은 시간이 절대적으로 부족한 분이셨지만, 시간에 쫓기는 것이 아니라 시간을 관리하고 조절하셨습니다. 이렇게 할 수 있었던 것은 우선순위를 확실하게 정해 놓으셨기 때문입니다.

우리가 행하고 있는 일들에는 중요한 일들이 있고, 급한 일들이 있습니다. 이를 구분해 보면 '중요하면서 바로 처리해야 하는 일', '중요하지는 않은데 바로 처리해야 하는 일', '급한 일은 아니지만 중요한 일', '급하지 않으면서 중요하지도 않은 일'이 있습니다. 그런데 우리는 이 네 가지 중에서 때때로 '중요하지는 않은데 바로 처리해야 하는 일'을 하느라 '급한 일은 아니지만 중요한 일'을 하지 못할 때가 많습니다.

마르틴 루터(Martin Luther)는 "오늘은 바쁘니까 기도 시간을 한 시간

더 늘려야겠다"라고 했습니다. 바쁠수록 하나님께 의지해야 한다는 뜻입니다. 최 목사님은 매일 새벽마다 교회에 나와서 기도하는 일을 최고의 우선순위로 두셨고, 아무리 바쁘더라도 기도를 거르지 않으셨습니다. 이처럼 우선순위를 확실히 정해 놓았기 때문에 시간에 쫓기기보다는 시간을 잘 관리하실 수 있었습니다. 최 목사님을 보면 바쁜 스케줄 중에도 여유가 느껴졌습니다.

투명한 삶

자기 관리의 삶에 이어서 최 목사님이 교인들에게 보여 주신 목회자로서의 삶은, 바로 '투명한 삶'이었습니다. 사람의 투명도를 잘 나타낼 수 있는 부분 중 하나가 물질에 대한 부분이라고 생각합니다. 최 목사님은 목회자 코너를 통해 물질 관리에 대한 자신의 생각을 공개하시고 그대로 실천하셨습니다.

최 목사님이 휴스턴 서울교회로 오시기로 한 것은, 가정교회를 하겠다고 하니까 '하나님의 뜻이겠거니' 생각하고 그 뜻에 순종하기 위해서였습니다. 그래서 휴스턴 서울교회에서 최 목사님을 초청하고자 할 때 이런 편지를 보내셨다고 합니다.

"초청장에 사례금은 적지 마십시오. 아무리 많은 사례금을 준다고 해도 하나님의 뜻이 아니라면 가지 않을 것이고, 사례금을 못 준다고 해도 하나님의 뜻이라면 갈 것이기 때문입니다."

휴스턴 서울교회에서 처음 받으신 사례금은 산호세에서 부목사로 섬길 때의 수준보다 못 미치는 금액이었습니다. 다행히 사모님이 직장에서 일하셨기에 적은 사례금에도 불구하고 사역에 전념하실 수 있었습니다.

휴스턴 서울교회에 부임한 후 사역부장직을 집사들 스스로 선택하게 했지만, 몇 가지 중요한 부서는 집사를 지명하여 맡기기도 하셨습니다. 그중 하나가 재정에 관한 업무였습니다. 그런데 하루는 재정 집사의 아내 분이 최 목사님을 찾아와서 자신의 남편에게 재정 사역을 맡기지 말아 달라고 요청했습니다. 휴스턴 서울교회의 선례를 보면 교회 재정이 바닥날 때마다 재정 집사가 이것을 메우곤 했는데, 자신들에게는 그럴 능력이 없기 때문이라고 했습니다. 그때 최 목사님은 간단히 대답하셨습니다.

"앞으로 재정이 모자라서 재정 집사가 자기 돈으로 메울 일은 없을 테니, 염려 말고 가서 남편 내조나 잘 하세요."

이렇게 말해 줄 수 있었던 것은 마태복음 6장 33~34절 말씀이 개인뿐 아니라 교회에도 적용된다는 확신 때문입니다.

"그런즉 너희는 먼저 그의 나라와 그의 의를 구하라 그리하면 이 모든 것을 너희에게 더하시리라 그러므로 내일 일을 위하여 염려하지 말라 내일 일은 내일이 염려할 것이요 한 날의 괴로움은 그 날로 족하니라."

최 목사님은 이 성경 구절을 교회 재정에 적용하셨습니다. 부임 후 3주가 지난 1993년 1월 17일, 십일조 하는 사람들의 숫자가 줄어들 우려가 있을 텐데도, 십일조 명단을 주보에서 없앴습니다. 그리스도인으로서 십일조 하는 것은 당연한데, 이 당연한 것을 주보에 싣는 것은 이상한 일이라면서 없앴습니다. 놀랍게도 이후에 십일조가 더 늘어났습니다.

취임식을 할 때 목회자 코너의 제목은 "취임 선물 하지 마라!"였습니다. 형편이 여의치 못해서 선물을 할 수 없는 교인들의 마음에 부담이 될 것을 헤아려서 교회 차원이나 부서 차원에서, 또 구역에서도 (목장 출범은 그해 10월이었으므로 당시에는 아직까지 구역이었음) 선물을 하지 말라고 부탁하셨습니다.

이렇게 말려도 교인들은 때가 되면 갖가지 이름을 붙여서 선물을 했습니다. 담임 목사님을 좋아하는 마음을 표현하고 싶어서였습니다. 넥타이나 스카프 등 취향이 맞지 않아서 별로 쓰지 않는 물건들이 쌓이자 급기야는 "선물 대신에 돈"이라는 제목으로 목회자 코너를 썼습니다.

"정 선물을 하고 싶으면 차라리 현금으로 하십시오. 그러면 그것은 다른 단체에 헌금할 수도 있고, 가난한 사람들을 돕는 데도 쓸 수 있습니다."

일반 교회에서 담임 목사가 이런 칼럼을 쓰면 난리가 나겠지만, 휴스턴 서울교회 교인들에게는 충분히 납득이 가는 내용이었습니다. 그동안 담임 목사님의 투명한 삶을 봐 왔기 때문입니다.

부임하시기 전해인 1992년, 휴스턴 서울교회에 오셔서 부흥회를 한 후 엘리베이터 안에서 생긴 일입니다. 청빙 위원 중 한 분이 은혜로운 말씀에 감사했다는 말과 함께 부흥회 사례비가 든 흰 봉투를 건넸습니다. 그때 최 목사님은 감사하다며 봉투를 양복 안주머니에 넣었습니다. 그러고는 즉시 다시 꺼내며 "일단 받았습니다. 하지만 이 것을 감사 헌금으로 바치겠습니다"라고 하면서 다시 청빙 위원의 손에 돌려주셨습니다.

부임 후에도 타 교회의 부흥회에서 받은 사례금은 그 교회나 휴스턴 서울교회에 감사 헌금으로 바치셨습니다. 저술한 책의 인세는 교회나 장학 단체나 비영리단체에 기부하셨고, 현재는 모든 인세가 국제가정교회사역원 계좌로 들어가게 하십니다.

교인들이 자신의 물질 관리를 다 알 수 있도록 했지만, 최 목사님 자신은 교인들이 얼마나 헌금을 하는지 알기를 거부하셨습니다. 건축 헌금 등 특별 지정 헌금도 마찬가지였습니다. 누가 헌금을 많이 한다는 것을 알게 되면 행여 그 사람의 눈치를 보게 될까 봐 우려했기 때문입니다. 강단에서 자신 있게 설교하실 수 있었던 것은 헌금을 많이 하는 분들이 누구인지 모르니까 비위를 건드릴까 봐 눈치 볼 필요가 없었기 때문입니다.

교회의 재정 상태에 관해서는 교회협의회에서 회계가 보고하는 것을 통해 아는 것이 전부였습니다. 교회 재정에 전혀 관여하지 않음으로써 재정 관리가 온전히 평신도의 사역이 되게 하셨습니다. 이런 점들이 교인들로 하여금 담임 목사를 더 신뢰하게 만들었습니다.

최 목사님은 목회실 문을 늘 열어 놓으셨습니다. 평일에도 언제나 문을 열어 놓음으로써 교인들이 언제든 쉽게 방문할 수 있도록 하셨습니다. 사실 문을 닫고 집무해야 집중이 잘될 텐데, 교인들이 편하게 방문하도록 해 주려면 이 정도의 희생쯤이야 얼마든지 치를 수 있다고 생각하셨습니다.

그런데 이 평범하고 작은 행동이 휴스턴 서울교회 교인들에게는 신기하게만 느껴졌습니다. 최 목사님이 부임하시기 전에 7년 동안 평일에 목회실 문이 열려 있던 적이 거의 없었기 때문입니다.

최 목사님은 자신을 있는 그대로 솔직하게 내보이셨습니다. 목회자 코너를 통해 생각과 삶을 나누셨을 뿐 아니라, 설교 시 예화에서도 자신의 이야기를 자주 하셨습니다. 자신의 단점과 고치고자 하는 점을 나누셨고, 이를 위해 어떤 노력을 하고 있는지를 솔직하게 이야기하셨습니다. 교회 홈페이지의 나눔터를 통해서 비행기 스케줄을 잘못 알고 하루 전에 공항에 갔다 오셨다는 이야기, 약속 장소에서 아무리 기다려도 안 오기에 연락해 보니 엉뚱한 장소에 있었다는 이야기 등 실수한 에피소드도 털어놓으셨습니다.

이처럼 실수를 솔직하게 인정하고 드러낼 때, 교인들은 비난하기보다는 목사님을 더 친근하게 느낍니다. 목사님을 위해 기도하려는 마음이 들게 됩니다. 그리고 이러한 투명함은 교인들로 하여금 자신이 담임 목사님을 잘 알고 있다는 생각을 하게 만들었습니다. 최 목사님과 개인적으로 시간을 보낸 적이 없더라도 누군가가 "최 목사님에 대해 아십니까?"라고 물었을 때 우리 목사님은 이런 분이라고 말할 수 있는 자신감을 심어 주었습니다.

'드러냄'은 이처럼 파워가 있습니다. 드러냄을 통해 교인들은 목사와 동질감을 갖게 되어 더욱 친근한 관계가 됩니다. 이러한 친근감은 교인들이 담임 목사를 따르게 만듭니다.

영성이 드러나는 삶

교인들이 목회자로부터 가장 보고 싶어 하는 것은 영성이 드러나는 삶입니다. 교인들이 마음은 있지만 자신은 그렇게 살지 못하는 삶을 목회자는 살기를 원합니다. 휴스턴 서울교회 교인들은 최 목사님으로부터 영성이 드러나는 삶을 볼 수 있었습니다.

최 목사님은 하루를 기도로 시작하십니다. 출타 중일 때를 제외하고는 늘 새벽에 3시간씩 기도하십니다. 심지어 전날 밤 비행기로 휴스턴에 도착하신 날에도 새벽에 어김없이 강단 위에 무릎을 꿇으셨습니다.

사실 기도하지 않는 목회자는 없을 것입니다. 그런데 '우리 목사님은 기도하시는 분'이라는 것을 교인들이 인식하도록 하는 것이 중요합니다. 이런 인식만 생겨도 목회자를 신뢰하게 됩니다.

최 목사님은 집이나 사무실에서 기도하기보다는 주로 교회 본당에서 기도하십니다. 교인들이 새벽 5시쯤 기도하러 교회에 나가면 언제나 본당 강대상에서 기도하시는 최 목사님의 뒷모습을 볼 수 있습니다. 최 목사님으로부터 상처를 받았다는 어느 목녀는 새벽에 기도하러 갔다가 무릎 꿇고 기도하시는 목사님의 뒷모습을 보고는 눈물이 나면서 서운한 마음이 사라졌다고 합니다. 목사님이 하나님께 기도하며 순종하는 모습은 교인들로 하여금 목사님을 더욱 신뢰하게 만듭니다.

최 목사님이 교인들을 위해 기도하신다는 것을 교인들은 잘 알고 있습니다. 목장을 방문해서 교회에 출석한 지 얼마 안 되는 신입 교인에게 던지는 목사님의 질문을 들으면, 최 목사님이 새로 등록한 사람들을 위해 기도하고 계신다는 것을 알 수 있습니다. 질문을 받는 교인들은 개인적으로 한번도 만난 적이 없는 목사님이 자신들의 근황과 기도 제목을 어떻게 알고 계시는지 궁금해합니다. '목자가 미리 귀띔해 주는 것이 아닐까'라고 생각하기도 합니다. 그러나 목사님이 평소에 이분들을 위해 기도하시기에 아는 것입니다. 초원 모임에 방문하셔서 던지는 질문을 들어도 최 목사님이 어떻게 그 일을 아실까 싶지만, 이것 역시 목자와 목녀들을 위해 기도하시기에 가능한 일입니다.

생명의 삶 수업 시간에서도 같은 일들이 벌어집니다. 삶 공부를 시작한 지 한두 주도 채 안 되었는데 숙제 검사를 하면서 수강생들 한 사람 한 사람의 이름을 부를 때, 그들은 놀랄 뿐만 아니라 감동을 받습니다. 목사님은 수강하는 사람들을 위해 한 사람 한 사람의 사진을 보면서 기도하시기에 그들의 얼굴과 이름을 기억하는 것입니다.

주일예배 후 헌신 시간에 내놓은 교인들의 기도 제목을 위해서는 일주일 동안 기도하십니다. 연초에 교인들이 내놓은 기도 제목은 목장별로 파일을 만들어 돌아가며 기도하십니다.

이처럼 최 목사님은 먼저 기도의 본을 보이심으로써 모든 목자들도 따라서 기도하게 만드셨습니다. 목자와 목녀 서약서에는 매일 목장 식구의 이름을 한 명 한 명 불러 가며 기도하겠다는 항목이 있습니다. 목자로 임명받을 때 회중 앞에서 서약하게 함으로써 최 목사님처럼 목장 식구들을 위해 기도하게 하셨습니다. 또한 담임 목사가 목자와 목녀를 위해 기도하겠다는 조항도 포함시켜서 담임 목사가 자신들을 위해 계속 기도하는 것을 알게 하셨습니다.

최 목사님의 목회는 한마디로 기도 목회입니다. 교인들이 의논할 일이 있어서 목회실에 들어와 대화를 나눌 때는 항상 기도로 시작하십니다. 대화가 끝나면 상대방이 먼저 기도하도록 하고, 이어서 최 목사님이 마침 기도를 하십니다.

최 목사님은 휴스턴 서울교회에 부임하기 전에 신체의 질병을 치유하는 기도를 배우기 위해 책을 읽고 세미나에도 참석하셨다고 합니다. 예수님이 하신 사역이 설교하고 가르치고 치유하는 것인데, 그리스도의 몸인 교회를 섬기는 목회자가 설교하고 가르치기만 하고 치유를 하지 못하면 안 된다고 생각하셨기 때문입니다. 하나님이 교인들의 질환을 치유하기 원하실 때, 담임 목사가 방법을 몰라서 병을 고칠 수 없어서는 안 된다고 생각하셨습니다.

휴스턴 서울교회에서는 예배 후 헌신 시간에 치유에 대한 요청이 많이 들어옵니다. 그리고 실제로 치유가 일어납니다. 허리를 다쳐서 다른 사람의 부축을 받고 겨우 기도받으러 나갔다가, 목사님의 안수를 받은 후 즉시 허리가 펴져서 자기 힘으로 걸어서 자리로 돌아가는 모습도 보게 됩니다. 이러한 일들을 통해 믿음의 기도는 응답받는다는 것을 확신하게 됩니다. 이를 본 교인들은 문제가 생기면 즉시 무릎 꿇고 기도합니다.

기도를 통해 기적적인 치유가 자주 일어나야만 영성이 드러나는 삶이라고 말하는 것은 아닙니다. 치유 기도의 응답은 전적으로 하나님께 달려 있습니다. 우리 목사님은 하나님의 뜻을 구하고 순종하기 위해 노력하시며, 우리를 위해 지속적으로 기도의 자리에 머물러 계신다는 것을 교인들로 하여금 보고 알게 만드는 것이 중요한 것입니다.

자기 관리가 철저한 삶을 통해 그리스도인의 모델을 제시하고, 투명하고 성실한 모습 가운데 영성이 드러나는 삶을 접하게 하는 것이야말로 '말로 하는 대화가 아니라 행동으로 하는 대화'라고 할 수 있습니다. 그런 목회자의 삶을 볼 때 어떻게 그렇게 살 수 있는지 궁금해집니다. '나도 그런 삶을 살고 싶다'는 욕구가 생기면서, 그 삶에서 나오는 가르침에 순복하게 됩니다.

가르친다. 원리를!

어떤 원리를 정확하게 파악하고 이해하면, 그 원리를 다른 사람에게 가르치고 싶은 욕구가 생겨납니다. 그 '가르침'에 확신과 열정이 담겨 있어야 가르침을 받는 사람에게 감동을 줍니다. 신뢰의 관계가 구축된 후에 담임 목사가 교인들에게 가르쳐야 할 것은 모든 일에 적용할 수 있는 '원리'와 '원칙'입니다.

최 목사님의 가르침에는 일관된 '원리'가 있는데, 바로 '하나님의 관점'과 '하나님의 관심'에 초점을 맞춘다는 것입니다. 최 목사님의 가르침을 크게 세 개의 측면으로 고찰해 보고자 합니다. 목회 방향을 제시하는 측면, 그 목회를 이뤄 가기 위한 지침을 제공하는 행정적 측면, 교인들과 공감하고 교감하는 소통의 측면으로 나눠서 살펴보겠습니다.

방향 제시

리더십에 관한 세미나가 교회 안팎에서 많이 제공되는데, 어떤 세미나든지 리더가 수행해야 할 역할로 다음의 다섯 가지를 꼽습니다.

첫째 그 조직이 나아가야 할 방향을 제시하는 일, 둘째 조직 내에서 조직원들의 변화를 일으키는 일, 셋째 그런 변화를 일으키기 위한 동기를 유발하는 일, 넷째 그 조직에서 수행해야 할 일들 가운데 우선순위를 정하는 일, 다섯째 조직 안에서 또 다른 리더를 재생산하는 일입니다.

그런데 이 다섯 가지 중에서 리더로서 가장 중요한 일은 방향을 제시하는 일입니다. 큰 기업의 CEO가 천문학적 액수의 연봉을 받는 이유는 그들이 회사가 추구해야 할 비전과 목표, 즉 방향을 설정하기 때문입니다. 일단 방향만 설정되면 그 목표를 이루기 위한 방법, 즉 전략적 계획은 하부 조직을 통해 어렵지 않게 수립할 수 있습니다.

가정교회 목회에서도 가장 중요한 것은 방법이 아니라 방향입니다. 방법으로 접근하다 보면 자칫 방향을 잃을 수 있지만, 방향이 확고하면 이를 이루기 위한 방법은 쉽게 찾아집니다.

담임 목사는 교회에서 리더이기 때문에 교인들에게 분명한 목회 방향을 제시해야 합니다. 최 목사님은 가정교회의 목회 방향을 초창기부터 반복적으로, 일관성 있게 제시하셨습니다. 실제로 그 방향에 맞춰서 목회하셨기 때문에 교인들이 담임 목사의 목회 방향을 확실하게 인식할 수 있었습니다.

저는 유학생으로 미국 생활을 시작해서 몇 번의 이사를 하는 가운데 여러 교회를 거쳤습니다. 그런데 제가 다른 주로 떠난 이후, 전에 몸담았던 교회들이 하나같이 갈라졌습니다. 그 교회들이 특별한 문제가 있었던 것은 아닙니다. 그렇다고 평신도 지도자들의 신앙이 미숙해서도 아니었습니다. 믿음과 열정 면에서 휴스턴 서울교회의 리더들에게 결코 뒤지지 않았습니다.

새로운 담임 목회자가 부임한 후 얼마 동안은 잘 지내는 듯하지만, 얼마간의 시간이 지나면 목회자와 평신도 지도자 사이에 틈이 생깁니다. 시간이 가면서 이 틈새가 점점 넓어지고, 건널 수 없는 감정의 골이 생겨 결국에는 교회가 갈라지는 상황으로까지 치닫습니다.

그런데 이 틈이 생기는 이유는, 많은 경우에 담임 목사가 교회의 나아가야 할 뚜렷한 방향과 목표를 제시하지 못했기 때문입니다. 방향과 목표가 불분명하다 보니 평신도 리더들은 교회에 대해 자신들 고유의 생각과 의견을 갖게 되고, 이것이 개인의 비전으로 자리 잡게 됩니다. 그래서 교회 일을 이야기할 때 자신이 중요하게 생각하는 것을 고집하게 됩니다.

예를 들어, 교회가 선교 활동을 좀 더 적극적으로 펼쳐야 한다는 의견을 누군가가 내면, 갖가지 이견이 쏟아져 나옵니다. "선교보다는 우리 주변에 있는 사람들에게 전도부터 해야 하는 것 아닌가?", "전도보다는 지역사회를 보살피는 구제가 더 시급하지!", "심방을 통해 우리 교인들을 돌보는 일이 더 중요해!", "교회에서는 무엇보다 기도와 훈련이 우선되어야 하지!", "교회는 뭐니 뭐니 해도 예배에 집중해야 해!", "그러면 우리 교회의 장래가 달려 있는 아이들의 교육은 어떻게 하고?"

시간이 갈수록 각각의 의견은 유연성을 상실하고, 교회를 세우기 위한 가장 중요한 기둥으로 자리매김합니다. 그런데 기둥만 있고 서로를 연결해서 덮어 주는 지붕이 없을 경우, 온전한 집이 될 수 없습니다. 있던 기둥마저 쓰러지게 됩니다. 최 목사님은 휴스턴 서울교회에도 있는 이런 '기둥들' 위에 영혼을 구원하여 제자 만드는 교회의 존재 목적을 제시하심으로써 확실한 '지붕'을 만들어 씌워 주셨습니다. 그리고 그 지붕 아래에서 더 높이 솟아오르려는 기둥을 억제하기도 하고, 낮은 기둥은 비슷한 높이로 키우기도 하면서 균형을 맞춰서 집을 지으셨습니다.

지붕이 있고 기둥이 고르게 있으면 집이 튼튼하고 안정적이지만, 지붕이 없는 상태에서 높낮이가 다른 기둥만 있을 경우에는 튼튼한 기둥 하나가 집을 짓는 것을 더 어렵게 만듭니다. 하나의 목표와 방향을 추구하는 큰 지붕을 씌워 주면, 그 밑에서 자유롭게 사역할 수 있는 장(場)을 열어 주게 됩니다. 각각의 사역이 연합하여 더욱 튼튼한 집을 지어 가게 됩니다. 그러나 방향과 목표라는 지붕을 씌워 주지 못할 경우에는 각각의 기둥만 남게 되어 균형을 잃습니다. 결국 그 집은 무너지고 맙니다.

각각의 사역이 연합하여 건강한 교회를 세워 가는 예를 휴스턴 서울교회의 선교에서 볼 수 있습니다. 휴스턴 서울교회에서는 가정교회가 중요한가, 선교가 중요한가를 두고 다투지 않습니다. 선교에 헌신한 사람들은 대부분 목자와 목녀이기 때문에 선교지에 가서 선교 활동을 벌이면서 가정교회에 관한 간증을 나누고, 시범적으로 목장 모임을 보여 줍니다. 그래서 선교와 가정교회의 전파가 아울러 이뤄집니다.

교회 활동 가운데 중요하지 않은 것이 하나도 없지만, 제한된 인력과 자원으로 모든 것을 할 수는 없습니다. 담임 목사는 여러 가지 할 일들 중에서 중요한 일을 선택해야 합니다. '우선순위를 정하는 것'은 리더가 수행해야 할 중요한 역할 중 하나입니다.

최 목사님은 부임하면서부터 휴스턴 서울교회에서 가장 중요한 사역을 '신약교회의 회복'으로 제시하셨습니다. 목회할 때 이를 성취하기 위해 전력투구하셨고, 교인들도 한 방향만 바라보고 나가도록 하셨습니다. 교회가 같은 목표를 향해 하나가 되었을 때, 하나님은 휴스턴 서울교회를 사용하셨습니다. 한 사람의 리더가 얼마나 중요한지, 담임 목회자가 목회의 목표를 어디에 두는지가 얼마나 중요한지를 지난 20년 휴스턴 서울교회의 가정교회 역사를 통해 보게 됩니다.

방향 설정은 목회뿐 아니라 목장 사역에도 필요합니다. 목자가 습관적으로 목장 모임을 갖는 것과 목장 모임에서 하나님을 경험하는 것을 목표로 정하고 일주일간 준비한 후 모임을 갖는 것은 그 결과가 확연히 다릅니다. 이는 경험으로 알 수 있습니다. 사전에 방향과 목표를 어디에 두는지가 이처럼 중요합니다.

담임 목사가 목표와 방향을 정하고 교인들에게 홍보한다고 해서 그것이 교인들의 목표와 방향이 되는 것은 아닙니다. 매년 새해가 되면 각 교회마다 새로운 목표와 표어를 정하여 교인들에게 알리고 주보에 신기도 하지만 목표가 이뤄지지 않는 것은, 담임 목사가 실제로 목회하는 데 그 목표가 반영되지 않기 때문입니다. 단지 표어만으로 그치는 것입니다. 목표와 방향을 설정하고 그것을 이루려면, 먼저 담임 목사의 목회에 그것이 반영되어야 합니다. 그래야 교인들이 '아,

목사님이 말로만 하시는 것이 아니라, 그 일을 실제로 원하시는구나'라고 생각합니다. 그래야 그 목표가 실현됩니다.

교회의 사업계획서, 행사표, 예산 지출 내역을 보면 담임 목회자의 목회 방향을 어느 정도 알 수 있습니다. 많은 경우에 이런 것들은 교회가 세운 목표와 일치하지 않습니다. 최 목사님이 얼마나 철저하게 목표에 따라 목회하셨는지를 보여 주는 예를 소개하겠습니다.

북미의 많은 도시에서 봄가을이 되면 한인 단체 대항으로 체육대회가 열립니다. 휴스턴에도 교회 대항으로 축구, 야구, 농구 등의 운동경기가 계절에 따라 열리는데, 젊은 사람들이 기호에 따라 동호회를 구성하여 참여합니다. 그러나 휴스턴 서울교회에서는 참가비 정도는 내주지만 교회 차원에서 지원해 주지는 않습니다. 응원단을 구성하고, 음식을 푸짐하게 준비해 와서 떠들썩한 분위기를 만드는 일반 교회와는 다릅니다. 체육대회에 참가하는 것이 교회 사역의 본질과 직접적으로 상관되는 일이 아니기 때문입니다.

참가 선수 중에 휴스턴 서울교회에 다닌 지 얼마 안 된, VIP 딱지를 겨우 뗀 초신자가 있었습니다. 점심시간이 되어 다른 교회 사람들은 모두 점심 식사를 하고 있었는데, 휴스턴 서울교회 진영에만 음식이 없었습니다. 음식 준비를 맡은 목녀에게 사정이 생겨서 음식이 늦어진 것입니다. 식사를 못하고 있는 그에게 다른 교회의 청년이 농담 삼아 말했습니다. "어이, 그 교회는 큰 교회인데 점심도 안 줘?" 그러자 그는 이렇게 응수했습니다. "우리 교회는 영혼 구원하는 일 외에 다른 일에는 관심이 없어." 이 소식을 전해 들은 최 목사님은 뛸 듯이 기뻐하셨습니다. 초신자들에게까지 교회의 존재 목적이 인식되었다고 하시면서, 한동안 세미나마다 이 얘기를 하셨습니다.

그의 대답은 휴스턴 서울교회에서 실시되는 가정교회는 구호에만 그치는 것이 아님을 보여 줍니다. 교회의 모든 프로그램은 VIP에게 집중되어 있고, 모든 예산은 영혼 구원 사업을 위해 사용됩니다. 교회의 사역과 행사의 모든 결정의 잣대는, 바로 영혼을 구원하여 제자 만드는 일과 상관이 있는지를 보는 것입니다. 비전과 목표를 구체화해서 교인들이 눈으로 보고 체험하도록 하는 것이 바로 리더십입니다.

교회 행정

교회 행정이란, 교회 내 사역이 유기적으로 잘 돌아갈 수 있도록 담임 목회자가 교통정리를 해 주는 것을 뜻합니다. 교회 행정을 잘하는 것이 목회의 성공으로 이어지는 것은 아니지만, 행정력이 미비하면 목회의 열매를 맺지 못하고 어려움을 겪게 됩니다.

목회의 목표를 이루기 위해서는 사역 지침을 제공해야 하고, 교회의 살림을 관장하는 평신도 사역자들의 사역의 경계를 구분해야 합니다. 사역의 원칙과 범주를 벗어나면 가차 없이 교정해 주는 것도 교인을 성공시키고자 하는 담임 목사의 사랑의 표현입니다.

최 목사님은 목사의 역할은 기도하고, 말씀 전하고, 성도들을 온전하게 하는 것이라고 믿기 때문에 행정만 전담하는 '행정 목사'를 두는 것을 거부하십니다. 최소한의 사무직원과 평신도 지도자들의 자발적 헌신으로 모든 일이 이뤄지게 하셨습니다. 이런 상황에서 행정이 원활하게 이뤄지려면 일관성 있는 원칙에 입각한 행정력이 필요합니다. 일관성 있는 원칙이란 어떤 상황에서도 고수되어야 하는 원칙인데, 때로는 융통성도 발휘해야 합니다. 최 목사님이 서로 상충되는 원칙의 고수와 융통성의 발휘를 어떻게 조화시키며 목회하셨는지, 제가 본 대로 소개합니다.

우선 장로교회의 당회와 같은 휴스턴 서울교회의 안수집사회의 경우를 보겠습니다(휴스턴 서울교회에는 서리 집사가 없기 때문에 집사라고 호칭할 때는 안수 집사를 의미함). 목회의 성공은 당회나 안수집사회를 어떻게 이끌어 가느냐에 달려 있다고 생각합니다. 집사나 장로를 목회의 후원자로 만드느냐, 아니면 견제자로 만드느냐에 목회의 성패가 달려 있기 때문입니다.

최 목사님은 먼저 안수집사회의 역할을 명시하셨습니다. 안수집사회는 안수 집사들의 의견을 모으는 곳이 아니고, 휴스턴 서울교회를 향한 하나님의 뜻을 찾는 곳이어야 한다고 하셨습니다. 안수집사회에서 찾고자 하는 것은 사람의 의견이 아니라 하나님의 뜻이니까, 기도하고 의견을 내 달라고 하셨습니다. 의제를 상정하기 원하면, 다른 안수 집사들이 그 사항에 관해 기도하고 생각해 볼 수 있도록 안수 집사들만 볼 수 있는 인터넷 방에 미리 올릴 것을 제안하셨습니다.

그리고 중요한 의제를 논의할 때, 바빠서 의제를 놓고 기도하지 못한 경우에는 발언하지 말아 달라고 당부했습니다. 어떤 일을 제안할 경우, 실행하는 것 역시 제안자의 몫입니다. 자신은 의견만 내고 일은 다른 사람이 하게 할 때 책임감 없는 의견이 난무할 수 있습니다. 그 결과 책임감 없이 발언하는 경우가 줄었으며, 탁상공론으로 시간을 허비하는 일도 사라졌습니다.

최 목사님이 처음 부임하셨을 때는 안수집사회가 수요기도회 후에 있었는데, 분위기가 살벌했습니다. 목사님은 예배 후 시장한 상태에서 회의하니까 공격적이 되는 것이라고 결론 내리셨습니다. 그래서 안수집사회를 토요새벽기도회 후에 하는 것으로 바꿨습니다. 안수 집사들이 돌아가면서 간식을 준비하여 함께 먹으면서 회의하도록 했습니다. 그렇게 회의 분위기를 전환했습니다.

각 부서의 부서장들과 교역자들이 한 달에 한 번, 토요일 아침에 모이는 교회협의회도 집에서 모이도록 했습니다. 섬길 차례가 된 가정이 아침 식사를 대접하도록 해서 교회협의회 회원들이 서로의 집을 방문하도록 했습니다. 식사 후에 간증도 나누고 함께 기도한 후에 회의를 시작함으로써 언성을 높이거나 논쟁을 벌이는 것을 방지했습니다. 교회협의회가 또 하나의 가족 공동체가 되도록 했습니다.

최 목사님은 한번 원칙을 정하면 그 원칙을 고수하셨습니다. 예외를 허락할 경우에는 그 이유를 설명해서 원칙이 흐지부지되지 않도록 하셨습니다. 원칙이 합당한지, 합당하지 않은지가 불분명할 때는 시행 기간(6개월 혹은 1년)을 정해서 그 기간 동안 최대한으로 원칙을 고수했습니다. 시행 기간이 지난 후에는 평가를 해서 원칙에 고칠 것이 있으면 과감하게 변경했습니다. 목장 분가를 할 때 분가시키는 목자와 분가해서 나가는 목자가 일정 기간 짝 기도를 하도록 원칙을 세웠다가, 얼마 동안 시도해 보고 검토한 결과 효과적이지 못하다는 판단을 내리고 없애 버린 것이 그 예입니다. 최 목사님은 이런 식으로 원칙과 융통성의 조화를 이뤄 갔습니다.

교회 내에는 영향력을 가진 사람들이 있습니다. 교회 개척 멤버, 재력 있는 사람, 학력이 높은 사람, 교회 다닌 연수가 오래된 사람, 사역을 오래 한 사람들입니다. 이들은 교인들에게 상당한 영향력을 미치게 됩니다. 특히 수석 장로처럼 교회 행정과 관련된 사람들은 큰 영향력을 행사하게 됩니다. 그런데 이런 분들은 교회에 도움이 되기도 하지만, 때로는 걸림돌이 되기도 합니다. 그 사람을 통해 영향력을 행사하려는 사람들이 무리를 이루게 되면, 교회 내에 파워 그룹을 형성해서 담임 목회에 지장을 주기 때문입니다. 최 목사님이 교회 내 공식적인 의사소통의 통로에서 사모를 통한 채널을 의도적으로 봉쇄하신 것도 이런 그룹이 형성되는 것을 막기 위해서였습니다.

최 목사님은 구조적으로 이런 일이 생겨나지 않도록 하셨습니다. 교회 행정의 수반인 안수집사회의 집사장을 해마다 안수 집사들의 투표를 통해 1년 임기로 선출했습니다. 교회 행정에서 중심 역할을 담당하지만, 권력을 행사하기보다는 섬기는 자리가 되도록 했습니다. 교회법으로는 연속 두 번까지 중임이 허락된다고 했지만, 안수 집사들이 돌아가면서 집사장으로 섬기는 분위기로 자리 잡으면서 한 사람이 계속 영향력을 휘두르지 못하게 됐습니다.

교회 내에서 영향력 있는 위치에 있는 사람들 중에는 교회의 원칙과 규칙에서 자신을 제외하는 사람들이 있습니다. 이런 분들이 두려워서 이들을 특권층으로 인정해 주는 목사님들도 있습니다. 그러나 예외를 인정해 주는 것이 그 사람을 배려하는 것은 아닙니다. 예외의 대상이 된 그 사람은 오히려 원칙 없는 목사에 대한 존경심을 잃게 됩니다. 최 목사님은 교회의 규칙을 모든 사람에게 일관되게 적용하셨습니다. 사역자의 직위 고하를 막론하고 예외를 인정하지 않았습니다. 당장은 섭섭하게 느껴질 수도 있지만, 결국 원칙에 입각한 목회를 할 때 담임 목사님을 더욱 존경하게 됩니다.

목회자들이 어려움을 겪는 것 중 하나가 당회나 안수집사회의 사회를 보는 것입니다. 사회자는 회의를 공정하게 이끌어야 합니다. 그런데 담임 목사가 분명한 의견을 갖고 있는 경우에는 공정한 느낌을 주지 못합니다. 담임 목사가 의견을 제안하면 참석자들이 의견을 말하지 않게 됩니다. 안수 집사가 의견을 말했는데도 담임 목사의 의견대로 되면 자신의 의견이 무시당하는 느낌을 갖게 됩니다. 그래서 최 목사님은 안수집사회에서 집사장이 사회를 보도록 하셨습니다. 그렇게 했을 때 안수 집사들은 자유롭게 의견을 개진할 수 있었습니다. 토론하고도 결론이 안 날 때는 담임 목사의 의견을 들음으로써 매듭지을 수 있었습니다. 또한 목사님의 분명한 의견이 있을 때는 그 의견을 미리 말해 주고, 집사들이 토론하게 했습니다. 이처럼 최 목사님은 안수집사회를 건설적인 의견이 맘껏 오가는 장(場)이 되도록 하면서, 휴스턴 서울교회라는 배가 항해하는 데 방향을 잡아 주는 선장의 역할을 담당했습니다.

최 목사님은 안수 집사를 귀중한 동역자로 생각하셨습니다. 가정교회는 평신도 사역자를 세우고 키워 내는 목회인데, 교회 내에 안수집사(장로교의 장로)가 세워지지 않으면 담임 목사 중심의 목회가 될 수밖에 없습니다.

가정교회에서는 영혼을 구원하여 제자 만드는 사역의 모체가 목장입니다. 목장 사역의 주체는 목자와 초원지기입니다. 그리고 목장 사역이 잘 이뤄지기 위해서는 연합 교회의 지원이 필요합니다. 이러한 사역 지원은 집사나 장로에 의해 이뤄집니다. 가정교회 사역에서는 목자라는 직책을 줘서 사역의 권한과 책임감을 부여한다면, 연합 교회 사역에서는 안수 집사나 장로를 세워서 사역의 권한과 책임감을 부여해야 합니다. 이 직분은 신약성경에 등장하는 직분입니다. 이런 직분자를 세울 때 교회 사역은 극대화될 수 있습니다.

안수 집사나 장로가 담임 목사를 힘들게 하고 교회 내에 문제를 일으킬 수 있다고 염려하여 중직자를 세우는 것을 꺼리는 목회자들도 있습니다. 그러나 그렇지 않습니다. 그들은 목회자의 동역자가 될 수 있습니다. 평신도 입장에서 교인들을 설득시켜서 교회를 세우는 일을 효과적으로 할 수 있습니다. 목자나 평신도 사역자들을 격려하고 코칭하여 교회 사역이 원활하게 돌아가도록 하는 매개체 역할을 담당할 수 있습니다.

안수 집사나 장로 같은 중직자가 세워지지 않으면 연합 교회의 행정과 사역은 담임 목사의 책임이 됩니다. 담임 목사가 교회의 살림살이를 포함하여 모든 일에 대한 결정의 주체가 되면, 편리할 수는 있지만 담임 목사가 교회의 주인인 것 같은 인상을 줄 수 있습니다. 또한 진정으로 헌신된 평신도 동역자가 만들어지지 않습니다. 교회 내에 중직자를 세우는 일은 교회가 커질 수 있는 장(場)을 마련하는 것입니다. 또한 위임을 통해 책임감 있고 헌신된 평신도 사역자를 키워냄으로써 가정교회 리더십의 정수를 발휘하는 것입니다.

중직자들은 영향력이 큰 만큼 잘 세워야 합니다. 휴스턴 서울교회에서는 그해에 안수 집사를 몇 명 세울지, 안수집사회에서 먼저 정합니다. 그러면 그 숫자에 해당하는 인원을 전체 목자들이 안수 목자(목자로서 소정의 삶 공부를 마치고 정식 목자로 안수받은 사람)를 대상으로 투표를 통해 안수 집사 후보로 세웁니다. 회원 교인들은 추천된 후보가 휴스턴 서울교회의 안수 집사로 섬기는 것이 하나님 뜻인지, 아닌지를 투표를 통해 최종적으로 결정합니다. 안수 집사로 섬길 사람을 뽑는 가장 중요한 잣대는 '섬기는 리더십'을 잘 행하는 것입니다. 여태까지의 경험으로 볼 때 목자들이 안수 집사 후보를 선출하는 데는 실수가 없었습니다. 이미 자신들이 섬기는 리더십을 수행하고 있기 때문에 그런 사람들을 분별하는 데 어려움이 없었던 것 같습니다.

소통

목회자가 뚜렷하고 분명한 목회의 목표와 방향을 세웠다고 하더라도 교인들에게 그것이 전달되고 이해되고, 교회 생활의 바탕으로 자리 잡지 않으면 소용없습니다. 이런 것들이 이뤄지려면 목회자와 교인들 간에 소통이 절대적으로 필요합니다. 소통이 잘 되면 공감대가 형성되기 때문에 교인들이 목회자의 인도를 잘 따르게 됩니다. 그러나 소통이 잘 이뤄지지 않으면 많은 오해가 생겨서 건강한 공동체를 이루기가 힘듭니다.

최 목사님의 경우에는 다음과 같은 것들 때문에 소통이 효과적으로 이뤄지지 않았나 싶습니다. 바로 단순성, 반복성, 일관성, 다양성입니다. 최 목사님이 소통하고자 하는 내용은 깊이가 있으면서도 '단순'하게 전달되기 때문에 이해가 쉽고, '반복'되기 때문에 기억에 남고, '일관'되기 때문에 혼동이 없고, '다양한' 채널을 사용하기 때문에 모든 교인과 소통할 수 있습니다.

최 목사님이 교인들과의 소통에서 가장 중요하게 생각하시는 것은 주일 설교입니다. 설교를 준비하실 때 교인들에게 하나님 말씀을 선포하는 것을 넘어서서 설득하는 자세를 취하셨습니다. 하나님 말씀에 설득되어 믿지 않는 사람들이 하나님을 믿기로 결심하고, 이미 믿는 사람들은 하나님께 헌신하기로 결단하는 것, 이 두 가지를 설교의 목표로 삼았습니다.

믿지 않는 사람들이 예수님을 믿기로 결심하도록 하려면, 그들이 이해할 수 있는 단어와 말들을 사용해야 합니다. 그래서 최 목사님은 철저하게 안 믿는 사람의 입장에서 설교를 준비하십니다. 그런데 안 믿는 사람들을 대상으로 전달하는 설교는 이미 믿고 있는 교인들에게도 큰 영향력이 있습니다. 그것은 복음의 능력 때문입니다.

교인들이 '이렇게 살아야겠다'라고 결심하도록 하기 위해서는 설교가 원리나 추상적인 개념을 넘어서서 구체적인 적용을 제시해야 합니다. 최 목사님은 설교 말씀으로 실제적인 삶을 도전하시기에 교인들은 설교 후에 헌신으로 반응합니다. 또한 목장 모임에서 지난주 설교 말씀을 실제 삶 속에서 어떻게 적용했는지를 나눕니다. 이렇게 설교를 통해 교인들을 설득하기에 적극적인 소통이 이뤄질 수 있었습니다.

또한 최 목사님은 교회 홈페이지의 나눔터를 소통의 채널로 적극 활용하셨습니다. 나눔터에 올라온 글들을 일일이 확인하고 댓글로 격려함으로써 교인들의 일상생활에 관심을 표명하셨습니다. 새로운 글이 없어서 한산할 때는 직접 유머 있는 이야기나 생활에서 경험한 사소한 글들을 올리시기도 했습니다. 그래서 교인들이 목사님과 개인적으로 만나기는 어려워도 친근함을 갖도록 했습니다. 출타 중일 때는 그곳에서 있었던 일들을 사진과 함께 올리셨습니다. 그래서 어디에서든 교인들을 생각하고 있다는 것을 알게 하고, 목사님의 집회와 사역과 건강을 위해 기도해야겠다는 마음이 들게 했습니다.

주일에 주보를 받으면 교인들의 눈은 담임 목사의 칼럼인 목회자 코너로 갑니다. 목회자 코너를 통해 최 목사님의 목회 철학뿐 아니라 근황, 생각, 정치 및 사회 현상을 보는 목사님의 눈을 접하게 됩니다. 교인들은 마치 목사님과 직접 마주 앉아 대화하는 것 같은 느낌을 갖습니다.

최 목사님의 목장 방문이나 초원 방문은 짧은 시간이지만 교인들과 소통할 수 있는 좋은 기회가 됩니다. 항상 강단에서만 보던 목사님과 한자리에서 식사하면서(최 목사님은 모두가 둘러앉아서 함께 식사하도록 합니다), 가정과 생업 등 살아가는 이야기를 나눕니다. 이는 서로를 알아 가는 시간이 됩니다.

또한 목자와 목녀들과 함께 한 달에 한 번, 총목자 모임을 갖습니다. 목자와 목녀들은 이 모임에서 담임 목사에게 질문하고, 목장 사역의 팁을 제공받습니다. 개별적으로는 최 목사님이 '목회 일기'를 통해 일일이 코멘트 해 주는 자상함을 보이시기도 합니다. 목자들의 개인 주보함으로 전달되는 목자 공문을 통해 목장 사역의 행정과 목양에 관한 가이드를 전달받기도 합니다.

매주 토요새벽기도회 후에 갖는 안수집사회의에서는 안건이 인터넷 집사방을 통해 다 처리되어서 더 이상 다룰 안건이 없을 때도 모여서 함께 간식을 먹으며 담소를 나누도록 했습니다. 이 시간을 통해 담임 목회자와 안수 집사들 간에 소통을 통한 교감이 이뤄지도록 하기 위해서였습니다.

소통에서 리더가 꼭 갖춰야 할 소양이 있습니다. 바로 유머 감각입니다. 유머는 여유가 있을 때 나타날 수 있기에 리더의 유머는 교인들의 긴장을 풀어 주고 안정감을 심어 줍니다. 최 목사님은 유머 감각을 십분 발휘하시는데, 설교에서도 사용하십니다. 교인들은 담임 목회자의 영향을 받게 되어 있습니다. 최 목사님의 유머 뒤에 있는 자유함은 교인들로 하여금 목사님을 본받고 싶게 만드는 요인이 됩니다.

맡겨 준다, 사역을!

교인들은 목회자의 삶을 봄으로써 진정한 그리스도인의 삶을 살고 싶은 욕구가 생겨나게 됩니다. 삶에서 나오는 가르침에 마음을 열고, 기본적인 원리와 원칙을 배워서 신앙의 발판을 쌓게 됩니다. 가르침을 통해 하나님의 관점과 하나님의 관심에 초점을 두는 삶을 살게 됩니다. 그러면서 사역을 시작하고, 비로소 평신도 사역자로서의 길을 걷게 됩니다. 목회자가 평신도에게 사역을 위임하는 것이 중요한데, 최 목사님은 어떻게 위임하셨는지를 살펴보겠습니다.

선택하게 한다

최 목사님은 사역을 일방적으로 맡기지 않고, 선택하도록 합니다. 스티븐 코비(Stephen Covey)의 《성공하는 사람들의 8번째 습관》(The 8th Habit, 김영사)이라는 책을 보면, 'responsibility'(책임감)는 'response'(반응)와 'ability'(능력)의 합성어로서 '반응(response)하는 능력(ability)'이라고 합니다. 주어진 선택에 반응할 때, 즉 자신이 선택할 때 책임감이 생긴다고 합니다.

최 목사님은 교인들이 신앙생활의 단계를 스스로 선택하도록 하셨습니다. 교회에 등록하려면 주일 연합 예배의 헌신 시간에 앞으로 나가서 헌신 카드에 "등록하기를 원합니다"라고 표기하도록 했습니다. 생명의 삶 공부를 하려면 등록금을 내고 수강하도록 했습니다. 침례를 받으려면 예배 때 헌신 시간에 앞으로 나가서 헌신하도록 했습니다. 회원 교인이 되려면 자신이 직접 신청하도록 했습니다.

목장도 교회에서 지정해 주지 않고 자신이 선택하도록 했습니다. 그래야 목장 식구와 갈등이 생겨도 다른 목장으로 옮겨 가지 않고, 인내를 통해 성숙한 그리스도인이 되어 가는 훈련을 쌓을 수 있기 때문입니다. 같은 원리로, 초원을 정하는 것도 목자가 스스로 선택하도록 했습니다.

사역을 맡길 때도 통사정을 하거나 강요한 적이 없습니다. 1년에 한

번 있는 사역박람회를 통해 자원하도록 했습니다. 목자 사역을 사양하는 사람에게는 절대로 다시 권하지 않았습니다. 하나님의 사역을 싸구려로 만들 수는 없기 때문이라고 하셨습니다. 안수 집사 후보로 선출됐을 경우에도, 안수 집사 후보직을 사양하는 경우에는 다시 권하지 않았습니다.

목자라는 직책은 직위가 아니라 사역이고, 희생이 요구되는 섬김이기 때문에 자원하지 않으면 오래 할 수 없습니다. 정년도 없이 평생 해야 하는 사역이기에 강요할 수 없습니다. 사역이란 하나님이 허락하신 귀한 특권이라는 인식이 있을 때 오래 할 수 있습니다. 휴스턴 서울교회의 가정교회 역사가 20년이다 보니 10년 이상 목자로 섬긴 분들이 많아지고 있는데, 이들은 모두 감사를 고백합니다. 부족한 자신에게 귀한 사역을 맡겨 주신 것에 감사해서 힘들고 어려웠던 시기를 견뎌 낼 수 있었다고 고백합니다. 하나님을 위해 시작했다고 생각한 목장 사역이 사실은 자신을 위한 사역임을 깨달으면서 하나님께 감사드리지 않을 수 없다고 고백합니다.

위임한다

사역을 위임할 때 자신의 생각과 아이디어를 말해 주고, 지시받은 대로 하라고 하는 경우가 많습니다. 그런데 이렇게 위임하면 일을 맡긴 사람은 기대했던 대로 일이 이뤄지지 않아서 만족하지 못하고, 일을 수행한 사람은 시키는 대로만 하기 때문에 일의 보람을 느끼지 못합니다. 최 목사님은 평신도 사역자에게 사역을 완전히 위임해 주고, 그 사역자를 통해 하나님이 일하시도록 기도하며 물러나셨습니다. 하나님이 그 일을 맡은 사람을 통해 직접 일하시면 사람의 생각과 아이디어를 뛰어넘는 결과가 나옵니다. 담임 목회자의 '사역의 위임'이란, 하나님이 그 사람을 통해 일하시도록 기도해 주는 것입니다. 그렇기 때문에 진정한 위임은 기도하는 사람만이 할 수 있습니다.

위임한 후에 지나치게 코칭을 하거나 세세하게 관리하면, 일을 맡은 사람이 주인 의식을 잃게 되어서 자발적이고 창의적인 사역을 하기가 어렵습니다. 휴스턴 서울교회 목자들의 간증 중에는, 자신들이 사역하다가 바닥을 칠 때도 그만두라고 하지 않고 믿어 주고 기다려 주신 최 목사님께 감사드린다는 고백이 적지 않습니다. 최 목사님은 먼저 사역의 범주를 알려 주고, 사역을 위임한 후에는 마음껏 해 볼 수 있도록 간섭하지 않으십니다. 그래야 능력이 발휘되고 자신의 부족한 부분을 개선할 수 있다고 믿기 때문입니다. 또한 사역자가 실패를 통해 훈련받고 자랄 수 있는 시간과 여유를 줍니다.

사역을 맡기고 나면 믿고 기다려 줘야 하는데, 사실 이것은 말처럼 쉽지 않습니다. 시간이 지나도 눈에 보이는 결과가 없을 때는 더욱 그러합니다. 하지만 그럴수록 사역자를 위해 끊임없이 기도하기 때문에 하나님이 하시리라 믿고 기다릴 수 있었던 것 같습니다. 사역을 선택하도록 하는 것과 사역을 위임하는 것은, 사역이 일이 아니라 사역 자체가 되도록 합니다. 이는 가정교회 사역의 중요한 근간이 되는 원리입니다.

양육한다

선택과 위임의 원리로 사역을 맡긴 후에는 사역을 지속적으로 해 나갈 수 있도록 양육하는 것이 필요합니다. 그런데 지나치면 컨트롤이 되고, 내버려 두면 방임이 됩니다. 평신도 사역자가 자발적이고 독창적이고 독립적으로 사역함으로써 사역의 주체 의식을 가질 수 있도록 맡겨 주는 동시에, 사역에 대해 반드시 피드백을 해야 합니다.

양육은 부모가 자녀에게 하듯, 사랑하는 마음의 표현이어야 합니다. 그래서 양육에는 당근도 있고, 채찍도 있어야 합니다.

당근이란 잘한 일을 칭찬하고 격려해 주는 것입니다. 최 목사님의 칭찬은 마음속으로부터 우러나오는 고마움이었습니다. 자신을 위해 하늘나라에 가서 받게 될 상급을 쌓는 일이기는 하지만, 희생을 드려 가며 하는 사역에 대한 고마움이 칭찬으로 나타납니다. 그리고 그 칭찬은 최 목사님으로부터 인정받는 느낌을 갖게 하고, 더욱 열심히 사역하게 만듭니다. 특히 최 목사님은 숨어서 수고하는 사람들의 헌신을 기억하시고 설교 중에 언급합니다. 그래서 다른 교인들에게 귀감이 되게 하고, 도전받게 하십니다. 이처럼 칭찬을 통해 사역부와 그 부에서 일하는 리더를 세워 주면, 교인들이 그 사역부에 자원하게 됨으로써 사역이 튼튼해지고 확장되는 결과를 가져옵니다.

반면에 최 목사님은 과감하게 채찍질도 하셨습니다. 채찍을 드는 것은, 목회자가 사역자들을 사랑하지 않거나 교인들의 눈치를 보면 쉽게 할 수 없는 일입니다. 목회 일기의 작성을 게을리 하는 목자들에게 과감하게 채찍을 들 수 있었던 것은, 자신의 소홀함으로 인해 목자들을 관리자로 전락하게 만들고 싶지 않다는 단호한 마음 때문이었습니다. 최 목사님은 목회 일기를 안 쓰는 사람들의 이름을 목자통신문에 공개해서 부끄러움을 느끼게 하셨습니다. 자신의 이름이 오른 목자들은 '아니, 목사님이 어떻게 이런 식으로까지 살생부 명단을…' 하면서 당혹감을 감추지 못했지만, 최 목사님의 채찍질은 이처럼 엄했습니다.

그러나 상대방의 잘못을 지적할 때는 오래 기도해 보고, 진정 상대방을 사랑하는 마음에서 한다는 확신이 설 때까지 기다리셨습니다. 이런 양육을 통해 목자들은 최 목사님의 진정성을 깨닫고, 채찍을 통해 변화될 수 있었습니다.

최 목사님의 양육 목표는, 평신도 사역자가 휴스턴 서울교회에 있을 때뿐 아니라 이주해서 다른 교회의 교인이 되었을 때도 사역을 잘하는 것입니다. 휴스턴 서울교회에서 예수를 믿게 되고 신앙생활을 하다가 다른 곳으로 이주한 교인들 중에는, 이사 간 곳에 가정교회가 없어서 교회에 나가지 못하겠다고 말하는 사람들도 있었습니다. 휴스턴 서울교회에서 믿음이 생겼다가 다른 곳에 가서 신앙을 저버린다면 문제가 아닐 수 없습니다. 그래서 이사를 가서도 신앙적으로 든든히 설 수 있도록 돕기 위해 이주 교우 도우미 사역을 시작했습니다. 교인들이 다른 교회에 가서도 잘 설 수 있도록 하는 것은, 목회를 자신의 교회가 아니라 하나님 나라라는 관점에서 볼 때 가능한 일입니다. 이것이 가정교회의 정신이지 않을까요?

최 목사님의 목회에서 부딪쳤던 사람들이 적지 않습니다. "최 목사님으로부터 상처를 받지 않으면 휴스턴 서울교회 안수 집사가 아니다"라는 말이 나올 정도로 대부분의 안수 집사들은 사역하는 가운데 최 목사님에게 야단(?)을 맞았습니다. 그런데 상처를 받았을 안수 집사들이 최 목사님을 누구보다 더 존경하는 것은 미스터리가 아닐 수 없습니다. 그 이유는, 최 목사님의 인품에 감동을 받았다기보다 최 목사님의 진심에 감동을 받았기 때문입니다. 살아 계신 하나님의 말씀은 반드시 이뤄질 것이라는 순수한 믿음과 매일 아침에 3시간 동안 주님 앞에 무릎 꿇어 가며 하나님의 뜻을 찾고, 하나님의 소원을 풀어 드리기 위해 순종하려는 몸부림에 담긴 진심을 느낀 것입니다. 그랬기에 교인들은 최 목사님을 신뢰하고, 목사님의 가정교회 목회에 온 마음을 다해 따르는 것입니다.

이처럼 평신도 사역자를 세워 주는 리더십을 발휘해서 목회하면 가정교회를 세우는 동시에 교인들의 신뢰를 얻게 됩니다. 앞에서 목회자에 대한 신뢰를 바탕으로 가정교회 목회가 이뤄진다고 말했는데, 사실 최 목사님의 경우에는 신뢰 위에 가정교회가 세워졌다기보다 가정교회 목회로 인해 교인들의 신뢰가 생겼습니다.

가정교회 목회를 충실히 하면 교인들의 신뢰는 자연적으로 얻게 되는 것 같습니다. 행복 자체를 추구하면 행복해지지 못하고 하나님께 순종할 때 행복을 맛보게 되는 것처럼, 목회자가 하나님의 소원을 추구하고 하나님의 관점에서 목회할 때 교인들은 자연적으로 목회자를 신뢰합니다. 선순환이 이뤄지는 것입니다. 그렇다면 '가정교회 정착의 상관관계'에서 '목회자에 대한 신뢰도'의 위치를 변경해야겠죠.

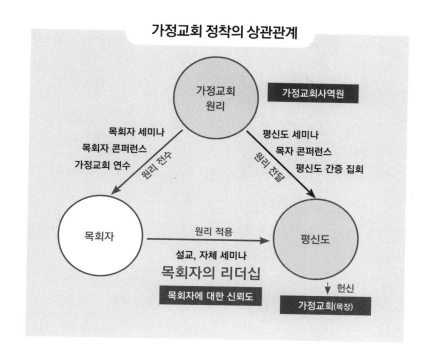

가정교회 정착의 상관관계

가정교회
원리

가정교회사역원

목회자 세미나
목회자 콘퍼런스
가정교회 연수

원리 전수

평신도 세미나
목자 콘퍼런스
평신도 간증 집회

원리 전달

목회자

원리 적용

평신도

설교, 자체 세미나
목회자의 리더십

목회자에 대한 신뢰도

헌신
가정교회(목장)

　　주님의 몸 된 교회를 세워 감에 있어서 목회자와 평신도가 신뢰로 묶인 진정한 동역자가 되기를, 그래서 가정교회를 통해 이 땅에 하나님 나라가 이뤄지기를 꿈꿔 봅니다.

chapter 4

가정교회 전파의
선두 주자들

목회자들에게로 번지는 가정교회

|

뜻밖의 초청

목회자 세미나가 어떻게 시작되었는지를 생각해 보면, 하나님의 일하심이었음을 고백하지 않을 수 없다. 나의 의지와는 상관없이 시작되었으니 말이다.

가정교회가 휴스턴 서울교회를 벗어나 다른 교회로 번져간 계기는, 내가 처음 저술한 책인 《구역조직을 가정교회로 바꾸라》(나침반)가 출간됨으로써 만들어졌다. 내가 책을 저술하는 저자가 될 것이라고는 꿈도 꾸지 않았다. 그런데 전에 섬기던 교회에서 함께 사역한 평신도가 목회자 코너를 책으로 엮어 출판해 보자는 제안을 했다. 주변 목회자들에게 목회자 코너를 보여 주니까 교인들과 소통하는 데너무 좋은 방법이라면서 자신들도 칼럼을 써서 주보에 싣겠다고 했다는 것이다. 이 칼럼을 모아 책으로 출판하면 많은 목회자들에게 도움이 될 것이라고 했다. 무명의 목사가 칼럼을 모아 책으로 낸들 누가 읽겠나 싶었지만, 자신에게 맡겨만 주면 나머지는 알아서 하겠다고 고집을 피워서 허락했다.

그 형제의 누님이 당시에 잘 알려진 성경 교사였는데, 그분의 교재를 출간하는 출판사의 대표와 의논했다. 그는 칼럼만 모은 책은 팔리지 않으니까 가정교회의 경험을 곁들여서 저술해 보라고 했다. 그렇게 해서 1996년 출간된 책이 《구역조직을 가정교회로 바꾸라》이다. 나는 책 제목을 "목사 같은 평신도, 평신도 같은 목사"로 부드럽게 잡았는데, 출판사에서 제목을 도발적으로 바꿨다. 이것이 독자들의 호기심을 불러일으켜서 히트 치지 않았나 싶다.

이 책을 출간한 후 가정교회에 대한 관심을 표명하는 사람들이 생겼고, 문의 전화도 많아졌다. 이때 한 통의 전화를 받았는데, 미국에서 발간하는 기독교 신문사의 대표였다. 신문에 광고를 내줄 테니 목회자들을 초청해서 가정교회에 관한 세미나를 개최해 보라는 내용이었다.

이런 뜻밖의 권유를 받고 보니 하나님의 초청인가 싶기도 했지만, 잘 해낼 수 있으리라는 자신감이 없었다. 고민하던 어느 날, '이것이 하나님이 원하시는 것인데 자신 없다고 불순종하고 있는 것은 아닌가' 하는 불안감이 생겼다. 그래서 한번 해 보고 결과를 지켜보기로 마음먹었다.

세미나 주최를 결심했지만, 나는 알려진 목사도 아니고 휴스턴 서울교회가 이름난 교회도 아닌데 누가 올까 싶은 생각을 지울 수 없었다. 그래서 집사장이 배너에 "제1차 목회자를 위한 가정교회 세미나"라고 쓴 것을 보고 '제1차'라는 글자를 빼달라고 했다. 1차라면 이어서 2차를 해야 하는데, 세미나가 지속되리라는 자신감이 없었기 때문이다.

그럼에도 불구하고 세미나를 개최하기로 마음먹은 것은 소형 교회를 돕고 싶어서였다. 대형 교회에서 제공하는 세미나 내용은 소형 교회에서는 적용하기 힘든 경우가 많다. 휴스턴 서울교회 정도의 규모에서 제공하는 세미나라면 소형 교회에 도움이 될 수 있겠다고 생각했다. 이 세미나를 통해 30명이던 교인이 60명으로, 50명이던 교인이 100명이 될 수 있다면 세미나를 제공할 가치가 있다고 생각했다.

경제적인 여유가 없는 소형 교회의 담임 목사들이 참석하리라고 예상해서 등록금을 안 받기로 했다. 등록해 놓고 안 나타나는 것을 방지하기 위해 100달러를 등록금으로 받되, 수료하는 날 돌려주기로 했다(이 전통은 북미에서는 지금까지도 계속되고 있다. 한국에서도 초기에는 등록금을 돌려주었으나 부작용이 있어서 현재는 등록금을 받고 있다).

등록금을 돌려주기로 하니, 숙식이 문제가 되었다. 참석자들의 호텔비를 부담할 만한 재정적 여유가 없었기 때문이다. 그래서 교인들의 집에 세미나 참석자들을 모시고, 세미나 중에 제공하는 음식은 재료만 사서 교인들이 직접 만들자고 제안했다. 교인들은 이 요청에 기꺼이 응해 줬다. 이로써 숙식을 제공하면서 세미나를 개최하는 전통이 생겨났다.

지나고 보니 이것이야말로 하나님의 인도하심이었다. 등록금을 반환해 주고, 교인들이 숙소를 제공하는 것은 가정교회의 섬김을 보여 주는 좋은 기회가 됐다. 또 이러한 섬김에 감동해서 가정교회를

제7차 목회자를 위한 가정교회 세미나(1999년 10월)

결심한 목회자가 많았다. 당시에는 필요에 의해 어쩔 수 없이 결정했지만, 지나고 나서 돌아보면 하나님의 인도하심이었음을 깨닫는 많은 예 중 하나다.

1996년 10월 15일, 한 번 제공하는 것으로 끝나지 않을까 하는 우려를 갖고 개최한 제1차 목회자를 위한 가정교회 세미나에는 36명의 목회자가 등록했다. 이때 참석한 목회자 중 한 명이 이후에 국제가정교회사역원 북미 대표로 섬기게 된 김재정 목사(애틀랜타 한인침례교회)이다.

일할 사람을 보내 주시다

사실 휴스턴 서울교회는 재정뿐 아니라 시설 면에서도 세미나를 개최할 형편이 아니었다. 현재 국제가정교회사역원 한국 총무를 맡고 있는 구본채 선교사가 그때 자원하여 세미나 주최를 도왔다. 당시에 그는 예수님을 막 영접한 따끈따끈한 새 신자였다. 생명의 삶 강의를 듣고 회심한 후 마음이 뜨거워져서 교회에서 살다시피 했다. 그래서 내가 "형제님은 가정이 없습니까? 왜 집에 안 가고 교회에만 계십니까?"라는 말까지 했다. 그때를 상기하면서, 구본채 총무가 최근에 나에게 보낸 메일의 일부를 옮긴다.

목사님, 그때 저 무척 고생했습니다. 강의실도 마땅한 곳이 없었지만, 40명이 한꺼번에 앉을 팔걸이의자도 없었습니다. 그렇다고 세미나를 계속 한다는 보장도 없는데 새것을 사기는 좀 그렇고⋯. 그래서 낡은 밴을 타고 다운타운에 가서 산처럼 쌓아 놓은 중고 책걸상을 헤집고 다녔습니다. 색이 같고 모양이 비슷한, 비교적 새것으로 보이는 것을 찾아 1개당 5달러씩 주고 구입했습니다. 그리고 한 번에 7~8개밖에 들어가지 않는 차에다 싣고, 험악한 다운타운과 교회를 5~6번 왕복하면서 실어 나르고, 본당 뒤뜰에 호스를 연결하여 하나씩 찌든 때를 씻어 말리고, 다음 날 하나씩 들어서 2층으로 갖다 나르고⋯.

이제야 목사님께 말씀드리지만 이 험악한 일을 사실 저 혼자서 다 했습니다. 세미나 강의실에 목사님 물잔을 준비하는 것부터 시간 맞춰서 종 치는 일까지⋯. 지금은 징을 치지만 그때는 딸랑이 종을 쳤죠. 사실 저는 휴스턴 서울교회 종돌이의 원조입니다.

목회자 세미나 다음 날, "목사님, 저 처음으로 30만 달러짜리 큰 주문을 하나 받았습니다"라고 목사님께 말씀드렸는데(당시에 구본채 총무는 무역 회사를 새로 차렸다), 세미나 마치는 날에 목사님들 앞에 저를 불러서 세워 놓고 이렇게 말씀하셨죠.

"이번 세미나를 섬기기 위해 하던 일을 다 내려놓고 교회로 출퇴근하며 섬긴 구본채 형제를 소개합니다. 그런데 하나님은 구 형제가 지금까지 받은 주문 중에서 가장 큰 주문을 세미나 이틀째 날에 선물로 주셨습니다."

세미나 첫날 저에게 "어느 목사님이 치약과 칫솔을 안 가지고 왔는데, 준비해 줄 수 있을까요?"라고 하셨죠. 저는 속으로 '목사님, 물론 되지요'라고 했습니다. 30분 후에 "목사님, 치약과 칫솔을 준비해서 그 목사님께 갖다 드렸습니다"라고 보고드렸더니 "벌써요?"하며 기뻐하시던 모습이 아직도 기억납니다.

쿠알라룸푸르에서 구본채 국제가정교회사역원 한국 총무와 함께(2007년)

이렇게 지성으로 섬기던 구본채 총무는 30만 달러짜리 수주를 필두로 물질적 축복을 계속 누렸다. 20년이 지난 지금까지 한결같이 주님께 충성하여, 지금은 한국에서 국제가정교회사역원 총무로서 목자 콘퍼런스와 선교사 세미나를 주관하고 있다.

이처럼 하나님은 일을 시키시면서 필요한 동역자도 같이 붙여 주셨다. 그래서 하나님이 일을 시키시면 반드시 자원도 마련해 주신다는 확신이 점점 더 커졌다. 사역의 동지가 없었다면 지금의 가정교회 사역은 불가능했을 것이다. 하나님이 보내 주신 동역자 때문에 목회자 세미나는 북미, 한국, 일본, 중국, 카자흐스탄에서 개최되고 있으며 2015년 현재 제140차를 넘겼다. 20년이라는 짧은 기간 안에 이처럼 널리, 빨리 확산된 것은 하나님이 일하셨기 때문이다.

입소문을 타다

첫 세미나를 마친 후 입소문을 타기 시작하면서 여기저기서 세미나에 대한 문의 전화가 걸려 오기 시작했다. 그래서 다음 해인 1997년 4월에 다시 한번 목회자 세미나를 개최하기로 했다. 세미나에 참석할 사람들이 계속 있으리라는 확신이 생겨서 이때부터 제2차라고 횟수를 붙이기 시작했다. 그리고 봄가을로 세미나를 1년에 2회 제공하기로 했다.

특별 세미나를 개최해 달라는 요청도 있었다. 그래서 2000년 8월, 에 한국에서 온 27명의 목회자와 각 선교지에서 모인 5명의 선교사를 대상으로 특강 수준의 가정교회 세미나를 개최했다. 이어서 10월에는 예정된 정기 목회자 세미나를 개최해서 93명이 수료했다. 그해에는 1년에 세 번 목회자 세미나를 개최한 셈이다.

이처럼 목회자 세미나는 휴스턴 서울교회가 주도한 것이 아니고, 목회자들과 선교사들의 필요에 부응하여 개최됐다. 첫 번째 세미나 때 기독교 신문사가 자원해서 광고를 내준 것 외에는 광고를 한 번도 하지 않았다. 지나고 보니 이것도 하나님의 인도하심이었다. 광고를 하지 않으니까 가정교회 세미나는 입소문에 의해 전파됐다.

가정교회를 하려면 목회자는 많은 것을 내려놓아야 한다. 섬김의 리더십이 이것을 요구한다. 그렇기 때문에 성경적 교회를 갈망하는 신실한 목회자만이 가정교회를 시도하게 된다. 그런데 이런 사람들 주변에는 신실한 친구들이 있다. 신실한 목회자가 신실한 친구를 초청하여 세미나에 참석시킨다. 그래서 가정교회가 한때 바람을 일으키다가 스러지는 운동이 되지 않고, 20년 넘게 한결같이 발전한 것이다.

세미나 초기에 참석했던 목회자들은 목장 모임이 엉성하다는 말을 많이 했다. 그런데 그 엉성한 점 때문에 가정교회가 더 쉽게 전파됐는지도 모른다. '이 정도라면 우리 교회도 할 수 있겠다'라는 긍정적인 생각이 들게 했고, 일부의 패기 넘치는 수강자에게는 '우리는 더 잘할 수 있다'라는 열망도 심어 줬다. 그리고 많은 수강자들이 이 엉성한 목장 모임에서 가정교회는 뭔가 다르다는 것을 느꼈다. 강의와 간증을 들으면서 그동안 열심히 노력했는데도 뭔가 미흡하던 2%를 드디어 찾은 기쁨을 맛보았다고 고백했다.

하나님이 가정교회에 대한 소원을 주셨을 때는 가정교회를 휴스턴 서울교회에 정착시키는 것만이 목표였다. 그런데 가정교회 출범

후 불과 3년 만에 가정교회를 다른 이에게도 전파하는 일을 시작하게 해 주셨으니, 하나님이 하셨다고 고백할 수밖에 없다.

평신도를 위한 가정교회 세미나

목회자 세미나가 제공되기 시작하자 곧이어 가정교회로의 전환을 시도하는 목회자들로부터 평신도 세미나를 개최해 달라는 요청이 들어오기 시작했다. 교인들을 설득시키려고 해도 안 되니까 그들을 세미나를 통해 설득해 달라는 요청이었다.

목회자 세미나가 개최된 지 2년 만인 1998년 7월 31일에, 49명의 평신도와 함께 제1차 평신도를 위한 가정교회 세미나를 개최했다. 당시는 목회자 세미나를 1년에 2번 개최하던 때여서 또다시 교인들에게 집을 숙소로 제공해 달라는 말이 나오지가 않았다. 그래서 휴스턴 국제공항에 붙어 있는 호텔에서 숙식하기로 하고, 호텔 안에 있는 콘퍼런스 홀을 세내어 세미나를 했다. 교인들이 숙식과 차편을 제공할 필요가 없고, 목자와 목녀들은 세미나 강의 때 간증만 하고 목장 모임에 참관할 수만 있게 해 주면 되었다. 교인들에게 지나친 부담을 주지 않아도 되어서 덜 미안했다. 그때 세미나에 참석한 사람들은 휴스턴 국제공항을 벗어나지 못하고 집으로 돌아갔기 때문에 휴스턴을 추운 곳으로 기억하는 사람들도 있다. 휴스턴 호텔에서는 무더운 여름에도 남성들이 정장을 입어도 덥지 않을 정도로 에어컨을 켜기 때문이다.

제1차 평신도를 위한 가정교회 세미나가 개최된 다음 해인 1999년 5월에 제2차 평신도를 위한 가정교회 세미나가 다시 휴스턴에서 개최되었다. 같은 해 11월에는 시카고에서 제3차 평신도를 위한 가정교회 세미나가 개최됐다. 이렇게 시작된 평신도 세미나는 미주와 한국 곳곳에서 개최되기 시작했으며, 지금까지 세계 각국에서 제380차가 넘게 세미나가 제공되었다.

그러나 평신도 세미나에 참석한 사람들이 가정교회 교인들의 집에서 자면서 그들의 사는 모습을 보지 못하고 강의와 간증만 듣고 돌아가는 것이 마음에 못내 걸렸다.

'휴스턴 서울교회에서 1년에 2회 제공되는 목회자 세미나 중 한 번을 다른 교회가 개최해 주면, 교인들 집에서 숙식을 제공하면서 평신도 세미나를 개최할 수 있을 텐데….'

이때 눈에 띈 목회자가 애틀랜타 한인침례교회를 담임하는 김재정 목사이다. 그는 제1차 목회자를 위한 가정교회 세미나에 참석한 후 돌아가서 가정교회를 잘 정착시키고 있었다. 그래서 사정을 말하고, 1년에 한 번 목회자 세미나를 개최해 달라고 간청했다. 그는 처음에는 준비가 안 되었다고 사양했지만, 설득에 못 이겨 세미나를 개최하기로 했다.

2003년 10월 14일, 제17차 목회자를 위한 가정교회 세미나를 애틀랜타에서 개최했다. 휴스턴 서울교회가 아닌 다른 곳에서 처음으로 목회자 세미나가 개최된 것이다.

첫 세미나가 개최될 때 김재정 목사는 일반 세미나에서 하듯이 자신의 교회는 강의 장소와 숙식을 제공하고, 강의는 내가 혼자 다 하는 것으로 생각하고 있었다. 그래서 내가 말했다.

"세미나에 참석한 사람들은 애틀랜타 한인침례교회 교인들의 집에서 묵고, 그 교인들의 간증을 듣고, 그들의 섬김을 받게 됩니다. 그러므로 김 목사님이 어떻게 이런 교회를 이뤘는지를 설명해 주셔야 합니다. 저는 생명의 삶 강의만 맡을 테니, 가정교회에 관한 강의는 김 목사님이 하십시오."

김재정 목사는 처음에는 사양했으나 강요에 가까운 설득에 못 이겨 강의를 맡기로 했다. 나는 또 이렇게 말했다.

"제가 두 번은 와서 강의를 도와드리겠습니다. 그러나 세 번째부터는 목사님이 자체적으로 세미나를 운영하셔야 합니다."

이는 목회자 세미나를 개최할 때 처음에 두 번은 내가 강의를 나눠서 맡지만, 그 후부터는 독립적으로 세미나를 개최하는 전통의 효시가 되었다.

지금 생각해 보면 이런 결정에도 하나님의 인도하심이 있었다. 많은 목사가 메시지가 약화되거나 변질되는 것을 염려하여 다른 사람에게 세미나 강의를 맡기지 않는다. 그리고 자신의 교회 영향력이 약화되는 것을 우려해서인지 다른 교회에 주최를 맡기지도 않는다. 그렇기 때문에 강사 목사가 은퇴하거나 세상을 떠나면 그것으로 끝난다. 그러나 가정교회는 처음부터 과감하게 위임했기 때문에 가정교회 세미나를 개최하는 교회가 많이 생겨났고, 이러한 교회들을 통해 세미나를 개최하는 교회가 또 생겨났다. 그래서 이제는 나나 휴스턴 서울교회가 없어진다고 해도 가정교회는 지속적으로 전파될 것이다.

평신도 가정교회 세미나에 대하여

가정교회가 잘되기 위해서는 평신도 지도자가 가정교회에 대한 이해와 필요성을 느껴야 합니다. 이러한 필요를 보신 목사님들께서 평신도들만을 위한 가정교회 세미나를 요구하셨습니다. 그런데 휴스톤에서 열리는 가정교회 세미나나 또 가정교회 컨퍼런스에는 평신도들이 참석하기 위해 시간을 내기가 어렵고(주중에 모이므로), 또 내용적으로 목회자 중심으로 하기 때문에 평신도들에게는 도움이 되질 않고 또 가정교회를 참관할 기회를 갖을수가 없습니다. 이러한 제약으로 인해, 가정교회에 대해 관심을 갖고있는 목사님들을 도울 평신도 지도자, 그리고 현재 목자로서 섬기고 있는 분들이 별도로 모일수 있는 모임을 준비 하였습니다.

1. 일자:7월 31일(금) 정오부터 8월 2일(주일) 주일 예배후까지(오후 2시경).
금요일 정오 이전에 휴스톤에 도착하고 주일 오후 3시 이후에 휴스톤을 출발하도록 비행기 표를 끊으시기 바랍니다.   참고로, 세미나 일정보다 미리 오거나 늦게 떠날경우는 개인적으로 숙박과 차량 문제를 해결 해야 합니다.

2. 장소:휴스톤 Intercontinental(George Bush) 공항에 붙어있는 Marriott Hotel.
Houston Airport Marriott Hotel
18700 John F. Kennedy Blvd., Houston, TX 77032
Tel)281-443-2310   Fax)281-443-5294
비행기표는 반드시 Intercontinental 공항으로 끊으셔야 하며, Hobby 공항으로 오시면 택시를 타고 호텔로 오셔야 하는데 요금이 약 50불 정도입니다.

3. 등록금: 195불.
등록금에는 2박 3일동안의 숙박과 6끼의 식사가 포함되어 있습니다.
방은 한 방에 두명이 사용하도록 합니다. 독방을 쓰기 원하시는 분은 차액을 본인이 부담하고 호텔과 직접 말씀 하시기를 바랍니다. 또한 일찍 오시거나 늦게 떠나시는 분들도 호텔과 직접 말씀 하시기 바랍니다.

4. 등록처: 휴스톤 서울 침례교회
7775 Fairbanks-N., Houston, TX 77040
Tel)713-896-9200   Fax)713-896-1622

5. 등록 마감 일자:1998년 6월 30일(화)
6. 인 원:선착순으로 60명

7. 등록취소: 1)마감전에 등록 취소하면 등록금 전액 반환.
2)7월 15일까지 등록 취소하면 100불 반환.
3)7월 15일 이후에 취소하면 반환금 없음.

8. 세미나 내용:
1)가정교회에 관한 강의(금요일 오후와 토요일 오전,오후,저녁 4번에 걸쳐 호텔에서).
2)평신도 사역자의 간증.
3)가정교회 모임 참관(금요일 저녁).
4)서울 침례교회 주일예배 참석(예배후에 세미나를 마칩니다)

처음으로 갖는 세미나이므로 몇명이 참석하는지를 알아야 호텔예약 및 계획을 세울수 있으므로 가능한 빨리 연락을 주시기를 바랍니다. 세미나에 대한 안내서와 신청서를 동봉하오니 참고 하시기 바랍니다.

제1차 평신도를 위한 가정교회 세미나 안내 광고가 실린 제6호 뉴스레터 사실 세미나를 과감하게 맡겼던 것은 아내의 건강 문제 때문이었다. 혹시라도 아내를 곁에서 돌봐 줘야 하는 상황이 생길 때를 대비해서 과감하게 위임했는데, 이 때문에 가정교회가 빠르게 확산된 것이다. 하나님의 인도하심이라고 느끼지 않을 수 없다.

이렇게 북미에서 시작된 목회자 세미나는 제13차에 이른 2002년 10월, 한국에서 최초로 울산 큰빛교회에서 개최됐다. 이제는 한국에서만 1년에 9개 교회에서 목회자 세미나를 제공하고 있다. 일본, 중국, 중앙아시아, 모잠비크에서도 목회자 세미나가 개최되어 현재 제140차를 넘기고 있다.

가정교회의 초석을 쌓은 사람 : 김재정 목사

김재정 목사와의 만남은 이렇게 시작되었다.

1994년, 김 목사가 나를 부흥회 강사로 초청했다. 이때 나는 가정교회에 미쳐 있었다. 어디에 가서 무슨 말을 하든지 메시지는 가정교회에 관한 것이었다. 이런 메시지를 들은 김 목사는 내용이 너무나 좋았다고 한다. 대학생선교단체 UBF 출신인 김 목사는 학생들과 사역할 때 갖고 있던, 하나님의 소원을 이뤄 드리려는 욕구가 다시 살아났다고 한다. 그동안 잊고 있던 영혼 구원이라는 단어에 다시금 가슴이 뛰었다고 한다. 그래서 첫 번째 목회자 세미나가 제공될 때 즉시 달려와서 참석했다. 그러나 목장을 통해서는 큰 감동을 받지 못했다고 한다. 철저한 돌봄과 섬김을 강조하는 대학생선교단체 소그룹

김재정 목사와 함께(2008년 5월)

에 속했던 사람에게는 충분히 그럴 수 있었을 것이다. 그러나 가정교
회 강의가 마음과 생각, 목회 철학을 바르게 정립시켜 줬기 때문에
가정교회를 결심했다고 한다.

　김 목사는 미국에서 한인 교회로서는 두 번째로 세워진 LA 한인침
례교회에서 부목사로 섬겼다. 《죽으면 죽으리라》(기독교문사)는 책으
로 잘 알려진 안이숙 사모님이 LA 한인침례교회를 담임하던 김동명
목사님의 아내시다. 이 내외분은 워낙 유명했기 때문에 전도하지 않
아도 교인 수가 계속 늘어났다. 김재정 목사는 그곳에서 10년간 섬
기면서 자신이 목회자가 되기로 결심했을 때 다짐한 영혼 구원에 대
한 열정이 점점 식는 것을 느끼다가 애틀랜타로 이주하여 교회를 개
척했다.

큰 교회에서 목회하려는 생각은 하지 않았다. 오직 하나님이 원하시는 교회에서 목회하고 싶어서 개척한 것이다. 그러다가 가정교회 세미나에서 내 강의를 들으면서 자신과 같은 꿈을 갖고 있을 뿐 아니라, 그런 교회를 세울 수 있는 구체적인 방법도 갖고 있다는 것을 발견한 것이다. 김 목사는 세미나를 마치고 돌아가자마자 가정교회로의 전환에 착수했다.

동시에 김 목사에게 성경적 교회를 전파하는 데 일익을 담당하고 싶은 소원이 생겼다. 그래서 가정교회 코디네이터(coordinator)에 자원했다. 무슨 일에든 선뜻 나서는 성격이 아닌데, 먼저 자원한 다음에 '무엇을 해야 하지?' 하고 생각한 것은 그때가 처음이었다고 한다. 지금도 그는 하나님이 자신을 그 사역으로 밀어 넣으신 것 같다고 말한다.

뉴스레터 발간

김재정 목사가 코디네이터로서 한 첫 번째 일은 가정교회 세미나에 참석한 사람들을 네트워킹 하기 위해 주소록을 만들고, 뉴스레터를 발간한 것이다. 36명의 첫 세미나 참석자들의 명단을 받아 일일이 전화를 걸어 주소록을 만들었다. 종이를 셋으로 접어 6면을 만들어 타이핑을 해서 1996년 11월, 첫 뉴스레터를 만들었다. 그리고 30여 명의 목회자에게 주소록과 함께 부쳤다(당시에는 이메일이 보편화되지 않았다).

다음은 첫 뉴스레터에 실린 김 목사의 글이다.

제1호 가정교회 뉴스레터(1996년 11월)

지난번 가정교회 세미나를 통해 하나님이 원하시는 교회와 하나
님이 쓰시는 사역자는 어떠한 모습인지를 보여 주셨습니다. 주님
을 사랑하고, 맡겨 주신 영혼들을 위해 최선을 다해 충성했지만,
소홀하고 부족했던 부분들을 최 목사님과의 세미나를 통해 일깨
워 주셨고, 가정교회에 대한 새로운 도전과 기대를 가지고 돌아
오게 됐습니다. 이 세대에 하나님이 원하시는 교회의 모습으로
가정교회를 사용하시기 위해 이번 세미나를 열게 하셨다고 믿고,
이러한 주님의 뜻을 이루기 위해 세미나에 참석하신 목사님들의
모임을 만들고 그 첫 열매로 뉴스레터를 만들었습니다.

▲최영기 목사가 21세기를 향한 가정 효율적인 전도방법의 하나로 가정교회 사역이 바람직하다고 말했다.

가정교회 통해 평신도사역 실천

아틀란타한인침례교회 주관 가정교회세미나 성료
최영기목사(휴스턴서울침례교회) "제3의 부흥운동" 강조

가정교회 연장 교육세미나 가 25일부터 3박4일간 아틀란타 라마다호텔에서 열렸다.

이번 세미나에는 지난해 10월과 금년 1월 두차례 휴스턴 서울침례교회(담임 최영기목사)에서 있었던 가정교회 세미나에 참석했던 60여명의 목회자 가운데서 미주전역에서 온 26명의 목회자들이 참석했다.

25일 하오 열린 세미나 개막 예배에서 주강사인 최영기목사는 "휴스턴에서 있었던 세미나에 참석한 목회자 가운데 약 반수가 이미 가정교회 사역을 시작했으며, 현재 가정교회를 실시중인 교회에서 와 있었던 애로점이나 진전 상황에 대해 이야기를 나누고 싶었고 아직 실시하지 못한 교회가 앞으로 가정교회를 시작하는데 필요한 조건을 위해 이번 모임을 계획했다"고 말했다.

4년전 미주에서는 최초로 가정교회를 실시, 미주뿐 아니라 한국에까지 관심의 대상이 되고 있는 최목사는 "아틀란타에 서 가정교회 연장 세미나를 갖게 된 또다른 목적은 평신도를 훈련시키는 제자의 삶 프로그램을 소개하기 위한 것이었다"고 말했다.

최목사는 세미나 개막 예배에서 한국기독교 역사를 보면 30년마다 큰 변혁이 있었다고 전제하고, 1904년께 평안도에서 불붙은 오순절의 뜨거웠던 기독교 열기가 6.25동란을 거쳐 역외도 순복음교회 조용기목사의 성령운동으로 세계에서 가장 큰 교회를 세우기까지 큰 기독교 부흥운동으로 번졌다고 말했다.

최목사는 또 근래에는 평신도를 염적으로 <면에 계속>

제1차 목회자를 위한 가정교회 콘퍼런스에 관한 애틀랜타 지역신문의 기사(1997년)

가정교회는 교회 성장의 한 프로그램이 아니라, 성경적 교회 모델입니다. 그러나 가정교회가 개교회에 정착하기 위해서는 교회들 나름대로 유지해 왔던 기존 전통이나 토양이 다르기 때문에 넘어가야 할 일들이 있습니다. 그래서 교회들이 직면하는 문제와 어려움이 있을 것이며, 그 내용도 다를 것입니다. 가정교회를 정착시키면서 우리가 만나고 겪었던 일들과 가정교회를 통해 하나님이 이루신 좋은 소식을 같이 나누면서 서로 도움이 되기 위해 뉴스레터를 만들고자 합니다.

한 걸음 더 나아가서, 가정교회의 모체라고 할 수 있는 최영기 목사님과 휴스턴 서울교회, 또 가정교회를 이미 시작한 교회들, 그리고 가정교회를 시작하고자 준비하는 세 가지 형태의 교회를 연결시켜서 그 단계마다 필요한 일들을 돕고, 가정교회에 대한 사례 및 자료 등을 정리해 나가고, 가정교회를 하는 분들을 위한 세미나를 개최하는 것이 앞으로 필요한 일이라고 여겨집니다. 최 목사님이 적극 돕기로 약속하셨으며, 또 여러분들의 도움을 받아 이러한 일들을 코디네이트해서 이 시대에 하나님이 기뻐 사용하시는 교회들이 세워지는 것을 보고 싶습니다.

세미나 참석자가 늘어나면서 구독자도 자연히 늘어났다. 지면도 회를 거듭할수록 커져서 다음 해 10월에 발간한 제4호부터는 $8 \times 11mm$ 크기의 4면을 꽉 채운 뉴스레터를 발간할 수 있었다. 2002년 8월에 발간한 제17호에 실린 기록에 의하면, 이때 이미 450여 명에게 우편으로 전해졌다. 이 뉴스레터는 SNS가 널리 보급

될 때까지 가정교회에 관심을 둔 목회자들의 동아리 노릇을 톡톡
히 해냈다.

첫 목회자를 위한 가정교회 콘퍼런스

김재정 목사의 활동은 여기서 그치지 않는다. 제1차 목회자를 위한
가정교회 세미나가 개최된 다음 해인 1997년 8월 25일부터 28일까
지 23명의 목회자들을 애틀랜타 라마다호텔에 초청했다. 그리고 '가
정교회 연장 세미나'라는 명칭으로 첫 목회자를 위한 콘퍼런스를 개
최했다.

결과는 매우 좋았다. 이런 모임을 적어도 1년에 한 번은 가져야 한
다는 의견이 지배적이었기 때문에 2차부터는 '목회자를 위한 가정
교회 콘퍼런스'라는 정식 명칭이 붙었다. 각 주마다 돌아가면서 개
최하기 시작하여 지금에 이르게 되었다.

한국에서는 2001년부터 목회자 콘퍼런스가 열렸다. 2000년에 광
림교회 기도원에서 심포지엄이란 명칭으로 가정교회 목회자들이 모
임을 가졌는데, 다음 해부터 정식으로 콘퍼런스란 명칭을 붙여서 모
임을 갖게 되었다. '가정교회사역원'이란 명칭도 이때부터 사용하기
시작했다.

이처럼 미미하게 시작된 목회자 콘퍼런스는 어느덧 제65차를 넘
겼고, 30명 정도였던 콘퍼런스 참석자도 이제는 한국에서 700명 이
상이 된다.

물불 가리지 않는 대한민국 사나이 : 이봉현 목사

미국에 가정교회를 전파하는 데 가장 크게 공헌한 사람이 김재정 목사라면, 한국에 가정교회를 전파하는 데 가장 큰 공헌을 한 사람은 이봉현 목사(인천 강성교회)다. 이 목사는 개인적인 사정과 목회상의 여건 때문에 현재 가정교회를 하지 못하고 있지만, 그를 빼고는 한국의 가정교회를 설명할 수 없다.

이 목사는 안수를 받기 전 서울 강성교회에서 전도사로 섬겼다. 그때 젊은이들이 기독교 단체의 활동을 통해 변하는 것을 보고 교회에 네비게이토를 도입했다. 가르쳐 보니 실제로 열매가 많이 맺혔다. 바로 이거다 싶어서 담임 목사에게 본격적으로 제자 훈련 할 것을 건의했다.

이봉현 목사와 함께(2014년)

그러나 그 제의는 받아들여지지 않았다. 담임 목사는 교회 밖에서 행해지는 성경 공부나 청년 운동에 대해 회의적이었기 때문이다.

그는 27세에 신학대학원에서 석사 학위를 마친 후 담임 목사에게 제자 훈련을 허락해 주거나, 개척 교회를 할 수 있도록 도와달라고 건의했다. 담임 목사는 후자를 택했고, 이로써 인천 강성교회가 세워졌다.

한 줄의 광고

이봉현 목사는 교회를 개척하여 온 정성으로 교인들에게 네비게이토를 공부시켰다. 네비게이토를 기본으로 삼고, 그 위에 교회론을 추가하고, 헬라어도 삽입하여 아예 교재를 직접 만들었다. 열심히 가르치기를 7년간 계속했더니 반 이상이 떨어져 나갔다. 어떤 사람들은 교회가 신학교냐고 불평하며 3개월을 버티지 못하고 교회를 떠나기도 했다.

끝까지 남아서 졸업한 사람은 단 3명뿐이었다. 그래도 이들을 평신도 지도자로 세워서 제자 훈련을 계속 확장해 나갈 것을 생각하니 그렇게 실망스럽지는 않았다. 그러나 이런 기대는 담임 목사의 일방적인 꿈에 불과했다. 3명 중 2명이 신학교를 가겠다고 선언했기 때문이다. 전통적인 '가르치고 배우는' 방법은 학자는 배출할 수 있어도 제자는 키울 수 없다는 사실을 뼈저리게 체험했다.

이때 실망한 이 목사에게 새로운 희망을 준 책이 랄프 네이버의 《셀목회 지침서》다. 이 책을 들고 일주일 작정하고 광교산기도원에 들어갔다. 기도하면서 내용을 정리했는데, A4 용지 70장 정도의 분

량이었다. 이것을 시도해 보기로 결심하고 집에 돌아왔는데, 교단 신문에 조그맣게 난 한 줄의 광고가 그의 눈길을 확 끌었다.

《구역조직을 가정교회로 바꾸라》(두란노)

그는 용수철 튕기듯 당장 뛰쳐나가 그 책을 샀다. 다 읽고 나니 마음이 뜨거워졌다. 그리고 세 번 놀랐다. 우선 지난 일주일간 자신이 정리한 내용과 책의 내용이 거의 비슷한 것에 놀랐고, 이렇게 자신이 설정한 목회 방침이 이론이 되어 이미 책으로 출판되었음에 놀랐고, 이것을 지금 실천하고 있는 목사가 있다는 사실에 또 한번 놀랐다. 그 즉시 그는 비행기 표를 끊고 무조건 휴스턴으로 향했다.

무조건 만나러 가다

이봉현 목사에게 휴스턴은 생전 처음 가 보는 도시였다. 아니, 처음 해 보는 미국 나들이였다. 수요기도회에서 교인들에게 휴스턴 서울교회를 방문한다고 선포하고, 목요일에 휴스턴에 도착해서 공항 근처 호텔에서 자고, 다음 날 택시를 잡아타고 익숙하지 않은 영어로 한국 식당에 가 달라고 했다. 택시 기사가 내려 준 한국 식당 앞에서 한인이 지나가기를 기다리는데, 한 동양 여성이 지나갔다. 휴스턴에 거주하는 한인이었다. 휴스턴 서울교회에 가는 방법을 물었더니 자신은 그 교회의 교인은 아니지만 데려다 주겠다면서 친절을 베풀었다.

그는 교회 문을 열고 사무실로 가서 최영기 목사님을 만나고 싶어서 무작정 한국에서 달려왔다고 하니 앉아 있던 사람들이 어이없어했다. 사무 직원의 안내로 나와 만났는데, 어이없기는 나도 마찬가지였다.

이봉현 목사의 이야기를 직접 들어 보자.

안 재워 주면 교회에서 철야를 하겠다는 각오로 휴스턴에 왔는데, 사무실에 있던 세 분의 여성들이 서로 모시겠다고 실랑이를 벌이는 모습을 보며 벌써 훈훈한 사랑이 느껴졌습니다. 결국 세 분 중 한 분인 이은주 자매의 집(당시 LG 휴스턴 지사에 근무하던 이수관 형제의 집)에 머물게 되었습니다.

실제로 와서 가정교회를 들여다보니 제자 훈련과는 너무나 대조적이었습니다. 과거에 조폭이었던 분을 목원으로 둔 목자의 섬김, 그 속에서 끝없이 이어지는 진솔한 이야기들, 삶의 치부를 그대로 드러내는 부부 싸움의 현장을 목격했습니다. 언니, 오빠, 동생이면 모든 복잡한 호칭 문제가 한꺼번에 해결되는 훈훈한 목장을 봤습니다. 늦게까지 일하는 목원이 많아서 밤 9시에 식사를 시작하는 목장도 있었습니다. 그런가 하면, 식사만 마친 목원을 늦지 않게 얼른 가라고 쫓아내는 목장도 있었습니다. 알고 보니 밤에 일하러 가야 하는 VIP였습니다. '세상에 뭐 이런 모임이 다 있지?' 이해가 안 갔습니다.

저는 허탈해졌습니다. 지난 7년간 온 정성을 다해 제자 훈련을 시킨 제가 갑자기 초라하게 느껴졌기 때문입니다. '헛짓했구나' 하는 자책과 갈등에 많은 밤을 지새웠습니다.

제자 훈련에서는 교재로 가르치고 배우는 것이 전부였습니다. 그런데 가정교회의 교재는 책이 아니라 삶이고, 가르치는 방법은 섬김이고, 배우는 방법은 그 섬김을 받으며 닮아 가는 것이었습니다. 제자 훈련은 학생을 배출하는 것에 그치는 데 반해, 가정교회는 참다운 제자를 국화빵 찍어 내듯 똑같이 만들어 내는 점이 달랐습니다.

꿈에 그리던 목회 현장이 바로 눈앞에서 벌어지는 것을 볼 때마다 눈물을 쏟았습니다. 그리고 이 모든 사실을 하나라도 놓칠세라 매일 메모하며 많은 것을 정리했습니다. 그리고 생각했습니다. '이것이 과연 한국 교회에서도 가능할까?' 목장에서 나누는 문제들은 한국이라면 남들이 알까 봐 숨기고 싶어 하는 것들인데, 끝까지 비밀에 붙이는 것을 해결책으로 삼고 있는 한국 정서로는 불가능할 것 같았습니다.

출국 준비를 서두르고 있는데 최 목사님이 물었습니다. "그래, 뭐 좀 색다른 거 느꼈습니까?" 저는 이렇게 말했습니다. "휴스턴 서울교회의 이런 남다른 모습을 한국 교회에 반드시 보여 줘야 합니다." 그러자 최 목사님은 한국에서 목회자들을 모으면 가서 동기부여를 해 주겠다고 하셨습니다. 혹시 휴스턴으로 모시고 올 수 있다면 더 좋다고 하셨습니다.

한국에서의 첫 콘퍼런스

당시에 저는 총신대학교 신학대학원 82회 동창회 총무로 일하고 있었습니다. 10월 셋째 주일에 열린 동창회에서 순서에 의해 1부

한국에서 최초로 개최된 목회자를 위한 가정교회 콘퍼런스(2002년)

에서는 예배를 드리고 2부에서는 세미나를 갖게 되었습니다. 그
날 세미나에 강사로 초대된 분은 구약을 전공하고 교회론의 뼈
대를 세워 준 김의원 총장이었습니다. 그런데 이분이 강의 도중
에 "한국 교회가 앞으로 제대로 살아남으려면 반드시 패러다임
의 전환이 있어야 합니다. 제가 그 획기적인 전환이 이뤄진 교회
를 하나 소개하겠습니다. 바로 미국에 있는 휴스턴 서울교회입
니다"라고 말씀하시는 것입니다.

이때 저는 갑자기 소름이 끼치면서 잠시 귀를 의심했습니다.
이어서 김 총장의 말씀이 이어졌습니다.

"집사람이 휴스턴 서울교회에서 보고 배운 그대로 용산 미8군
사령부 안에서 목장을 하고 있는데, 지금 40명 정도가 모입니다.

여러분도 기회가 되면 그 교회를 한번 방문해서 진정한 패러다임의 전환이 무엇인지, 어떻게 하는 것인지, 꼭 둘러보고 왔으면 좋겠습니다."

절묘한 타이밍에 적절한 사전 광고가 된 셈이었습니다. 그야말로 하나님이 일하고 계신다는 사실에 전율을 느꼈습니다.

이어지는 광고 시간에 앞으로 나간 저는 당당하게 말했습니다. "제가 불과 일주일 전에 그 교회를 보고 왔습니다." 그 말이 끝나자 좌중은 술렁이기 시작했습니다.

"그런데 제가 떠나올 때 그 교회의 담임 목사님이신 최영기 목사님이 20명 정도 데려오면 목회자 세미나 기간 동안 모든 비용을 교회에서 부담하고 모든 것을 보여 주겠다고 약속하셨습니다. 그래서 어떻게 이 인원을 모집해야 할지 의논하고 싶습니다." 말이 끝나자마자 그 자리에서 21명이 모집됐습니다.

그래도 우리끼리만 갈 수 없어서 〈국민일보〉에 광고를 한 번 냈습니다. 그 신문사에서 어디 주최인지 물어봤습니다. 주최하는 단체가 없다고 하니까 그렇게 광고를 할 수는 없다면서 계속 주최 단체를 물어봤습니다. 그래서 최 목사님과 의논한 끝에 '가정교회사역원'이라고 즉석에서 작명했습니다. 그 광고를 보고 합류하신 열린문교회의 이재철 목사님을 포함한 타 교단의 목회자들과 함께 45명의 방문단이 휴스턴에 다녀왔습니다.

그들이 참석한 것은 2000년 3월에 휴스턴에서 열린 제8차 목회자를 위한 가정교회 세미나였습니다. 그 후에 이봉현 목사는 세미나에 참석한 사람들이 가정교회를 잘 정착시키도록 같은 해 11월에 광림교회 수도원을 빌려서 목회자 콘퍼런스를 개최했다. 이것이 한국에서 최초로 열린 목회자 콘퍼런스이다.

목회자 연수의 시작

목회자 콘퍼런스를 마치고 6개월 후에, 이봉현 목사에게서 또 전화가 왔다. 가정교회를 하려고 노력하고 있는데, 어느 날 돌아보니 자신도 모르는 새에 제자 훈련을 하고 있다는 것이다. 어떻게 하면 좋겠느냐고 호소했다. 그래서 장기 투숙할 수 있는 호텔 방을 교회 근처에 마련할 테니 다시 와서 보고 배우라고 했다. 이것이 '목회자 연수'의 시작이 됐다.

그 후 휴스턴에서 일정 기간 머물면서 가정교회를 체험하려는 사람들이 많이 생겼다. 휴스턴 서울교회의 박태우 집사가 소유하고 있던 아파트 건물에서 집 두 채를 기증받아 연수관으로 사용했다. 그런데 아파트가 휴스턴 서울교회에서 약 20km 떨어진 곳에 있어서 연수하는 사람들이 차를 대여해야 하는 어려움이 있었다. 그래서 2006년에 휴스턴 서울교회 경내에 여섯 가정이 머물 수 있는 2층으로 된 연수관을 짓게 됐다. 연수 기간을 처음에는 4개월까지 허용했으나, 연수를 왔다면서 자녀들 영어 교육에 더 집중하는 사람들이 생겼다. 그래서 기간을 2~4주로 한정시키고, 자녀들을 데려오지 않는 것으로 규정을 바꿨다.

그 후 수많은 사람들이 연수를 받았다. 연수 온 사람들에게는 교육을 시키거나 세미나를 제공하는 것이 아니라, 가정교회를 몸으로 체험하는 데 목적을 두었다. 1주일에 한 번 담임 목사와의 면담이 있어서 질의응답 시간을 갖기도 했다. 그러나 연수의 주 활동은 목자와 목녀들을 만나서 경험담을 듣고, 다양한 모임에 참석해 보고, 교회의 모든 문서를 열람하고 필요하면 복사하는 것이었다. 목자와 목녀들은 연수 온 목회자들이 면담을 요청하면 거의 같은 내용의 말을 반복해야 함에도 불구하고 처음과 똑같이 지성으로 섬겼다. 그저 감탄스러울 뿐이다.

이처럼 미국에서는 김재정 목사가, 한국에서는 이봉현 목사가 가정교회의 전파를 위해 수고했다. 이들의 사역을 공식화하기 위해 코디네이터라고 부르던 것을 '지역 간사'로 바꿔 불렀다. 그러던 중 국제가정교회사역원의 사역이 확장되면서 2012년부터 지역 간사 대신 '지역 대표'라는 이름을 붙이게 됐다.

한 사람만 미치면 된다 : 강승찬 목사

휴스턴 서울교회에서 시작된 가정교회는 한국을 거쳐 호주로 전파됐다. 이 역할을 감당한 사람은 강승찬 목사(시드니 새생명교회)이다.

첫 번째 목회자 세미나가 개최되고 얼마 안 있어서 시드니에서 목회하는 한 목회자가 세미나에 참석했다. 당시에 나는 가정교회를 잘할 것 같은 사람이 눈에 띄면 주도적으로 접근해서 부흥회를 인도해 줄 것을 약속했다. 그 목사는 가정교회를 잘 정착시키도록 최선을 다하겠다고 약속하고, 나를 부흥회에 초청했다. 그래서 그 교회에 가서 부흥회를 인도해 주고, 교인들을 위해 약식 가정교회 세미나도 열었다. 그 교회는 가정교회를 잘 정착시키고 성장하기 시작했다.

그런데 담임 목사가 기신자 등록을 거부하는 것을 주저했다. 그러다 보니 교인 수는 증가했지만, 수평 이동에 의한 것이었고, 목장 모임은 전통적인 교회에 익숙한 교인들의 모임이 되어 원칙대로 가정교회를 하는 것이 힘들어졌다. 결국 격주로 모이는 목장도 생기고, 가정교회는 소그룹으로 변질되어 버렸다.

이런 모습을 보면서 호주에 가정교회를 전파하는 것을 포기했다. 멀리 떨어진 미국에 살면서 호주에 가정교회를 전파하기란 힘들기 때문이다. 그렇게 약 10년이 지나갔다. 그리고 강승찬 목사가 혜성처럼 등장했다. 그가 가정교회를 접하게 된 동기와 과정을 직접 들어 보자.

당시에 저는 시드니에서 제자 훈련으로 성장하여 부흥했다고 소문난 한인교회에서 부목사로 섬기면서 이민 목회에 대한 한계를 경험하고 있었습니다. 그때 미국에서 유학하고 있는 신학교 동기생들이 말했습니다.

"요즘 미국에서는 제자 훈련보다 최영기 목사의 가정교회가 대안으로 떠오르고 있는 것 같아."

그렇게 최영기 목사님의 가정교회를 알게 됐습니다. 제자 훈련을 하면서 다른 것은 다 좋은데 재생산이 잘 되지 않아서 답답하던 때에 이런 소식을 듣게 된 것입니다.

결혼 후 오랫동안 만나지 못한 여동생이 휴스턴에 살고 있었습

강승찬 목사와 함께(2009년)

니다. 저는 목회자 세미나에 참석하고 싶어서 담임 목사님께 2주
간 휴가를 요청했습니다. 저희 부부는 한 주는 동생 가족과 휴가
를 보내고, 한 주는 세미나에 참석하려는 마음으로 앞뒤 가리지
않고 제가 타던 중고차를 팔아서 비행기 표를 구입했습니다. 그
리고 2007년, 제35차 목회자를 위한 가정교회 세미나에 참석했
습니다.

강의 첫 시간에 "바로 이거다!" 하고 아내와 함께 무릎을 쳤습
니다. 최영기 목사님의 강의를 통해 그간 해답을 찾지 못해 답답
하던 가슴이 확 뚫린 기분이었습니다. 또한 예수 믿고 7개월 만
에 대행 목자로 헌신했다는 목자 부부의 섬김을 받고 5박 6일을
그들의 집에 묵으면서, 그리고 목장 탐방을 통해 영혼 구원에 힘

쓰는 모습을 보면서 큰 도전과 감동을 받았습니다. 세미나를 마칠 때는 가정교회를 통해 신약교회를 회복하는 일에 나의 목회 인생을 걸어 봐야겠다는 확신이 생겼습니다. 이 확신은 다시 목회에 대한 의욕으로 이어졌습니다.

저는 목회자의 아들로 성장해서 교회 개척에 대한 마음은 없었고, 부목사로 섬기던 교회가 가정교회로 전환하면 좋겠다는 생각을 했습니다. 대형 교회에서 부목사로 있었기 때문에 한국에서 잘 알려진 목사님들을 접할 기회가 많았습니다. 그러나 가까이서 대화해 보면 세상의 부와 명예를 추구하는 모습이 보여서 제가 생각했던 목회자상은 아니었습니다. 제가 닮고 싶어 한 목회자상은 바로 성경대로 목회하는 최 목사님이었습니다.

제가 생각하는 '성경대로 하는 목회'란 성경에 쓰인 그대로 실천하려고 애쓰는 목회, 설교를 통해 교인들이 생활 속에서 하나님 뜻대로 살아가도록 돕는 말씀 목회, 예수님처럼 섬기고 가르치고 영혼들을 사랑하며 기도하는 목회, 항상 성령 충만하여 성령 하나님이 이끄시는 대로 순종하는 목회였습니다. 저는 전도사 시절부터 성경대로 목회해 보고 싶었지만, 그런 정신을 가진 목회자를 만날 수 없었습니다. 그래서 강의가 거의 끝날 즈음 최 목사님께 직접 확인해 보고 싶었습니다.

"최 목사님, 강의를 들어 보니까 가정교회 목회는 결국 성경 말씀을 기초로 하는 기도 목회와 성령 목회인 것 같습니다. 제 생각이 맞는지요?"

최 목사님은 미소를 지으며 고개를 끄덕이셨습니다. 그렇게 애타게 찾던 분과의 만남이 확인되는 순간이었습니다.

"원래 목회자 세미나는 담임 목사에게만 허락되는 것 알지요? 강 목사는 특별히 허락해 준 것이니까 가거든 담임 목사님을 설득해서 세미나에 꼭 오시게 하세요."

"걱정 마십시오. 꼭 참석하도록 말씀드리겠습니다."

저는 자신 있게 대답했습니다. 제가 말씀드리면 담임 목사님이 세미나에 참석하실 것이라는 확신이 들었기 때문입니다.

폭풍 속에 손에 쥔 나침반

호주로 돌아가자마자 담임 목사님께 인사드리면서 휴가 보고를 했습니다. 최 목사님의 책을 선물로 드리고, 2시간 정도 가정교회에 대한 이야기를 나눴습니다. 그런데 다 듣고 난 목사님은 서가에서 최 목사님의 책 두 권을 뽑아 들고 와서 말씀하셨습니다.

"나도 읽어 봤네. 좋은데, 지금 이곳의 형편과는 맞지 않는 것 같아. 그래도 정 하고 싶다면 강 목사가 직접해 보지."

이 말을 들으면서 답답함을 느꼈습니다. 그리고 최 목사님과의 약속이 생각나서 부담감을 가지고 가정교회 개척을 위한 기도를 하기 시작했습니다.

부목사의 사역은 바쁩니다. 저는 공동체 사역을 하면서 전도 폭발 훈련을 비롯하여 여러 사역을 섬겼습니다. 새벽 4시 반에 시작해서 심방을 하는 날은 밤 11시에 끝날 정도로 바빴습니다. 그러나 밤 11시에 심방이 끝나면 곧장 교회로 향했습니다. 하나님의 뜻을 찾기 위해서였습니다. 그렇게 중보기도실에서 40일

동안 철야 기도를 하기로 작정했습니다. 기도할수록 가정교회에 대한 열망이 더 뜨거워졌습니다.

12명을 데리고 제자 훈련을 시키면 그중 변하는 사람은 한두 명, 많아야 서너 명입니다. 나머지는 지식만 쌓이고, 사역에 대해 부담을 느끼고, 큰 변화 없이 냉랭한 상태였습니다. 그런데 기도 중에 나머지 8~10명에 대한 부담감이 생겼습니다. 내가 가정교회를 하지 않으면 이들이 변화받을 기회를 놓치게 된다는 부담 감이었습니다.

철야 기도를 시작한 지 20일쯤 됐을 때, 하나님의 소원을 따라 사역하면 하나님이 책임져 주시리라는 확신이 들었습니다. 그 확신을 기도 응답으로 여기고 가정교회를 하기로 결심했습니다. 그 결심은 나중으로 미루면 기회가 다시는 오지 않을 것 같다는 긴박감으로 이어졌습니다.

담임 목사님을 찾아가 결심을 말씀드렸더니 이런 대답이 돌아 왔습니다. "지금은 개척할 때가 아니지." 그래서 다시 기도해 봤 는데 여전히 마음이 변하지 않아서 이번에는 사표를 들고 찾아 갔습니다. 사표를 수리하지는 않으셨지만, 지금 교회를 개척하 는 것이 하나님의 뜻이라는 확신이 든다고 말씀드렸습니다. 그 리고 사역의 인수인계를 위해 한 달 후에 사임하기로 했습니다. 그러자 그때부터 마음에 평화가 찾아왔습니다.

하나님은 교회 개척을 위해 무엇을 해야 하는지, 아이디어를 주기 시작하셨습니다. 교회 개척을 위해 1년간 준비해야 할 일들 이 한 달 내에 준비되는 것을 경험했습니다. 정말로 성령 하나님이 인도하고 계신다는 확신이 날마다 들었습니다.

수요기도회에서 사임 설교를 했습니다. 그날 저녁에 저의 설교를 듣고 이민 1.5세대의 집사님이 전화해서 하나님이 개척에 동참하라는 마음을 주셨다고 했습니다. 주일예배에서 담임 목사님의 축복 기도를 받고 사임 인사를 했습니다. 그런데 안수 집사 두 가정이 저와 함께 교회를 개척하겠다면서 교회에서 인사하고 다녔습니다. 제가 잘 알지도 못하는 분들이었습니다. 그날 예배 후에는 부목사로 섬기던 교회의 배려로 '교회 개척 설명회' 모임을 가졌습니다. 그때 일곱 가정이 참석했습니다. 그런데 제가 가정교회의 3축을 강조하면서, 가정교회에 대한 열정이 도를 넘는 바람에 교회 개척에 동참하려고 했던 분들에게 오히려 큰 부담이 되었던 것 같습니다. 결국 일곱 가정 중 세 가정만 참여하게 됐습니다. 이 세 가정도 서로 잘 모르는 사이였습니다.

한 달간 준비한 후 설립 예배를 드렸습니다. 그 다음 주일부터는 세 가정을 중심으로 매주 원형 목장 모임을 저희 집에서 갖고, 영혼을 구원하여 제자 삼는 교회를 세우기 위해 집중했습니다. 이렇게 호주에 가정교회가 선을 보이게 됐습니다.

교회 개척은 강윤정 사모에게도 쉬운 일은 아니었다. 사모는 대학 시절에 하나님을 인격적으로 만났다. 그래서인지 성령님이 인도하시는 대로 따라 사는 남자가 이상형이었다. 호주에 이민 와서 살다가, 친구의 소개로 한국에 나가서 강승찬 목사를 만나 결혼했다. 강 목사가 사역지를 한국에서 호주로 옮기는 등 여러 가지 결정을 내려야 하는 상황에서 성령님의 인도하심을 바라며 내조했다. 그러던 중 내외가 휴스턴에서 개최된 가정교회 세미나에 참석하게 됐다.

세미나 기간 중 내적 치유와 변화를 체험했고, 대학 시절에 마음에 품고 있던 구령에 대한 부담감이 다시 살아났다. 가정교회라면 개미 군단의 일원처럼 낮은 자리에서 영혼 구원을 위해 일할 수 있을 것 같았다. 교회가 가정교회의 정신과 체제를 갖춘다면, 이전처럼 영혼 구원을 하다가 탈진하여 쓰러지는 일은 없을 것이라는 기대가 생겼다.

시드니로 돌아온 후, 하나님이 강 목사에게 교회 개척의 뜻을 주셨을 때 하나님 뜻이라면 순종해야 한다고 생각했다. 그때 한국에 계신, 사모이신 시어머님이 전화를 주셨다. 괜한 걱정을 끼칠까 봐 하나님의 확실한 인도하심을 받은 후에 양가 부모님께 말씀드리려고 했었다. 그런데 시어머님의 말을 통해 교회 개척에 대한 마음이 확정되었다.

"새벽에 기도하는데 열두 제자를 거느리신 예수님이 강 목사에게 안수하시는 것을 봤다. 정말 별일 없는 거지?"

하나님의 인도하심을 따라가다가 힘들면 하나님께 고통을 아뢸 수 있지만, 하나님의 뜻을 묻지 않고 가는 길에선 고난을 당해도 하소연할 염치도 없을 것 같았다. 그래서 폭풍이 몰아치고 안개가 자욱하여 한 치 앞을 모르는 상황이라고 해도, 하나님의 뜻이라는 나침반을 손에 꼭 쥐고 폭풍을 뚫고 나가기로 마음먹었다.

'그래, 최 목사님이 말씀하신 대로 교회의 담임 목사님은 예수님이시고, 우리는 부목사 가정이니까 그분이 원하시는 대로 하면 되는 거야.'

역경을 헤치고 동참한 동역자들

강승찬 목사는 가정교회 설립 예배를 드린 후부터 가정교회 매뉴얼대로 실천하기 위해 기신자가 찾아오는 것을 거절했다. 개척 교회지만 애초부터 수평 이동을 막았다. VIP에게는 환한 미소를 보이고, 이미 믿는 자들에게는 쌀쌀맞게 대했다. 그리고 목회자 가정을 포함해서 네 가정이 모여서 원형 목장을 시작했는데, 처음에는 2개월 만에, 그 다음에는 8개월 만에 분가했다. 첫해와 다음 해에 각각 3명씩 모두 6명에게 세례를 베풀었다. 생각보다 어렵고, 속도도 느렸다.

그 와중에 한 가정이 목장을 하는 것이 너무 힘들다면서 교회를 떠나려고 했다. 가정교회는 보고 배우는 것이 중요하기에, 휴스턴 서울교회에서 개최하는 평신도 세미나에 가서 보고 배우도록 하는 것이 필요함을 기도 중에 알게 됐다. 그들의 허락도 받지 않고 세 가정을 평신도 세미나에 등록시켰는데, 모두 갈 수 없다고 했다. 개인적인 사정도 있었거니와, 당시에 왕복 비행기 값이 2,800달러로 만만치 않았기 때문이다. 한 주간 금식 기도를 하면서 집요하게 설득한 끝에 강 목사와 4명이 세미나에 참석했다. 4명은 세미나 내내 시차에 적응하지 못해서 불평이었다. 새롭게 배울 것이 없고, 우리도 이 정도는 다 하는데 이것을 보려고 거금을 들여 데려왔느냐고 불평했다.

그런데 세미나 마지막 날 주일예배에서 한 분이 눈물을 보였다. 그는 강 목사가 하나님 나라를 확장하려는 소원 한 가지를 갖고 충성하는데, 잘 도와드리지 못한 것을 회개한다면서 강 목사에게 용서를 청했다. 성령님이 그의 마음을 움직이신 것이다. 나중에 이야기를 들어보니, 모두 주일예배를 통해 큰 감동을 받고 눈물을 흘렸다고 한다.

주일예배 후 함께 만나 기도했다. 호주에 돌아가서 주님의 소원을 위해 열심히 섬겨 보자며 서로의 마음을 모을 수 있었다.

강 목사와 2명은 LA 포도원교회(정영민 목사) 탐방 계획이 있어서 미국에 좀 더 머물고, 한 가정은 세미나가 끝나자마자 호주로 돌아갔다. 강 목사가 며칠 뒤 호주에 돌아와 보니 교회 분위기가 완전히 바뀌어 있었다. 세미나에 참석한 부부가 가정교회에 대한 확신을 갖고 물꼬를 터놓은 것이다.

강 목사가 담임하는 시드니 새생명교회는 교인 수가 수십 명에 불과한 작은 교회지만, 평신도 세미나에 다녀온 후부터 강 목사는 목회자 콘퍼런스에 빠지지 않으려고 노력했다. 성경적 교회에 대한 목회자의 확신이 가장 중요하다는 것을 깨달았기 때문이다.

2009년, 강 목사는 한국의 대부도에서 열린 목회자 콘퍼런스에 참석한 후 그 소감을 한 기독교 월간지에 기고했다. 당시 한국 가정교회의 상황을 볼 수 있어서 일부를 여기에 옮긴다.

한국과 해외 각지에서 가정교회 사역에 헌신된 목회자들이 참석한 '제34차 목회자를 위한 가정교회 콘퍼런스'가 2박 3일간 안산 대부도에 있는 새중앙교회 수양관에서 열렸다. 200명으로 제한된 콘퍼런스에 160여 명이 더 참석하여 총 360여 명이 참석한, 대성황을 이룬 집회였다.

필자는 호주에서는 처음으로 가정교회사역원에 등록된 교회의 목회자 자격으로 이번 콘퍼런스에 참석했다. 교회를 개척한 지 2년도 채 안 되었기 때문에 교회를 비우기가 힘든 상황이었지만, 평신도 리더들의 배려와 헌신으로 한 주간 출장을 다녀오게 됐다. 가정교회사역원장인 최영기 목사는 이번 콘퍼런스는 두 가지로 큰 의미가 있다고 밝혔다.

첫째, 지역교회 연합으로 이뤄진 첫 콘퍼런스라는 점에서 의미가 있다고 했다. 그동안 콘퍼런스는 가정교회사역원에서 준비해 왔는데, 이번에는 용인, 수지 지역에서 가정교회를 하는 목회자들의 연합으로 주관하게 된 것이다. 박경남 목사(수지 제일교회)는 가정교회를 하는 15명의 목사들과 동역하여 이번 콘퍼런스를 준비하게 됐다고 밝혔다. 교단과 교파는 다르지만, 오직 영혼을 구원하여 예수의 제자로 삼겠다는 목적에 한마음이 되어서 등록 인원이 초과되었음에도 불구하고 최선을 다해 목회자들이 참여하도록 배려했다고 밝혔다.

둘째, 가정교회에 대한 신학적 오해를 정리하고 교단 문제를 해결한 후 모여서 그런지, 참석 인원이 가장 많은 콘퍼런스였다. 한국의 보수 장로교단인 고신과 합신에서 있었던 가정교회에 대한 오해와 이론적 논쟁을 잘 정리한 후 갖게 된 콘퍼런스였던 것이다. 그래서인지 고신, 합신 목회자들이 많이 참석했고 총신 장신, 개혁 등 장로교단의 목회자들도 많이 참석했다. 더 나아가 침례교, 성결교, 감리교, 순복음의 목회자들과 각 해외 선교사들도 함께 모인 은혜로운 콘퍼런스였다. 교단을 초월하여 그리스도 예수 안에서 하나 된 콘퍼런스였다.

목회자 콘퍼런스는 예수님이 꿈꾸시는 교회를 위해 수고하며 피땀을 흘리던 목회 현장에서 탈진한 목회자들이 재충전하여 서로를 격려하고 위로받는 시간이었다. 적진에서 전투하다가 잠시 후방에 나와 휴식을 취하는 군인들처럼 영혼 구원을 위해 피투성이가 된 상처를 그대로 가지고 만난 콘퍼런스라서 그런지, 참석한 목회자들은 처음 만났어도 처음 만난 것 같지 않은 친근함이 느껴졌다. 한국과 해외 7개국에서 참석한 콘퍼런스의 열기는 개회 예배 때부터 뜨거웠다.

지역 목자로 섬기는 박경남 목사가 이번 콘퍼런스를 섬기는 동역자들을 소개할 때, 이것이 진정 주님이 원하시는 교회 공동체의 하나 된 모습이라는 것을 느꼈다. 교단과 신학 배경이 다른 목회자들이라고 해도 주님이 꿈꾸시는, 영혼을 구원하여 예수의 제자로 삼는 교회를 세우기 위해 함께 섬기는 모습이 큰 감동을 주었다.

이번 콘퍼런스에 참석하면서 세 가지 장점을 발견했다. 먼저 저녁 시간 두 번의 심포지엄을 통해 가정교회 목회자들의 사례 발표를 들은 후 나의 목회 현장을 진단할 수 있었다. 농촌 지역, 도시 지역, 개척 교회, 전통 교회, 소형 교회, 대형 교회, 해외 지역 등으로 구분하여 가정교회로 정착하는 과정 속에 있는 실수와 어려움을 자세히 소개하고, 문제 극복의 방법을 구체적으로 간증했다. 가정교회 정착 후 변화된 목회자 자신과 교회의 분위기를 청중으로 하여금 직접 영화를 보는 것처럼 느끼도록 소개했다.

필자는 선배 목회자들의 간증을 들으면서 나의 부족한 점이 무엇인지를 깨달았다. 가정교회는 조직이 아니라 정신이라는 최영기 목사의 말씀을 다시 한번 되새겼다.

두 번째로, 오전과 오후 강의에는 8개의 삶 공부 과정을 개설

하고, 참석한 목회자들이 한 과목씩 이수하도록 도와줬다. 교재는 있는데 전달 방법을 소개하지 않거나, 설교처럼 풍성한 말씀은 있는데 이것을 교인들에게 어떻게 적용시켜야 하는지에 대해 구체적으로 나와 있는 교재는 없는 경우가 대부분이다. 그런데 삶 공부 과정은 불신자부터 기존 신자들까지 신앙의 단계에 맞게 제자 훈련을 할 수 있도록 13주 과정으로 잘 준비되어 있었다.

마지막으로, 한마음을 가진 신실한 목회자들을 만날 수 있는 장점이 있었다. 섬김을 실천하는 가정교회 사역에서 대부분 육체적으로, 영적으로 탈진을 경험하게 된다. 이런 현상이 반복되면 목적을 상실하고 현실에 안주하는 것이 목회 현장의 대부분의 모습이다.

필자는 해외에서 온 선교사들과 여러 목회자들과의 깊은 사귐을 짧은 3일의 시간 동안 가질 수 있었다. 가정교회라는 같은 목표가 있으니까 마음을 쉽게 열 수 있었다. 각자 목회 현장의 애로사항을 소개하고 그 대안을 서로 토의할 수 있었고, 서로를 위해 중보 기도를 하며 격려할 수 있어서 좋았다. 특히 중국, 필리핀, 인도네시아, 베트남, 일본, 미국 등에서 참석한 선교사들의 영적 전투와 목회자들의 치열한 내적 싸움을 들으면서 시드니의 목회 현장이 얼마나 축복된 곳인지를 깨달을 수 있었다.

콘퍼런스 둘째 날 오후, 지역별 대항으로 족구 대회가 열렸다. 족구 대회를 하면 보통 지는 팀은 운동장에서 사라져 버린다. 그러나 쌀쌀한 날씨에도 불구하고 대부분의 목회자들이 끝까지 자리를 지키며 응원하는 모습을 보면서 큰 도전을 받았다.

가정교회를 하는 목회자들에게서 개인주의에 물든 세상에 저항하듯, 나보다 남을 먼저 배려하는 모습을 보게 됐다. 족구를 잘하든 못하든 함께 뛰는 데 의의를 두고, 실수해도 파이팅을 외치며 격려하는 모습은 바라만 봐도 좋았다.

족구에서 꼭 이겨야 주님이 기뻐하실까? 주님은 성공한 목회자만 칭찬하실까? 때로 실패하고 넘어지고 지쳐 있어도 주님은 우리의 영혼 구원을 위한 상처와 흔적을 보시고, 우리를 기억하시며 기뻐하지 않으실까?

이번 콘퍼런스는 가정교회의 원칙과 정신을 재정비하고 재충전할 수 있는 소중한 기회였다. 부활하신 주님이 그렇게도 소원하시는 교회가 무엇인지, 다시 한번 되새김질하고 도전받는 귀한 콘퍼런스였다. 그리스도 예수 안에서 하나 된 동역자요, 주님의 신실한 일꾼인 본 교회의 목자, 목녀들에게 진심으로 감사드린다.

시드니와 호주 각 지역에서 주님이 소원하시는 교회를 세우기 위해 땀 흘리는 여러 교회의 목회자들이 주님 안에서 하나 될 그날을 기대한다. 먼저 하나님 나라를 위해 헌신된 목회자들이 주 안에서 한마음을 가지고, 영혼을 구원하여 예수의 제자를 삼는 사역에 삶을 드리기를 간절히 소망한다. 잃어버린 한 마리의 양을 찾으시는 목자의 심정을 가지고 생명을 살리는 생생한 간증이 인기 드라마 못지않게 터져 나오기를 간절히 바라며, 이 글을 마친다.

이 글을 읽고 시드니에서 목회하는 몇 분이 전화를 걸어 왔다. 그중한 분이 현재 시드니에서 지역 목자로 섬기고 있는 김진수 목사(시드니

성서침례교회)다. 콘퍼런스에 함께 참여한 박경수 목사(사랑샘장로교회)와 김진수 목사 가정을 집으로 초대해서 함께 식사하고 대화를 나누면서, 자연스럽게 대양주 지역 모임이 형성됐다. 강승찬 목사가 시드니 새생명교회를 개척한 지 1년 반밖에 되지 않았지만 지역 모임을 시작했다. 이 지역 모임이 입소문을 타면서 목사님들이 모이기 시작하여, 불과 2년 만에 김진수 목사와 박경수 목사를 지역 목자로 세워 쌍둥이 분가를 하게 됐다. 이를 계기로 호주 전역에 가정교회가 퍼졌다.

바울도 부러워할 선교 여행

이때까지만 해도 시드니 새생명교회의 교인은 30명이었다. 그런데 교인 300명이 출석하는 뉴질랜드의 한 교회에서 집회 요청이 왔다. 가정교회에 대해 알고 싶으니 와서 도와 달라는 것이었다. 반복되는 간절한 부탁을 거절할 수 없어서 목자 2명과 목녀 1명을 데리고 갔다. 이들은 일주일간 집회를 위해 기도로 준비한 후 신약성경에 나오는 대로 제비뽑기를 해서 선정한 사람들이었다. 뉴질랜드행 비행기를 타면서 강승찬 목사는 이렇게 말했다.

"사도 바울은 전도 여행을 하면서 배를 타고 다녔고 배가 파선하기도 했는데, 우리는 이렇게 편하게 비행기를 타고 가고 있네요. 지금쯤 천국에서 바울이 우리를 보고 많이 부러워하겠습니다."

집회에 다녀오고 나니까 소문이 나면서 여기저기서 초청이 왔다. 집회에 갈 때마다 제비를 뽑아서 팀을 이루어 갔다. 브리즈번에 갈 때는 4명이 뽑혔는데, 그중 한 목녀는 자신은 자격이 안 되어서 절대로 못 가겠다고 거절했다. 그녀는 목장을 시작한 지 3년이 되도록

VIP는 많은데 목장 식구가 한 명도 없었기 때문이다. 그래도 있는 상황을 그대로 전하면 된다고 했더니 마침내 승낙했다.

집회에 가서는, 힘들긴 하지만 중도에 포기 안 하고 지금까지 끈질기게 버티고 있다는 말로 간증을 끝맺었다. 그런데 이 간증이 엄청난 효과를 가져왔다. 그 간증에 모두가 숙연해지더니 그날로 브리즈번에 4개의 목장이 형성되는 기적이 일어났다. 분명 성령님이 하시는 일이었다. 간증 주인공의 입장에서 보면 하루아침에 4개의 목장으로 분가한 열매를 맺은 셈이다. 하나님이 일하시는 방법은 언제나 우리의 상상을 뛰어넘는다.

대양주 지역에는 400여 개의 한인 교회가 있는데, 그중 60개가 가정교회로 전환했다. 그중 약 40개의 가정교회가 호주에 있다. 호주에 교회가 약 300개 정도 있는 것을 감안하면 상당한 숫자가 가정교회로 전환한 것이다. 강승찬 목사는 힘주어 말한다.

"시드니, 브리즈번, 퍼스, 멜버른, 뉴질랜드의 오클랜드, 크라이스처치 등에서 지역 모임이 활발하게 진행되고 있습니다. 아마 내년에는 남태평양 선교지까지 확산되어서 100여 개의 교회가 가정교회로 전환하지 않을까 기대합니다!"

목회자들의 목장 모임 : 지역 모임

|

가정교회를 하는 목회자들에게 실질적 도움을 주기 위해 가정교회 사역원에서는 2006년에 그동안 세미나를 다녀간 목회자를 대상으

로 설문 조사를 했다. 가정교회가 어느 정도 정착되었는지, 가정교회가 뿌리내리는 데 어려운 점은 무엇인지를 물었다. 이때 가장 큰 필요성으로 제기되었던 것이 목회자들 간의 네트워크였다. 이 필요를 채우기 위해 그해 가을, 지역 모임이 시작됐다.

처음에는 지역 모임의 리더를 지역 간사라고 불렀다. 얼마 후 지역 모임을 목회자들의 목장 모임이라고 정의하고, 리더들을 지역 목자라고 불렀다. 지역 모임을 통해 가정교회 목회자들은 가정교회를 정착시키면서 겪는 어려움을 털어놓을 수 있었고, 이에 대한 해답을 머리를 맞대고 찾을 수 있었다. 특히 새로 가정교회를 시작하는 사람들은 선배들의 경험을 통해 시행착오를 줄일 수 있었다. 지역 모임은 부부가 함께 참석하는 것을 원칙으로 했다. 전통 교회에서 남편의 목회 그늘 밑에서 외롭게 속을 태우던 사모들이 이곳에 와서 스트레스를 풀고 위로와 힘을 얻을 수 있었다.

지역 모임을 통해 이웃 교회와 경쟁의 대상이 아니라 서로 돕는 동역자 관계가 될 수 있었다. 이는 가정교회 목회자들이 기신자들을 놓고 쟁탈전을 벌이지 않고, 비신자의 구원을 위해 일하기 때문이다. 교단을 초월하여, 주님이 원하신 바로 그 교회를 회복하기 위한 화목한 공동체가 되어 있는 것이다. 가정교회에 대해 잘못된 소문을 들은 목회자들이 VIP로 초청되어 와서 보고 가정교회에 대한 생각이 달라졌다. 이 생각의 변화는 세미나에 참석하고 싶은 욕구를 불러일으켰고, 가정교회는 자연스럽게 번져 갔다.

2015년 현재 지역 모임은 한국에 51개, 북미에 24개, 호주에 4개로 모두 79개이다.

chapter 5

가정교회의
확산

평신도에게 퍼져 가는 물결

|

한 평신도의 비전

목자 콘퍼런스는 한 평신도의 소원에서 비롯됐다.

성승현 국제가정교회사역원 총무는 북미에서 목회자 세미나가 개최될 때마다 가정교회의 현황을 설명하기 위해 바쁜 직장 생활속에서도 휴가를 얻어 반드시 참석한다. 콘퍼런스에서 목회자들이 서로 위로하고 힘을 얻는 아름다운 모습을 보면서 목자, 목녀들도 이런 혜택을 누릴 수 있는 모임이 필요하다는 생각을 했다. 평신도들이 주체가 되고 목회자들이 돕는 역할을 맡을 때 효과적일 수 있겠다는 생각도 했다.

성승현 총무가 내 사무실에 찾아와서 목자 콘퍼런스를 처음 제안했을 때 나는 안 된다고 말하려고 했다. 목회자 콘퍼런스는 생명의 삶 후속의 삶 공부를 제공하기 위해서는 필요하지만, 이런 것 없이 목자와 목녀들의 위로와 격려만을 위해 이런 집회를 갖는 것이 필요

성승현 국제가정교회사역원 북미 총무

할까 싶었다. 또 평신도가 주체가 되고 목회자들이 돕는다는 개념이
목회자들에게 어떻게 받아들여질지 우려됐다.

이런 우려에도 불구하고 목자 콘퍼런스를 허락한 것은, 동역하는
사람들의 기를 살려 주는 것이 나의 목회 원칙이기 때문이다. 어떤
사람이 의욕을 갖고 일하고자 하면 큰 위험만 없으면 승낙했다. 그래
서 "안 돼!"라는 소리가 목까지 올라왔지만, 이를 억누르고 "그럼 한
번 해 봐요"라고 답했다. 지나고 보니 그때 안 된다고 하지 않은 것이
얼마나 잘한 일인지 모르겠다.

2007년 7월, 휴스턴 쉐라톤호텔에서 제1차 목자를 위한 가정교회
콘퍼런스가 개최됐다. 첫 콘퍼런스인 만큼 강사진은 모두 휴스턴 서
울교회의 평신도들로 구성했다. 그리고 두 가지 목표를 두었다. 목장

사역의 정신을 고취시키고, 목장 사역의 노하우를 습득시키는 것이다. 첫 번째 목표를 위해 목회자를 주 강사로 세워 콘퍼런스 주제에 관한 말씀을 전하도록 했다. 두 번째 목표를 위해 전체 강의와 몇 개의 소그룹으로 제공되는 선택식 세미나를 제공했다.

앞치마 두른 목사님

평신도가 주도하는 목자 콘퍼런스에서 봉사하기 위해 자원하는 목회자들이 있을까 싶었는데, 놀랍게도 많은 분들이 자원했다. 목사들과 사모들은 앞치마를 두르고 음식을 나르고, 뒷정리하고, 콘퍼런스에 참석한 목자와 목녀들을 위로하기 위해 무대에서 마구 망가지면서 춤과 연기의 퍼포먼스에 혼신의 노력을 기울였다. 이런 모습은 참석자들에게 감동을 심어 줬다. 목회자의 섬김을 통해 '목회자와 평신도가 모두 영혼 구원이라는 하나의 공통된 목표를 위해 이렇게 서로 다른 모습으로 최선을 다하는구나' 하는 생각을 하게 된 것이다. 더불어 전우애가 생기고 새로운 힘을 얻게 되었다.

성승현 총무는 1988년부터 3년간, 매년 휘튼 대학교에서 개최되는 북미 유학생 수련회인 코스타(KOSTA)에서 간사로 섬긴 경험이 있었다. 코스타도 평신도가 주도하고 목회자들이 협력하는 체계를 갖고 있었다. 이 경험이 목자 콘퍼런스를 성공적으로 이끄는 데 큰 도움이 됐다. 참석한 평신도들이 도전받고, 회복을 맛보고, 목자와 목녀의 사역에 대한 새로운 시각을 얻어서 돌아가는 공전의 성과를 이뤄 냈다.

콘퍼런스에서 스태프로 섬겼던 휴스턴 서울교회의 한 자매는 엘

목회자들의 퍼포먼스

리베이터 안에서 우연히 콘퍼런스 참석자 간의 대화를 듣게 됐다.

"이번 콘퍼런스 어땠어?"

"내 얼굴 보면 몰라. 올 때는 죽었었는데 이제 살아난 것 같지 않아?"

목자 콘퍼런스는 같은 해인 2007년 8월에 한국에서도 개최됐다. 같은 내용에 같은 강사진으로 열린 한국 콘퍼런스의 결과 역시 고무적이었다. 참석한 목자와 목녀들이 재충전되어 사명감을 다시 확인하는 계기가 됐다. 무엇보다 평신도들도 지역에 따라 튼튼한 네트워크를 형성하는 계기가 됐다.

수년 동안 북미와 한국에서 같은 내용과 형식을 갖고 목자 콘퍼런스가 개최됐다. 북미에 있는 한인 교회들은 규모도 작고, 교회가 미국 전역에 흩어져 있기 때문에 참석 인원이 100명 정도에 불과하다. 반면에 한국은 교회도 많고 이동이 편리하기 때문에 참석 인원이 월등하게 많다(한국에서 개최된 "2015년 목자 콘퍼런스"의 등록 인원은 600명이 넘는다). 그래서 한국에서는 한국 실정에 맞게 따로 목자 콘퍼런스를 운영하기로 했다. 국제가정교회사역원 평신도 총무 직책도 분리시켜서 성승현 총무를 북미 총무로, 구본채 총무를 한국 총무로 세우기로 했다. 구본채 총무는 대전을 중심으로 이북 7교회, 이남 7교회에서 대표 목자 14명을 준비 위원으로 선정했다. 목자 콘퍼런스의 개최뿐 아니라 국제가정교회사역원을 돕는 평신도 조직을 만들어서 콘퍼런스를 효율적이고 조직적으로 운영하도록 최선을 다하고 있다.

2014년에는 처음으로 호주에서도 대양주 목자를 위한 콘퍼런스가 개최됐다. 평신도 사역자들의 네트워크가 더 넓게 형성됨에 따라 세계적으로 퍼지는 가정교회의 힘을 실감했다.

5겹줄 기도회의 탄생

목자들을 위해 시작한 콘퍼런스는 목회자들에게도 도움을 줬다. 콘퍼런스의 성공을 위해서는 기도가 절대적으로 필요하다고 생각해서 목자 콘퍼런스를 처음 개최할 때 '5겹줄 기도회'를 도입했다. 콘퍼런스 등록이 끝난 직후에 참석자 5명을 한 조로 묶어서 5겹줄 기도 조를 짜고, 조장을 세웠다. 콘퍼런스 시작 전부터 조원들이 서로를 소개하고, 기도 제목을 나누고, 콘퍼런스를 위해 기도하게 했다. 이 기도회를 통해 콘퍼런스는 기도 지원을 받고, 참석자들은 치유받고 결단하는 결과를 가져왔다.

목회자 콘퍼런스의 경우, 북미에서는 비슷한 목회 환경에 있는 사람들이 모여서 필요한 조언을 주고 서로를 위해 기도해 주는 형식의 조 모임을 가졌다. 그러나 한국에서는 참석 인원이 많기 때문에 이런 조 모임을 갖기가 어려웠다. 그러다 보니 콘퍼런스가 정보를 습득하는 곳이 됐고, 감동도 적었다.

콘퍼런스의 정적인 면을 터치해 주기 위해 2013년에 목회자 콘퍼런스에도 5겹줄 기도회를 도입했다. 처음에는 부정적인 의견도 많았고, 기도회에 참석하지 않는 사람들도 있었다. 그러나 2015년 봄부터 정착되어 참석자들 간에 멘토링이 이뤄지고, 치유와 기도 응답을 경험하면서 북미 목회자 콘퍼런스에서처럼 감동을 느끼게 됐다.

싱글 청년 연합 수련회
|

섬기는 자가 더 높은 자라는 가정교회의 정신은 세상적 가치관과 반대의 패러다임을 갖고 있다. 눈앞에 펼쳐진 세상의 유혹에 민감할 수밖에 없는 청년들에게 이런 정신을 어떻게 전수해야 할지가 청년 담당 목회자들의 고민거리다. 대규모 연합 집회가 하나의 방안이 될 수 있다고 보고 실행에 옮긴 사람이 있으니, 서울 남송교회의 김명국 목사이다.

김 목사는 14년간 부목사로 섬기면서 교육 담당 디렉터와 담임 목사의 책과 성경 공부 교재를 출판하는 편찬실의 사역을 주관하면서 청년 사역에 특별한 은사를 보였다. 교회에서 시카고로 유학을 보내줘서 유학을 마치고 귀국한 후에도 약 3년간 그 교회를 섬겼다. 그 후 1999년, 담임 목사의 전폭적인 도움으로 교인 60명과 함께 남송교회를 개척했다.

부목사로 섬기는 동안 건강하다는 한국 교회의 모델은 다 볼 수 있었기 때문에 본 대로 사역을 열심히 했다. 그러나 개척 후 7년째에 접어들면서 지식은 늘어나는데 삶은 변하지 않는 교인들을 대하는 것이 불편해졌다.

해답은 가정교회에

바로 이때 가정교회를 만났다. 울산에서 열린 목회자 세미나에 참석했다. 가정교회가 성서적이고, 자신의 목회 철학이나 사상과 합치해서 좋기는 하지만, 자신에게는 맞지 않는 옷처럼 느껴졌다. 지금까지 기신자들을 위한 설교에 의존해 왔기 때문이다.

그는 고민 끝에 친구 목사들에게 물었다. 자신의 설교가 기신자가 아닌 VIP에게도 영향력이 있을지를 물었더니 긍정적 반응을 보였다.

"가능할 거야. 적어도 남자들에게는. 네 설교가 굉장히 논리적이잖아. 남자들은 그런 거 좋아하거든."

김명국 목사는 2006년 봄, 가정교회에 대한 질문 100가지를 들고 휴스턴으로 연수를 왔다. 그리고 나에게 자신의 목회 스타일을 말하면서, 가정교회로 전환해야겠는데 몸에 맞지 않는 옷을 입는 것 같아 자신이 없다고 했다. 그래서 나는 "일단 해 보세요"라고 권면해 주었다. 이 짧은 말 한마디가, 주님이 원하시는 교회를 세우려고 노력하면 하나님이 단점을 극복하도록 해 주시거나, 단점을 사용해서 좋은 결과를 내도록 해 주시지 않겠느냐는 말로 들려서 마음의 부담이 말끔히 사라졌다고 한다.

　김명국 목사는 연수를 마치고 떠나면서, 가을에 평신도들과 함께 다시 오겠다고 약속했다. 그리고 약속대로 가을에 평신도 14명을 이끌고 평신도 세미나에 참석했다.

　휴스턴에서 열린 평신도 세미나에 다녀온 교인들은 눈에 띄게 삶의 자세가 변했다. 건축 디자이너라는 직업상 밤에 주로 일하기 때문에 새벽 기도는 일찌감치 접고 살던 사람이 휴스턴에 한 번 다녀오더니 날마다 새벽 기도를 하는 사람으로 변했다. 이런 변화를 본 아내들은 가정교회에 호의적이었다. 이런 분위기가 온 교회에 퍼졌다. 그리고 이런 변화를 통해 휴스턴에 가 보고 싶다는 분위기가 형성되어서, 4년에 걸쳐서 40여 명의 교인들이 휴스턴을 다녀가게 됐다. 이런 분위기가 확장되다 보니 휴스턴에 다녀가는 것이 정석이라면, 국내 세미나에 참석하는 것은 별것 아닌 정도로 여겨졌다. 이제는 평신도 세미나에 참석하는 것이 하나의 문화가 됐다.

　김명국 목사는 주일 설교 시간에 공개적으로 회개했다. 주님 앞에 섰을 때 휴스턴 서울교회 교인들은 상을 받는데, 남송교회 교인들은 담임 목사가 제대로 이끌지 못해서 관중석에 앉아 박수만 치고 있을 장면을 생각하면 마음이 아리다고 말했다. 이런 비장함과 솔직함은 남송교회 교인들이 김 목사를 따르지 않을 수 없게 만들었다.

한국의 청년들을 살리는 길
김명국 목사가 가정교회에서 감동을 받은 것은 목자들의 희생하는 삶이었다. 이 희생의 모습이야말로 대한민국의 장래에 대한 해답이고, 이런 삶은 청년 때부터 몸에 배어 있어야 한국을 제대로 살릴 수 있다고 생각했다.

치열한 경쟁 속에서 살아남기 위해 점점 이기주의, 개인주의로 치닫는 한국의 청년들이 너무 불쌍해 보였다. 살아남으려면 남성들은 남을 짓밟아야 하고, 여성들은 가정을 포기해야 하는 현실이 너무 안타까웠다. 이런 싸움을 하지 않고도 성공할 수 있다는 것을 청년들에게 가르쳐 주고 싶었다.

"진급은 단순히 실력만으로 되지 않습니다. 실력은 다 비슷합니다. 다들 목숨 걸고 노력하기 때문에 거기서 거기입니다. 그렇다면 상사들이 이기주의자를 선호하겠습니까, 남을 배려하는 사람을 선호하겠습니까?"

이렇게 도전해 주고 싶어서 주변의 목회자들과 힘을 합쳐 2011년, 첫 가정교회 싱글 목장 연합 수련회를 개최했다. 이렇게 시작된 싱글 목장 연합 수련회에 많은 교회가 호응했다. 이제는 매년 60여 개의 교회에서 500~600명의 청년들이 모이는, 국제가정교회사역원의 정규 행사가 됐다.

보통 집회를 한 번 치르려면 수없이 모여서 회의하고 의견을 교환해야 하는데, 싱글 목장 연합 수련회는 다르다. 네트워크가 잘 되어 있어서 모든 회의와 의견 교환은 온라인으로 처리하고, 오프라인 회의는 한두 번이면 족하다. 가정교회의 정신 아래서는 결속력이 단단하고, 솔선수범하여 협조하기 때문에 진행이 매끄러운 것이다.

싱글 목장 연합 수련회(2014년)

수련회에 참석한 청년들은 바쁜 담임 목사와 사모들이 2박 3일이나 시간을 낸다는 것 자체에 감동하는 것 같다. 자신들을 손수 섬겨 주는 것에 황송해 한다. 그러면서 목회자와 청년들 사이의 거리감이 사라지는 것이다.

싱글 목장 연합 수련회에는 싱글 목장 사역을 잘 하는 목자들의 간증 시간이 있다. 싱글들은 목자의 삶을 살면서 세상적으로도 성공하고 있는 목자들의 간증을 들으면서 '아하, 저렇게 살아도 이 치열한 경쟁 속에서 성공할 수 있구나!' 하고 느끼게 된다. 이 느낌은 자신도 저렇게 살고 싶다는 욕구로 연결된다. 이 욕구는 마지막 날, 헌신 시간을 통해 결심과 결단으로 이어진다.

어린이 목장
|
어린이 목장의 시작

휴스턴 서울교회에서 가정교회가 시작될 때는 어린이에게 신경 쓸 여력이 없었다. 어른 목장도 잘 될까 말까 한 상태였기 때문이다. 그런데 젊은 부모들이 모이면서 어린이가 심각한 문제로 등장했다. 그동안 목장에서 아이들을 방목하다가 더 이상 보고 있을 수만은 없다고 생각한 목녀들 몇 명과 당시 유·초등부를 담당하던 서형순 전도사가 머리를 맞대고 생각한 것이 어린이 목장이다.

몇 달의 준비 기간 동안 어린이 목자들을 선정하고 훈련시켜서 2003년 1월, 30개의 어린이 목장을 출범했다. 그중 나이가 많은 어린이를 목자로 세워서 어른들이 나눔의 시간을 가질 동안 아이들도 다른 방에 모여서 1시간의 목장 모임을 갖도록 했다. 교회에서 제공하는 공작물을 어린이 목자의 지도하에 만들고, 나눔의 시간을 갖고, 함께 기도하게 했다.

어린이 목장의 방향이 바뀌다

초기에는 어른들이 방해받지 않고 목장 모임을 갖도록 하는 것에 어린이 목장의 비중을 뒀다. 그러다가 2008년, 백동진 목사가 휴스턴 서울교회 초등부 목사로 부임하면서 어린이 목장의 방향이 바뀌었다. 어린이 목장의 목적이 어린이들을 돌보는 것으로부터 어린이들을 차세대의 영적 리더로 키우는 쪽으로 전환된 것이다. 어린이 목장에는 부모와 자녀가 함께하는 1부 순서와 자녀들만 따로 모이는 2부 순서가 있다. 이전에는 2부 순서에 더 집중했는데, 백동진 목사는 1부에 더 중점을 두었다.

서형순 전도사는 1년에 한 번 세미나 형식으로 어린이 목자들을 도왔지만, 백동진 목사는 1년에 한 번으로는 부족하다고 느껴서 한 달에 한 번 어린이 총목자 모임을 하게 했다. 처음에는 어린이 목자들을 모아 놓고 무슨 이야기를 해야 할지 몰랐다. 그래서 어린이들의 이야기를 들어 주고 격려해 주는 것을 목적으로 삼았다.

그런 가운데 어린이 목자들이 겪고 있는 어려움을 듣게 됐고, 목장들을 방문하면서 어린이 목장에 대해 좀 더 이해할 수 있었다. 어린이 목장을 돕기 위해서는 부모의 교육이 필요하다고 느꼈다. 그래서 새로 어린이 목자가 세워질 때는 백동진 목사와 꼭 면담하도록 했다.

면담 때는 어린이 목자만 오는 것이 아니라, 그 어린이가 속한 목장의 목자나 목녀와 어린이 목자의 부모가 함께 오도록 했다.

목자와 목녀에게는 1부 순서를 진행할 때 좀 더 재미있고 지루하지 않게 진행하는 법을 가르쳐 줬다. 어린이들은 어린이들끼리 앉으려고 하고, 그렇게 되면 집중하지 못해서 나눔이 어려워지기 때문에 어린이들을 어른 사이에 앉도록 하라고 일러 줬다. 나눔의 시간에는 나이가 많은 순서대로 나누도록 권장했다. 나이가 어린 아이들부터 하면 분위기를 타서 깊은 나눔을 하지 않고, 대충 이야기하고 말기 때문이다.

어린이 목자들에게는 두 가지를 말해 줬다. 첫째, 리더십에 관한 것이다. 어린이 목자들에게 리더가 무엇을 하는 사람이라고 생각하느냐고 물었다. 그러자 어린이 목자가 되면 대장이 되는 줄 알았는데, 아이들이 말을 안 들어서 속상하다고 이야기하는 어린이 목자가 있었다. 그래서 이렇게 말해 줬다.

"예수님이 리더신데, 섬김을 받으러 오신 것이 아니라 도리어 섬기러 오셨단다. 비록 어리지만 하나님이 지금부터 큰 일꾼으로 사용하시기 위해 너희를 훈련하시는 것이란다."

둘째, 어린이 목원들을 돌보는 방법에 대해 이야기했다. 교회에서 나눠 준 자료를 그대로 하려고 끙끙대면서 노력하는 어린이 목자들이었다. 그렇게 할 때 어린이 목원들이 지루해 하고 힘들어하는 모습을 방문을 통해 봤다. 그래서 교회에서 나눠 준 자료 그대로 하려고 애쓰지 말고, 아이들과 재미있고 안전하게 시간을 보내는 것에 더 집중하라고 알려 줬다. 어떤 어린이 목자는 교회에서 가르쳐 주지 않았는데도 그림을 그려 가면서 성경 이야기를 하고, 또 어떤 어린이 목자는 자신이 파워포인트를 만들어서 설명하기도 했다. 창의력 있게, 재미있게 아이들과 시간을 보내는 것이 더 중요하다. 그렇게 하기 위해서는 어린이 목자 자신이 즐길 수 있는 방법을 찾아야 한다고 말했다.

어린이 목자의 부모들에게는 어린이 목자를 위해 기도하고, 늘 칭찬과 격려를 해 주라고 권고했다. 그리고 어린이 목자가 총목자 모임에 참석할 수 있도록 챙겨 주라고 말했다.

면담과 방문, 그리고 총목자 모임을 통해 어린이 목장에 힘이 실어지면서 재미있는 에피소드가 여기저기에서 들려왔다. 한 어린이 목자가 너무 힘들어서 그만두겠다고 엄마에게 이야기하고, 금요일 목장에서 발표하려고 목장에 참석했다. 그런데 이 발표를 하기 직전에 4살짜리 어린아이가 나눔을 시작했다. 감사거리를 말하라고 했더니 "우리 목장에 어린이 목자가 있어서 감사해요"라고 했다. 기도 제목을 말하라고 하니, "저도 이다음에 크면 우리 어린이 목자 같은 훌륭한 어린이 목자가 되게 해 주세요"라고 했다. 그래서 차마 사임하겠다는 말을 못하고 계속해서 목자를 하게 됐다.

한번은 이런 일도 있었다. 부모들과 함께하는 1부 순서에서 기도 제목을 이야기하라고 했더니 초등학교 저학년 여자아이가 "우리 엄마, 아빠가 이혼 안 하게 기도해 주세요"라고 했다. 그런데 그 부모가 바로 목자와 목녀였다. 재미있는 것은, 그 목자와 목녀는 이혼할 생각이 전혀 없는 사람들이었다는 것이다. 목장 식구들 앞에서 자신의 딸이 그런 이야기를 하니까 당황스럽기도 하고 창피했다고 한다. 부모가 아이들 앞에서 소리 내면서 부부 싸움을 했을 때 아이에게는 큰 충격과 상처로 남게 된다는 것을 깨달았다.

부모가 반성하고 자녀에게 사과하고 설명할 수 있는 기회를 제공하는 것이 어린이 목장 1부의 힘이다. 이 시간을 통해 부모와 자녀가 믿음을 공유하게 되고, 신앙이 자연스럽게 전수된다. 그래서 점점 더 2부보다 1부에 집중하기 시작했다. 그러나 '어린이 목장'이라는 호칭을 사용하다 보니, 모든 사람의 시선과 관심이 아이들끼리 모이는 2부에 집중될 수밖에 없었다. 어린이 목장의 초점을 믿음의 공유와 신앙의 전수에 맞추면서 2014년, 어린이 목장의 명칭을 '올리브 블레싱'으로 변경했다.

올리브 블레싱

올리브 블레싱이라고 부르게 된 이유는 다음과 같다.

시편 128편 3절에 "네 상에 둘러앉은 네 아이들은 올리브나무의 묘목과도 같다"(새번역)고 했다. 생각해 보면, 올리브나무의 특성과 어린이 목장의 특성은 일치한다. 올리브나무는 열매를 맺기까지 5~10년 정도의 시간이 걸린다고 한다. 목장 모임의 '자녀와의 시간'도 꾸준히 원칙대로 하면 가정의 믿음이 공유되어 신앙이 전수되는 열매를 볼 수 있다. 올리브나무는 한번 뿌리내리고 열매를 맺기 시작하면 500~1,000년까지 장수하면서 올리브유를 포함해서 하나도 버릴 것 없이 귀하게 사용된다. 자녀들도 부모님의 신앙을 전수받아 계속 지키면, 귀하게 성장하는 모습을 기대할 수 있다.

백동진 목사는 어린이 목장에 대한 또 하나의 새로운 사실을 발견했다. 한 목녀가 VIP 부부를 목장으로 초청하는 대신 아이들만이라도 보내도록 설득했다. 자신이 직접 아이들을 픽업해서 목장에 데려오기 시작했다. 당시에 이 VIP 가정은 이혼 직전이었다. 그런데 목녀가 금요일에 아이들을 데려가 주니, 이 내외는 쉬기도 하고 놀러 갈 수도 있었다.

그러다가 시간이 갈수록 미안하기도 하고 궁금하기도 해서 목장에 한번 방문해 보기로 했다. 당시 10학년이었던 자신의 아들이 올리브 블레싱 시간에 전혀 모르는 어른들 앞에서 감사 제목과 기도 제목을 이야기하는 모습에 충격을 받았다. 자신들이 알던 아들의 모습이 아니었기 때문이다. 항상 무뚝뚝하고 대화가 없던 아빠에게는 아들의 그런 모습이 너무도 낯설었다. 이 아빠가 모르고 있었던 것은, 자신의 아들과 딸이 매주 목장에 와서 기도 제목으로 내놓는 것이 바로 부모님이 목장에 오게 해 달라는 것이었다.

그 후 이 내외는 목장 모임에 꾸준히 참석했다. 생명의 삶을 듣고, 예수를 영접하고, 침례를 받고, 목회자 세미나에서 간증까지 했다. 이전에는 "아빠하고는 대화가 안 돼…"라고 말하던 아들이 이제는 아빠와 함께 아침을 먹으면서 이야기를 나누는 것이 너무 좋다고 말한다고 한다.

어린이 목장이 성공하려면 목자와 목녀가 목장의 자녀들을 대할 때 목원의 자녀로 봐서는 안 된다. 목원의 자녀가 아니라 목원으로 봐야 한다. 목원의 자녀로만 보게 되면 자녀들 때문에 목원을 섬기는 데 방해가 된다고 느낄 수 있다. 특히 집이 좁아서 방이 한두 개밖에 없는 경우 아이들이 7~8명이나 되면 제대로 나눔 시간을 가질 수 없으니까, 어린이들은 주일에 따로 모여서 어린이 목장을 하는 게 좋겠

제1차 어린이 목자 콘퍼런스에서 단막극을 하는 김원도 목사와 백동진 목사(2015년)

다는 쪽으로 생각하게 된다. 만일 그렇게 되면 열매를 절대 얻을 수 없다.

자녀들을 자신의 목원으로 대하기 시작하면 마음이 바뀌게 된다. 목원이 많은 것을 축복으로 보게 된다. 그래서 빨리 대행 목자를 세워서 분가하도록 노력하게 되지, 아이들을 따로 떼어서 아이들끼리 모이도록 할 생각은 안 하게 된다. 어린이 목장이 올리브 블레싱을 통해 이루려고 하는 것이 바로 이것이다. 부모와 자녀가 편하다는 이유로 따로 모여서 신앙생활을 해 왔기 때문에 믿음이 공유되지 못했다. 신앙을 전수하는 데 실패했다. 아버지학교, 마더 와이즈(Mother wise), 청소년 상담 등은 모두 좋은 프로그램이기는 하지만 부모를 따로 교육해서 무너진 가정을 회복하려고 하는 것이다. 그러나 올리브 블레싱은 가정이 무너지기 전에 부모와 자녀가 믿음을 공유함으로써 가정의 파탄을 예방하는 사역이 될 수 있다.

올리브 블레싱은 가족 중심이다. 예를 들어, 휴스턴 서울교회에서 하는 올리브 블레싱의 성경 암송 축제에서는 모든 가족이 함께 암송할 수 있도록 단 3개의 성경 구절을 2달에 걸쳐서 목장과 가정에서 함께 외우도록 돕고 권면한다. 그리고 축제날이 되면 모든 목장과 가족이 교회에 함께 모여서 암송한 것을 나누고, 오랫동안 간직할 수 있도록 가족사진을 찍어서 기념한다.

휴스턴 서울교회에서는 어린이 목장의 정신과 열매를 전하기 위해 2013년 10월, 제290차 평신도를 위한 가정교회 세미나 기간 중에 어린이 목장 담당자와 어린이들이 함께 참석하는 제1차 어린이 목장을 위한 가정교회 세미나를 가졌다. 그리고 2015년 7월에는 제1차 어린이 목자를 위한 가정교회 콘퍼런스를 개최했다. 국제가정교회 사역원의 한국 어린이 간사인 김원도 목사가 콘퍼런스에 참석하여 운영 방법을 배운 후, 같은 내용으로 같은 해 8월에 한국에서 제2차 어린이 목자를 위한 가정교회 콘퍼런스를 개최했다.

청소년 목장

|

청소년 목장은 청소년 중심의 가정교회다. 가정교회의 정신을 따라 청소년 목자를 중심으로 모든 목원이 자신의 역할을 감당하면서 서로를 통해 배우는 청소년 신앙 교육의 장이다.

북미 청소년 목장

북미에서는 청소년들이 어린이들과 함께 장년 목장에 참석하다가 어린이 목장이 형성되면서 청소년 목장도 형성됐다. 그러나 청소년 가정교회의 정형이라고 할 수 있는 것은 아직 마련되지 않았다. 각 교회마다 상황이 너무나 다르기 때문이다.

휴스턴 서울교회에서는 금요일에는 부모들이, 토요일에는 청소년들이 모인다. 장년들과 마찬가지로 가정에서 모이는데, 이렇게 할 때 시간의 제한을 받지 않고 진정한 목장 모임을 가질 수 있기 때문이다. 음식은 부모들의 수고를 덜기 위해 청소년들이 좋아하는 음식을 사서 먹도록 한다. 집을 제공하는 가정에서 음식을 준비하지 않고 참석하는 친구들이 한 가지씩 사 가도록 해서 그 가정에 부담을 덜어 준다. 집을 제공하는 가정은 보통 목자와 목녀의 가정인데, 장년 목장 모임과 청소년 목장 모임을 위해 일주일에 2번 집을 제공해야 하기 때문이다.

어떤 교회에서는 청소년 목장 모임을 토요일에 교회에서 갖는다. 교회의 부엌 시설을 사용하여 음식을 함께 만들어 먹고, 찬양도 함께 하고, 그 후에는 목장별로 따로 모여서 모임을 갖는다.

한국 청소년 목장

청소년 목장은 북미보다 한국에서 더 활발하다. 한국에서는 다음 세대 교육의 위기론이 계속해서 거론되고 있기 때문이다. 주일학교 출석률이 현저하게 줄어들고 있다. 저출산과 함께 기독교에 대한 부정적인 생각을 갖고 있는 30~40대의 젊은 세대가 교회를 등지면서 그들의 자녀 세대도 교회에 다니지 않고 있다.

한국 교회의 또 하나의 위기는 자녀들에게 실제적인 신앙 교육을 제대로 하지 못한다는 점이다. 자녀들이 대입 준비를 위해 학교와 학원에서 대부분의 시간을 보내야 하기 때문에 자녀의 신앙 교육을 책임져야 하는 부모와 실질적으로 함께 할 수 있는 시간이 절대적으로 부족하다.

주일에 교회에서 실시되는 청소년 신앙 교육도 날이 갈수록 어려워지고 있다. 스마트폰 같은 개인주의 문화에 익숙한 청소년들을 일주일에 한 번 있는 청소년부 예배(1시간)와 분반 공부(30분)의 교육 구조 안에서 신앙적으로 건강하게 자라도록 하는 것은 거의 불가능하기 때문이다.

열린문교회(2000년에 가정교회로 전환)와 인천 등대교회(2002년에 가정교회로 전환)는 성인 목장이 안정권에 들어가면서부터 청소년 신앙 교육에 관심을 갖게 됐다. 두 교회가 비슷한 시기에 청소년부 전담 사역자를 세우면서 본격적으로 청소년 목장을 준비했다. 인천 등대교회는 2004년 12월에, 열린문교회는 2005년 11월에 각각 청소년 목장으로 전환했다. 인천 등대교회는 청소년들이 토요일 저녁에 가정에서 모여 목장 모임을 가졌고, 열린문교회는 주일예배 후 가정에서 목장 모임을 가졌다.

국제가정교회사역원의 청소년 간사인 정대희 목사가 섬기는 대구 운암교회의 예를 들면, 청소년들은 누군가의 보호와 지도를 받아야 하기 때문에 청소년 목장에는 교육 목자(교사)가 있다(교육 목자는 성인 목장의 목녀 역할과 비슷함). 교육 목자의 주된 역할은 청소년 목자와 목원들의 부모를 섬기고, 평일에 목원들을 돌보는 것이다. 주말에도 학교와 학원에 가는 학생들이 많기 때문에 목장 모임은 주로 주일에 한다. 그러나 인천 등대교회처럼 토요일에 모이는 청소년 목장도 있다.

모임 장소는 개인의 집을 원칙으로 하지만, 형편상 어려울 때는 외부로부터 방해받지 않고 여유롭게 모임을 할 수 있는 독립된 장소를 선택한다. 청소년 목장은 부모들이 갖고 있는 가정교회의 정신을 바탕으로 신앙 교육을 함으로써 자녀들이 부모의 신앙을 이해하고 공감하여 가정교회의 신앙을 전수받게 한다.

청소년 목장은 교사(성인) 중심이 아니라 청소년 목자 중심으로 함께 먹고 나누고 기도하면서, 섬김을 보고 배우며 실천하는 청소년 신앙 교육의 장이다. 목장 안에서 자신의 마음을 담아 삶을 나눌 수 있는 친밀한 형제자매를 얻게 된다.

청소년 목장을 경험한 청소년들이 청년이 됐을 때, 쉽게 장년 싱글 목장에 정착하는 것을 여러 교회가 보여 주고 있다. 특히 박종국 목사가 담임하는 울산 다운공동체교회에서는 고등학교를 졸업한 청년들이 대거 싱글 목장에 올라감으로써 교회 성장에 크게 기여하고 있다.

성인 목장이 안정적으로 자리 잡고 있는 교회들은 청소년 목장에 관심을 갖고 다양한 형태로 운영하고 있다. 그 대표적인 교회가 앞서 언급한 열린문교회, 인천 등대교회 외에 성남 성안교회, 대구 운암교회, 울산 다운공동체교회, 부산 장산교회 등이다.

한국에서는 청소년 가정교회 사역자들의 협력도 활발하다. 김원국 목사(열린문교회)가 2008년 10월 14일, 목회자 콘퍼런스에서 청소년 목장의 사례를 발표하면서 그를 중심으로 청소년 목장에 관심을 갖게 된 사역자들이 모이기 시작했다. 콘퍼런스 때 여러 차례 청소년 사역자들이 모여서 사례 발표를 하고, 몇 번의 작은 모임을 가졌지

대구 운암교회의 청소년 목장(2015년)

만 지속적인 교류가 이뤄지지는 못했다. 그러다가 2014년 11월, 정대희 목사(대구 운암교회의 청소년부 담당)가 국제가정교회사역원의 청소년 담당 간사로 세워지면서 청소년 사역자 연합 모임이 본격적으로 시작됐다. 2015년 2월에는 제1차 청소년 목자 연합 수련회를 대구 팔공산에서 개최했다.

청소년 사역자들 간의 교류가 시작되면서 다른 교회의 청소년 목장을 탐방하고, 목장 사역과 목자 교육의 자료를 공유하며, 사역자들 간에 사역 나눔이 이뤄지고 있다. 앞으로 청소년 목장 사역을 정리한 매뉴얼 작업을 통해 청소년 목장을 효과적으로 지원하는 것과 청소년 삶 공부 시리즈를 만들어서 보급하는 것이 과제다.

영어권 가정교회의 출범

|

휴스턴 서울교회에는 한국어를 사용하는 한어 회중과 영어를 사용하는 영어 회중이 있다. NLF(New Life Fellowship)라고 불리는 영어 회중은 한어 회중과 대등한 입장에서 자체적으로 사역을 펼쳐 가고 있다. 영어 회중은 가정교회로 이뤄져 있으며, 영어권에서 가정교회의 전파를 책임지고 있다.

영어권에 가정교회가 시작된 경위를 NLF를 담임하고 있는 신동일 목사를 통해 직접 들어 보자.

가정교회에 대한 정보를 듣다

1992년에 신학교를 졸업하고 보스턴에서 한인 교회를 담임하고 있을 때의 이야기입니다. 그 교회에는 제가 담임을 하기 몇 년 전에 이미 휴스턴에서 보스턴으로 이주해 와서 교회 생활을 하던 집사님 가정이 있었습니다. 그는 휴스턴 서울교회에서 안수 집사로 섬기다가 왔다면서 자신을 소개했습니다. 그는 휴스턴을 떠나온 후 같은 교회에서 함께 섬기던 친구 집사를 통해 가정교회를 알게 됐고, 저는 그를 통해 가정교회와 최영기 목사님에 대한 정보를 얻게 됐습니다. 최 목사님이 굉장한 인기를 얻으면서 특이한 목회를 하고 있다고 들었습니다. 목회의 경험이 없는 초보자로서 도움이 절실히 필요했기에, 최 목사님의 설교 테이프와 주보를 구해서 열심히 듣고 배우려고 했습니다. 테이프를 들으니 꼭 한번 뵙고 싶었습니다.

1993년 늦은 봄에 최 목사님께 전화를 걸었고, 그해 가을에 있을 부흥회에 초청했습니다. 그런데 돌아온 대답은 'No'였습니다. 휴스턴 서울교회에 부임한 첫해는 외부 집회를 안 나가기로 작정했으니 1년 후에 보자는 것이었습니다. 1년을 기다려서 1994년 초에 다시 전화를 드렸습니다. 그리고 10월에 해 주겠다는 허락을 받았습니다.

휴스턴 연수 0기

하루는 그 집사님이 휴스턴에 갈 일이 생겼는데 한번 같이 가 보지 않겠느냐고 제안했습니다. 거절할 이유가 없었습니다. 10월

전에 뵙고 싶었기에 선뜻 나섰습니다. 그렇게 1994년 3월, 휴스턴을 처음 방문하게 됐습니다.

그때는 휴스턴 서울교회도 가정교회를 시작한 지 6개월밖에 되지 않았기 때문에 세미나, 연수 등은 생각도 못하던 때입니다. 세미나는커녕 휴스턴 서울교회의 가정교회가 살아남느냐, 아니면 구역 조직으로 되돌아가느냐를 실험하는 단계였습니다. 그럴 때 휴스턴 서울교회를 방문했으니, 저는 휴스턴 연수 0기라고 자부할 수 있습니다.

저는 한 목장에 배치됐습니다. 푸짐한 음식을 나눈 후 성경 공부 시간이 막 끝나려고 하는데, 30대의 한 젊은이가 요한복음에 대해 아주 기초적인 질문을 했습니다. 속으로 드는 생각은 '다 큰 성인이 뭐 저런 초등학생 수준의 질문을 하지?'였습니다. 그런데 목장을 마치고 뒤풀이 시간에 들은 이야기로 인해 가정교회의 위력을 실감했습니다. 그 청년은 목장을 통해 예수를 갓 영접한 초신자였습니다. 이 사실이 저에게는 다분히 충격적이었습니다. 그때까지 저에게 예수 영접이란 뭘 모르는 청소년들이 수양회 같은 곳에 가서 경험하는 사건으로 인식되었기 때문입니다. 나와 같은 연배의 성인이 예수를 영접하다니! 휴스턴 목장에서 난생처음 본 기이한 사건이었습니다.

응답의 절묘한 타이밍

10월이 되어 최 목사님은 약속대로 2박 3일을 머물면서 수양회를 인도해 주셨습니다. 수양회를 준비하면서 담임 목사인 저의 기도 제목은 교인들 뿐 아니라 저 자신을 위한 것도 있었습니다. 목회에 대한 심한 갈등 때문이었습니다. 교인들도 저를 좋아하고 지도자들과의 관계에도 별 문제가 없었는데, 왠지 이 길이 아닌 것 같다는 생각이 늘 떠나지 않았습니다. 그래서 기도했습니다.

"하나님, 제가 이 교회에 계속 남기를 원하시면 이 수양회를 통해 사역의 기쁨을 찾게 해 주십시오."

수양회를 마친 교인들은 모두 큰 은혜를 받았다고 기뻐했습니다. 그러나 저 자신은 여전히 냉랭한 채 그대로였습니다. 이로써 기도 응답이 확실해졌습니다. 수요 집회 때 "이제 그만 이 교회를 사임하겠습니다"라는 말이 저절로 튀어나왔습니다. 신학교에 다닐 때 접한 여러 교파 중 침례교식 성경 해석이 가장 마음에 들어서 침례교 목사가 됐습니다. 졸업 후엔 보스턴에 침례교회가 이곳 하나뿐이기에 자연스럽게 부임했습니다. 그런데 4년간 섬긴 교회를 덜컥 사임해 버린 것입니다.

공부를 더 해야겠다는 생각이 들었지만 이미 학기가 시작된 10월이라 학교에 입학할 길이 없었습니다. 그렇다고 제게 별다른 기술이 있는 것도 아니었습니다. 이런 형편에도 불구하고 교인들의 간절한 만류에 조금도 흔들리지 않았습니다. 아마 저는 그냥 고집불통이거나, 하나님의 응답에 무조건 순종하는 신실한 목회자거나, 둘 중 하나일 것입니다.

일주일 후에 휴스턴 서울교회의 최 목사님으로부터 한 통의 전화가 걸려 왔습니다.

"내가 수양회를 인도하면서 신 목사를 지켜보았더니 왠지 몸에 맞지 않는 옷을 입고 있는 것 같은 느낌이 들었어요. 한국에서 대학 나온 1세대 교역자가 신 목사 옆에서 부목사로 섬기고 있던데, 그분에게 교회 사역을 맡기고 신 목사는 이곳에 와서 청소년부를 맡아 주지 않을래요? 마침 우리 교회의 청소년부 사역자가 사임을 하게 되어 신 목사 생각이 나서 전화한 거니까, 2주간 기도해 보고 연락 줘요."

가슴이 떨리고 흥분되기 시작했습니다. 믿어지지가 않았습니다. 전화를 끊고서 아내와 기도하기 시작했습니다.

신학교에 다니면서 항상 기도하던 제목들이 있습니다. 실제로 현장 목회를 하게 되면 제가 옆에서 보고 배울 수 있는 멘토를 만나게 해 달라는 것이 그중 하나였습니다. 그리고 그 멘토는 중형 교회 규모의 목회를 하시는 분이면 좋겠다고 생각했습니다. 큰 교회를 맡고 계신 분이면 너무 바빠서 사무적인 말 외에는 나눌 기회가 없을 것 같아서였습니다. 그래서 신학교를 졸업하고 큰 교회에서 들어온 제안을 모두 거절했습니다. 그런데 최 목사님의 전화는 바로 이 기도의 응답이 아닌가 싶었습니다.

하나님의 소원에 집중하는 최 목사님의 멘토로서의 영성, 교인 수 200명가량의 중형 규모의 침례교단 등 휴스턴 서울교회의 여러 조건이 신기하게도 제 기도에 부합했습니다. 거기다가 절묘한 타이밍까지, 하나님의 일하심이 틀림없었습니다.

NLF의 시작

휴스턴 서울교회에 와서 처음에는 청소년부 사역을 맡았습니다. 그리고 대학생과 대학원생으로 구성된 두 목장을 돌보는 사역을 했습니다. 두 목장은 영어로 생활하는 2세대들이 주류를 이루고 있었습니다. 이들을 데리고 약 2년 동안 목장을 이끌어 나갔습니다. 그런데 이들은 영어 회중 예배가 따로 없어서 중·고등부 예배에 참석하거나, 이어폰을 사용해서 통역을 들으면서 한어 회중 예배에 참석하고 있었습니다. 그래서 두 목장을 합쳐서 금요일에 영어 예배를 드리기로 했습니다. 약 25명이 모였는데, 이것이 NLF의 초석이 됐습니다.

1.5세대나 2세대들은 1세대와 자란 환경이 다르기 때문에 무엇보다 섬김에 약했습니다. 그리고 젊으니까 교회가 아니어도 놀러 갈 곳이 얼마든지 널렸습니다. 올망졸망한 어린이들을 데리고 매주 목장을 하거나 목장에 참석하는 것은 여간 큰 희생이 아니었습니다. 그래서 지도자 4~5명을 데리고 새들백 교회에 가서 그 교회의 구조를 배워 도입했습니다. 현실적으로 이들에게 맞는 실천 가능한 교회론을 배우기 위해서였습니다.

그리하여 삶 공부는 12주에서 4주 코스로 바꾸고, 초원지기는 사역을 약화시켜서 조장 정도의 책무를 맡게 했습니다. 고생을 모르고 자란 세대라 너무 힘들면 의욕은 있어도 쉽게 지치기 때문입니다. 못하는 것을 억지로 시키기보다 할 수 있는 만큼만 제대로 하게 하는 것이 낫다고 생각했습니다. 그 외에는 한어 회중의 모든 것을 따라 했습니다. 한어 회중이 하기 때문에 따라 하는

휴스턴 서울교회의 영어 회중 VIP 초청 크로우피시 파티

것이 아니고, 성경에 그렇게 하라고 쓰여 있기 때문에 하는 것임을 강조했습니다.

영어 회중 예배에서는 시작부터 마태복음 28장 19절에 기록된 "모든 민족을 제자로 삼아"라는 예수님의 지상명령에 초점을 맞췄습니다. 이 말씀에 순종하려면 한인 1.5세대나 2세대만을 위한 교회가 되어서는 안 된다는 확신이 들었습니다. 영어를 구사하는 젊은이라면 누구나 올 수 있도록 문을 활짝 열어야 한다는 결론을 내렸습니다. 그러기 위해서는 한국 교회라는 인상을 받지 않게 한국 문화나 음식 등 한인의 특성을 되도록이면 자제해야겠다고 생각했습니다. 구체적인 예로 한국 음식은 한어 회중에 가서 먹고 NLF에는 들고 오지 않도록 했습니다. 교인들이 잘 협력해 줘서 지금은 장년 교인 450명 중 한인과 외국인의 비율이 55:45로 골고루 모이게 됐습니다. 한인이 한 명도 없는 목장도 생기기 시작했습니다.

휴스턴에서 사역을 시작할 당시만 해도 최 목사님이 지금처럼 바쁘진 않으셨습니다. 그래서 일주일에 서너 번 점심 식사를 같이 하면서 멘토 역할을 톡톡히 해 주셨습니다. 그때 이야기를 나누면서 많은 것을 보고 배웠습니다. 인상에 남는 것 중 하나는 편하게 목회하셔도 될 텐데, 모든 면에서 자신을 절제하면서 고생을 자초하는 모습이었습니다. 왜 그렇게 사시느냐고 묻는 나에게 최 목사님이 웃으며 하신 대답입니다.

"군사훈련도 미리 받아 놓아야 전쟁에서 승리할 수 있는 것처럼, 고난도 순조롭고 편할 때 미리 받아 놓아야 어려움이 닥쳤을 때 의연하게 대처할 수 있어요. 목회에서 고난은 반드시 있게 마련인데, 스스로 고난을 자초하면 하나님이 다른 고난을 허락하지 않으실지도 모르잖아요. 공부 잘하는 애에게 공부하라고 잔소리하는 부모가 없는 것처럼."

아직도 귀에 생생한 가르침입니다.

영어권 목회자들에게도 전파하다

신동일 목사는 한때 한어 회중에 속한 목장들이 진지한 나눔으로 새벽 1시나 되어서야 끝난다는 소문을 들으면 부럽기도 하고, 자신이 무엇을 잘못하고 있는지 스스로 점검해 보기도 했다. 영어권 목장은 보통 11시면 모두 일어나기 때문이다. 하지만 모든 여건을 비교해 보고 생각을 바꾸기로 했다. 애들이 줄줄 딸린 젊은 교인들을 비롯해 언어에 장벽이 없고 주말에 수많은 유혹을 받게 되는 청년들이 목장에 나오는 것 자체가 기적이고, 이들이 매주 모이는 것은 더더욱 놀라운 일이기 때문이다.

미국의 중산층 백인들은 주일에 한 번 교회에 참석해서 헌금하면 그리스도인으로서 자기의 할 일은 다 끝났다고 생각하는 사람들이 많다. 게다가 개인주의에 익숙한 사람들에게 희생과 섬김의 가정교회를 기대하기란 불가능하다. 기대한다고 해도 굉장히 오래 걸릴 것이다. 그래서 신동일 목사는 VIP를 영어를 구사하는 동양인 중에서 찾았다. 현명한 판단이었다. 한국계 미국인(Korean American)이 모인 NLF가 이제는 범아시아(Pan Asian) 교회로 바뀐 것이다. 이들은 한인 2세대들과 처지와 환경이 비슷하기 때문에 의외로 잘 어울린다. 북미에 속한 이민 교회로서 한 교회의 영어권 교인이 400~500명이 된다는 것은 신동일 목사를 통해 하나님이 베푸신 기적이라고 설명할 수밖에 없다.

목장을 통해 드러난 기적을 경험으로 알고 있는 신동일 목사는 가정교회를 영어권 목회자들에게도 전파해야 할 책임을 느꼈다. 그래서 한어 회중 예배에서 실시하는 목회자 세미나의 한 부분으로 영어권 목회자 세미나를 시작했다.

처음에는 목회자 세미나에 참석했던 목사님이 본교회로 돌아가서 영어권 사역자들을 보냈다. 그런데 이민 교회의 재정 형편상 영어를

영어권 목회자를 위한 가정교회 세미나에 참석한 목회자들(2015년)

사용하는 젊은 청년들을 위해 따로 목회자를 두지 않고 평신도 지도자에게 영어권 사역을 맡기는 교회가 많다. 그래서인지 처음에는 평신도 사역자들이 영어 세미나에 참석했고, 영어권 전문 목회자는 한두 명 정도였다.

세미나를 진행하면서 이런 소규모의 교회에서 목장이 가능할까 싶은 생각에 힘이 빠졌지만, 그래도 꾸준히 해 왔다. 10년 정도 지난 지금은 사정이 달라졌다. 2012년부터 풀타임 영어권 목회자들이 오기 시작했다. 이 세미나를 통해 하나님은 신 목사에게 음성을 들려주시고, 동역자를 보내 주시고, 용기를 주어 힘이 솟게 하셨다.

chapter 6

선교로 향하는
가정교회

세계로 퍼지는 물결

|

미국에서 시작된 가정교회는 한국으로 전파됐고, 다음에는 선교지로 확산됐다. 선교의 종착역은 교회가 되어야 한다는 것은 알고 있지만, 전통적인 교회를 선교지에 세우는 것은 어렵다. 예배 처소를 구하는 것도 쉽지 않고, 선교사 중에는 목회 경험이 없는 사람들도 많기 때문이다. 그러다가 가정교회는 신약교회이고, 신약교회는 선교교회라는 것을 깨닫기 시작하면서 많은 선교사들이 가정교회에 관심을 갖게 되었다. 특히 가정교회가 지닌 섬김과 사랑의 특성은 선교지에 가정교회를 정착시키는 데 큰 역할을 할 수 있다.

일본으로

|

가정교회가 가장 먼저, 그리고 가장 탄탄하게 세워진 곳은 일본이다.

여기서 주역을 맡은 사람은 도쿄 근교에 있는 가와사키 초대교회를 담임하고 있는 조남수 목사이다.

조남수 목사는 1985년, 김준곤 목사에게서 전화를 받았다. 목사님들이 일본에서 방문 중이니 함께 만나 교제하자는 내용이었다. 당시 일본에 대해 무지했기 때문에 일본에도 교회가 있나 의아해 하면서 참석했다가, 그중 오리코 마사요시 목사가 담임하고 있는 안조 중앙교회와 자매 결연을 맺게 되었다.

다음 해에 그 자매 교회의 초청으로 일본을 방문했다. 그리고 설교를 부탁받았다. 기드온의 정예부대 300명을 예로 들면서, 일본의 기독교 인구가 작지만 낙심하지 말고 힘내자는 말로 설교를 마쳤다.

교인이 50~60명 정도이기 때문에 설교 후 모두 둘러앉아서 식사를 하며 교제의 시간을 가졌다. 그런데 한쪽에 몰려 앉은 여자들이 하나둘 우는 것이었다. 통역하는 분에게 이유를 물었더니, 바로 전날 저녁에 이들이 모여서 담임 목사를 쫓아내자는 데 의견을 모았다는 것이다. 그런데 오늘 목사님의 설교를 듣고 하나님 나라는 숫자에 있지 않다는 말씀과 필요하지 않은 사람은 쓰지 않고 돌려보낸다는 말씀에 찔렸다는 것이다. 그래서 회개의 눈물을 흘린다고 했다.

귀국하기 위해 출발하려는데 통역을 맡은 자매가 자신의 집에 가서 좀 쉬었다 가라고 간곡히 권했다. 그렇게 자매의 집으로 가게 됐는데 우연히 집 앞에서 그 자매의 친척을 만나게 되었다. 그분은 자신이 기독교인이라고 소개했다. 그런데 엉뚱하게도 "그럼 구원의 확신이 있겠네요?"라는 질문이 조남수 목사의 입에서 튀어나왔다. 돌아온 대답은 "그게 뭔데요?"였다. 이 만남은 즉석 성경 공부 모임으로 이어졌다. 이 장면을 옆에서 지켜본 자매가 다른 친구들을 더 부를 테니 자신의 집에 묵으면서 성경을 가르쳐 달라고 부탁했다.

구원의 확신을 갖게 하는 성경 공부와 큐티 방법을 가르쳐 줬더니 이혼 직전에 있던 자매가 마음을 고쳐먹고 회개하는 성령의 역사가 일어났다. 그래서 그곳에 사흘을 더 머물며 성경 공부를 인도했다. 그들에게 매일 큐티를 하고 일주일에 한 번 모여서 그 결과를 꼭 나누라고 일러 주고는 한국으로 돌아왔다.

집에서 일주일에 한 번씩 모이는 모임은 점차 확산됐다. 많은 여성들이 그 모임에 합류하자 그들은 교회를 세우고 싶어 했다. 조남수 목사는 1988년에 일본에 가서 교회를 세웠다. 교회 이름을 가와사키 초대교회라고 지어 주고, 현지 선교 단체와 연결시킨 후 귀국했다.

그런데 얼마 후 교회가 잘 안 되고 있으니 조남수 목사가 담임 목사로 와서 교회를 일으켜 달라고 부탁해 왔다. 조 목사는 그들의 요청을 받고 매일 하던 대로 성경 묵상과 기도를 했다. 그러던 중에 사도행전 13장의 본문에서 하나님의 인도하심을 느꼈다. 안디옥 교회가 바나바와 바울을 선교사로 파송하는 내용이었다. 바울보다 바나바 이름이 먼저 나오는 것을 보면서, 그 교회의 담임 목사는 바나바였을지도 모른다는 생각이 들었다.

'담임 목사는 선교사를 파송하는 것만이 아니고, 자신이 선교사로 나갈 수도 있구나!'

그래서 교인들의 만류를 뿌리치고 담임 목사가 선교사가 되는 첫 케이스가 되어 일본으로 파송받아 갔다. 교단의 파송은 받았지만 당시만 해도 일본이 우리나라에 비해 월등히 잘사는 나라였기 때문에 어느 교회의 재정적 지원도 없이 떠났다.

가와사키 초대교회는 일본에 거주하는 한인들이 개척한 교회였지만, 일본어를 배우면서 한인보다 현지인에게 더 집중했다. 종교심은 많으나 참된 구원을 경험하지 못한 그들이 측은해 보였기 때문이다. 그래서 "교회에서 일본 사람이 싫어하는 김치 냄새를 풍기지 말자" "일본인이 단 한 명이라도 있으면 한국어 대신 일본어로 대화하자" 등 몇 가지 규율을 정하고, 일본인들을 위한 배려를 했다.

큐티 목회의 한계

조남수 목사는 오랫동안 큐티에 중점을 두는 목회를 하고 있었다. 한국에서 처음으로 큐티 운동을 선도한 S선교회 협동 간사로 섬기고 있었기 때문이다. S선교회는 성경 묵상을 하는 큐티책을 출판하는 곳이다. 매일 큐티를 나누고 생활에 적용하기 위해서는 소그룹 모임이 필요했다. 그래서 자연스럽게 목회에 셀 조직을 도입했다.

일본에서도 오랫동안 훈련시키다 보니 한 자매가 큐티를 아주 잘했다. 신학교도 안 나왔는데 큐티 본문으로 배경 설명도 잘하고, 자신이 깨달은 점에 대한 해석도 잘했다. 이 본문을 다른 본문에 연결할 정도로 성경의 맥을 훤히 꿰뚫고 있었다. 그래서 그녀를 큐티를 담당하는 평신도 지도자로 세우고, 큐티 리더들을 먼저 지도하게 했다.

시간이 지나니까 그의 지도를 받던 큐티 리더들이 부러워하면서 나도 저런 사역을 하고 싶다고 했다. 큐티는 성경을 읽고 적용하여 변화된 삶을 나누는 것인데, 본문을 읽고 깨달은 바를 연구하고 발표하는 모임으로 변한 것이다. 큐티의 목적이 전혀 나타나지 않은

채 지식만 늘어났다. 동료 목사에게 이 점을 안타까워하면서 털어놓으니 책 한 권을 소개해 줬다. 바로《구역조직을 가정교회로 바꾸라》였다. 이거다 싶었다. 당시 수소문 끝에 알게 된, 이재철 목사가 시무하는 열린문교회에서 열리는 세미나에 참석했다. 그것이 2004년 5월에 열린 제21차 목회자를 위한 가정교회 세미나였다.

장례식과 바꾼 세미나

세미나를 신청하고 출국할 날을 기다리고 있는데, 세미나 이틀 전에 아버지가 갑자기 돌아가셨다. 인간적으로 보면 당연히 세미나 등록을 취소해야 하는데 그럴 수는 없었다. 아버지 장례식도 중요하지만, 목회의 모든 것을 걸고 기대하던 세미나 역시 조남수 목사에게는 절대 포기할 수 없는 중대사였다. 그만큼 갈급했던 것이다.

그는 장로인 형님에게 양해를 구했다. "형님, 지금은 저의 행동을 이해할 수 없겠지만, 저는 아버지 하관만 보고 급히 떠나야 합니다. 이해해 주십시오. 갔다 와서 자초지종을 다 말씀드리겠습니다. 죄송합니다" 하고 돌아섰다. "야, 네가 목사냐? 목사이기 전에 인간이 되라"는 책망의 말을 받으면서 서울로 향했다.

아버지 장례식도 제치고 달려온 세미나여서 기대가 너무 컸던 것인지, 아니면 집안 어른들께 미안한 마음이 있어서인지, 세미나 자체에는 큰 감동이 없었다. 그동안 해 온 셀과 크게 다를 바가 없다고 생각했다. 그런데 감동은 엉뚱한 곳에서 터졌다.

그 엉뚱한 곳은 세미나 기간 중 묵었던 목자의 집이었다. 가난에 찌든 집이었다. 그 집의 주인인 목자는 공부를 많이 하지 못한 분으로, 막노동으로 하루하루를 사는 분이었다. 그가 자신의 안방을 내줘서 미안한 마음으로 그곳에서 잠을 잤다. 아침에 일어나니 밥상이 잘 차려져 있었는데 목녀가 없었다. 아침밥만 해 놓고 부리나케 파출부 일을 하러 나간 것이다. 아이가 둘 있는데, 목사님을 모시기 때문에 다른 집에 보냈다고 했다. '아, 이럴 수가. 이런 것이 참섬김이구나' 생각하니 목이 메어 밥을 넘기기가 힘들었다.

그날 저녁에 이런 분들은 무엇을 소망하며 사는지 갑자기 궁금했다. 그래서 꿈이 무엇인지 물었다.

"저는 공부를 많이 못했기 때문에 큰 꿈은 없어요. 그저 탈북자나 저같이 가난한 이웃들을 예수 믿게 해서 천국을 소망하며 살게 하고 싶어요. 그런 소망도 없으면 이곳 생활이 너무 힘들거든요. 그리고 기회가 되면 시골에 가서 어려운 노인들을 돌보다가 하나님 앞에 가고 싶습니다."

충격의 연속이었다. 이런 순수하고 소박한 소원은 목회자들도 갖기 힘든 것인데, 평신도 목자가 이런 꿈을 꾸다니! 그날 밤부터 매일 울면서 가정교회의 위력에 매료되었다.

선교 가기 전에 큰 예배당을 무리 없이 지은 것은 금전적으로 헌신된 교인을 양육했기 때문이라고 자부심을 느끼던 자신이 너무나 부끄러웠다. 그 교회의 교인들은 비교적 경제력이 있었다. 교회 건축을 여러 번 하는 가운데 자신의 집을 팔아서 건축 헌금에 보탠 분도 있었다. 그러나 이웃의 영혼을 위해 눈물로 기도하며 자신의 것을 나누며 섬기는 사람은 양육한 적이 없었다. 이런 순수한 소원을 가진 교인을 한번 길러 보고 싶었다. 교회 건물은 낡으면 버려지지만 구원받은 영혼으로 이뤄진 교회는 영원하다는 사실을 다시 한번 깨달았다. 이 깨달음과 아버지의 장례식을 바꾼 셈이다.

이후에 그 목자는 열린문교회의 장로로 피택되었다. 돈 많고 권력 있는 사람들이 장로가 되는 세상인데, 가정교회에서는 이런 분이 장로가 될 수 있다는 것이 또 한번 진한 감동으로 밀려왔다. 그래서 이런 감동이 넘치는 가정교회로의 전환을 결심했다.

가정교회로 전환하기로 결심했지만 성경에 없는 용어라든지, 성경에 나오는 목자와 가정교회에서 쓰는 목자의 뜻이 같지 않은 점 등이 마음에 걸렸다. 하지만 휴스턴 서울교회에 연수 왔을 때 침례교에서는 사도신경으로 신앙고백을 하지 않는 것으로 알았는데, 성찬 후에 고백하는 것을 듣고는 깜짝 놀랐다. 그래서 마음에 걸렸던 지엽적인 문제들을 수용하기로 했다. 2006년 8월에 가정교회로 전환하여 7개 목장으로 시작했는데, 2014년에는 목장 수가 31개가 될 정도로 성장했다.

보고 배우는 가정교회

가와사키 초대교회가 가정교회로 전환하는 데 어려움이 없었던 것은 아니다. 하지만 조남수 목사는 2년여에 걸쳐 철저히 준비하며 교인들을 설득했다.

2004년 5월, 한국에서 개최된 목회자 세미나에서 돌아온 후부터 세 달간 신약성경이 가르치는 교회에 대해 설교했다. 예루살렘 교회나 고린도 교회는 건물이 아니라 성도의 모임을 뜻하는 것임을 강조했다. 그리고 신약성경에 나오는 각 교회의 장단점을 이야기하면서,

결국 교회의 존재 목적은 영혼을 구원해서 제자로 만드는 것임을 강조했다.

그 다음에 목사와 성도의 사역에 대해 설명했다. 목사의 사역은 성도를 말씀과 기도로 온전하게 하는 것이다. 따라서 주의 교회를 세우는 사람은 성도라는 사실에 초점을 맞춰서 설명했다.

주일 오후에는 자체 가정교회 세미나를 12번에 걸쳐서 했다. 목회자 세미나에서 배운 그대로 전했다. 당시에 교인이 약 120명이었는데, 50명 정도가 참석했다. 마지막 주에는 일곱 가정이 목자와 목녀로 자원했다. 이들을 데리고 그해 가을, 가정교회를 시작했다.

셀과 큐티 모임을 없앴더니 교인들이 동요했다. "전도하고 섬기는 일을 우리가 다 하면 목사님은 그럼 뭘 하실 겁니까?"라고 대놓고 질문하는 성도도 있었다. 이들이 머릿속에 그리는 평신도는 주 중에 직장에 나가서 열심히 일하고, 주일에 교회 와서 예배 한 번 드리고 십일조 하고 봉사하면 되는 것이기 때문이다. 그것으로 제 할 일을 다 했다고 인식하는 것이다. 영혼 구원 같은 것은 목사의 일로 생각하고 있었다.

다음 해에 부정적인 의견을 가진 교인 10명을 데리고 인천 등대교회에서 열린 제31차 평신도를 위한 가정교회 세미나에 참석했다. 민박을 하니 우선 자는 것부터 불편했다. 일본 사람들은 자기 전과 후에 목욕으로 몸을 데우고, 잘 때는 차가운 다다미에서 잔다. 그런데 민박으로 배정된 한국 집에서 손님이 오셨다고 온돌을 뜨끈뜨끈하게 데워 놓았다. 더군다나 딸이 쓰는 방이라면서 조그마한 침대에서 둘이 자라고 했다. 사생활을 중히 여기는 일본 사람으로서는 상당히 불편할 수밖에 없는 환경이었다. 거의 뜬눈으로 밤을 지새워야 했다.

그런데 목장 모임의 편안한 분위기가 마음에 와 닿았다. 밥상은 오래전에 차렸는데 목원들이 도착하는 시간이 제각각이다 보니 먼저 온 사람들부터 둘러앉아 먹었다. 그 모습이 자유롭게 보였다. 나중에 도착한 목원이 식탁에 앉았는데, 식사를 끝낸 사람들이 와서 등 한번 툭 쳐 주고는 한쪽에 둘러앉아서 떠들었다. 무척 편안해 보였다. 스스럼없는 가족 같았다.

집이 비좁기는 일본이나 이곳이나 마찬가지다. 그런데 이 공간을 채우는 공기가 전혀 다른 것을 느꼈다. 자신들의 집에는 이 목장이 가진 훈훈한 가족 같은 공기가 없다는 자각이 생겼다. 잠을 못 자서 피곤한 중에도 만일 우리가 가정교회를 한다면 적어도 우리 가정의 상처는 치유되겠다는 생각이 들었다.

일본으로 돌아온 후 이들은 결론을 내렸다. 한번 해 보기로 했다. 하다가 안 되면 그때 접기로 마음먹었다. 평생을 대학에서 가르쳐 온 C형제는 끝까지 탐탁지 않게 생각했지만, 아내에게 설득당해서 마지못해 받아들였다.

막상 시작은 했는데, 처음에는 목장에 들어오지 않는 교인이 목장에 출석하는 교인보다 많았다. 그래서 VIP보다 우선 그들을 영입하게 했다. 하지만 절대 강요는 하지 말라고 당부했다.

창립 멤버 중에 억지로 목자가 된 사람이 있었다. 전략적으로 이 사람의 얼굴을 세워 주기 위해 교인들을 설득하여 그 목장으로 몰아 줬다. 그리고 첫 분가의 영예를 안겨 줬다. 영상 편지도 띄우고 허그식도 멋지게 해 줬다. 사람을 잘라 버리지 않고 품는 것이 가정교회라는 생각이 들었기 때문이다.

3년 후에는 강하게 반대해 온 C형제를 포함해 핵심 목자들을 데리고 휴스턴에서 개최된 목자 콘퍼런스에 참석했다. 콘퍼런스가 끝난 후 2일간 박태우 집사의 집에 머물면서, 개인적으로 만나게 하고 싶은 목자들을 불렀다. 그중 한 명이 성승현 총무다. 그에게 직장 생활을 하면서 시간을 쪼개어 국제가정교회사역원 총무로 섬기는 것을 간증해 달라고 했다. 목자로서 그가 가진 목양 원칙도 말해 달라고 부탁했다.

일정을 다 마치고 일본으로 돌아가는 날, 공항에서 C형제가 말했다.

"목사님, 저도 일본에 돌아가면 성승현 집사처럼 섬기겠습니다. 우리도 이제부터는 휴스턴 서울교회처럼 다른 교회를 섬깁시다."

그때의 약속대로 그는 지금 국제가정교회사역원 일본 총무로 섬기고 있다. 또한 장로이기 때문에 교회 예산을 짜는데, 가장 많은 예산을 가정교회 사역에 배정한다. 가정교회의 핵심 주역이 된 것이다.

일본 선교가 힘든 이유

일본은 한국보다 약 250년 먼저 기독교가 전파됐지만, 아직도 기독교인의 수가 국민의 1%(개신교 인구는 0.4%)를 넘지 못하고 있다. 이에 비해 한국은 17~25%나 된다. 국민의 약 5%에게만 전파되면 그 나라는 자생적으로 기독교가 자란다고 한다. 그런데 일본은 자생은커녕 그냥 두면 자멸할 판이다. 가정교회로 전향한 일본인 목사 세 분에게 그 이유를 물어봤다.

가와사키 초대교회에서 일본인 대상으로 처음 열린 목회자를 위한 가정교회 세미나(2008년)

　그들은 일본에 기독교가 뿌리내리지 못하는 원인으로 일본 특유의 세 가지 국민성을 꼽았다. 첫째는 일본인의 이중성이다. 안 믿는 사람은 그렇다 치고 일본인 기독교인들도 두 얼굴을 갖고 산다고 한다. 평일의 얼굴과 주일의 얼굴이 완전히 다르다는 것이다. 그래서 일본에서는 목회자나 장로의 자녀들이 갈등이 더 많다고 한다. 특히 남성들은 교회에 잘 나오지도 않지만, 나온다고 해도 교회에서는 아주 잘 하는 것 같은데 집에 들어가면 다른 얼굴이다. 사회적 가치관으로 인정받고 싶어 하기 때문이다. 그들에게 신앙은 즐거움이 아니라 두 얼굴의 갈등이다. 그래서 교회를 더 멀리 하는 경향이 있다고 한다.

　일본 사람들이 어느 정도로 자신을 가리는가 하면, 15년간 목회하는 중에 교인이 2명이나 자살했는데 그동안 그들의 고민을 전혀 몰랐다고 한다. 또 이혼 생각으로 갈등하고 있는 것을 까맣게 모르고 있다가 이혼하고 한참 후에야 알게 되는 식이다. '목회자는 도대체 뭐하는 존재인가?' 하는 회의가 들 만하다.

둘째는 그들의 이중성과 연관된 국민성으로 볼 수 있다. 그것은 지극히 개인주의인 반면, 왕따가 두려워서 사회 공동체에 의존하는 집단성이다. 하지만 이 말을 뒤집으면, 집안에서 따돌림 받을 각오로 예수를 믿기로 작정한 전 국민의 1%는 정말 대단한 신앙의 소유자라고 할 수 있다. 숫자는 적지만 막강한, 기드온의 정예부대라고 할 수 있다.

마지막으로 일본이란 나라는 천황을 섬기는 나라다. 이 뿌리는 2,600년 전, 태양신 아마테라스로부터 시작한다. 지금의 아키히토 천황을 태양신의 125대 손으로 믿고 있다. 그 긴 세월 동안 오직 한 가문으로 이어졌으며, 계속 한 가문으로 이어질 것이라고 한다. 한때 쇼군이 일본 정치판을 뒤흔들던 막부 시대에는 살짝 밀려나기도 했지만, 1868년 메이지유신을 계기로 다시 본래의 위치를 되찾았다.

일본이 2차 세계 대전에서 패전국으로 전락했을 때의 일이다. 승전국이 가장 먼저 단행하는 것은 패전국의 전쟁 주범들을 처형하는 것이다. 감히 또 덤벼들지 못하도록 아예 뿌리부터 제거하는 것이다. 일본도 예외는 아니었다. 누가 뭐래도 전범 제1호는 일본의 상징인 천황이니 그를 반드시 처벌하라는 내용의 명령이 떨어졌다. 이에 대한 맥아더 장군의 반응은 "친애하는 대통령 각하, 만약에 천황을 전범으로 처벌한다면 전 일본이 죽창이라도 들고 일어나서 덤벼들게 될 것입니다. 그렇게 되면 우리는 100만 대군이 필요합니다"였다. 그는 의외로 고분고분한 그들의 품에 숨겨진 비수를 본 것이다.

맥아더 장군 덕에 죽음 대신 신이기를 포기했지만, 2,600년 동안 내려온 신토 사상은 일본인에게 정서적 DNA가 되어 버렸다. 그래서 일본인 목사는 만일 기독교가 신토 사상을 인정하고 그 밑에 예수를 둔다면 이야기는 달라졌을 것이라고 말한다. 그만큼 천황을 신으로 섬기는 문화를 쉽게 버릴 수 없다는 뜻이다.

이러한 악조건 속에서도 가정교회는 지속적으로 일본 문화에 파고들고 있다. 가옥 구조가 협소하기에 남을 식사에 초대하거나 가정집을 예배 장소로 제공하는 것은 그리 쉬운 일이 아니다. 하지만 일단 시작하면 교회에 나오지 않던 남편들이 억지로라도 목장 모임에 참석하기 마련이다. 가정교회를 하면서 먼저 변한 배우자의 영향력도 큰 비중을 차지한다. 무엇이 배우자를 바뀌게 만들었는지 궁금해하면서 한두 번 참석하다 보면, 자연스럽게 서로 친해져서 교회에도 출석하게 된다. 이것을 본 여성 교인들이 자신들도 집을 오픈하면서 남편 전도의 방편으로 삼는다.

일본도 남성의 권위를 인정해 주는 문화이기 때문에 될 수 있으면 남편을 목자로 세우려고 한다. 이렇게 목자가 된 남성들은 표정부터 바뀐다. 밝고 명랑한 남편의 얼굴은 집안 식구 모두를 행복하게 만든다. 일본 목사님은 힘주어 자신 있게 말한다. "가정 교회는 일본 남성들에게 행복한 미소를 되찾아 주었습니다."

일본의 가정교회 현황

2008년부터 시작된 일본 교회 목회자 세미나에 참석한 목회자들은 140명이며, 신약교회의 회복을 위해 가정교회로 전환한 교회는 40여 개다. 목회자들의 지역 모임도 도쿄 지역, 나고야 지역, 오사카 지역, 니가타 지역으로 점점 확대되고 있다. 각 지역의 목자로 섬기는 일본 목사들은 휴스턴 서울교회에 가서 연수를 받으며 열정으로 자신들을 훈련하고 있다.

아직은 매년 한 번씩만 모이고 있으나 목회자 콘퍼런스에서 가정교회 길라잡이, 새로운 삶, 경건의 삶, 확신의 삶을 제공한다. 일본 목회자들이 스스로 경험한 사례 발표는 열악한 환경에도 불구하고 가정교회를 지속할 수 있는 용기를 준다.

현재 가와사키 초대교회는 목회자 세미나를 매년 1회 주최하고 있다. 오사카의 마츠바라 성서교회(노구치 목사)와 치류 그리스도교회(하라다 목사)가 동참하여 평신도 세미나를 매년 3회 주최함으로써 일본에서의 신약교회 회복을 위해 매진하고 있다.

2016년부터 목자 콘퍼런스와 일본 목회자에 의한 목회자 세미나를 주최하려는 계획을 기도하며 준비하고 있다. 그리고 2016년부터 일본에서 가장 큰 신학교인 도쿄 기독교대학원의 실천신학 과목에 가정교회가 포함될 것이다. 이는 앞으로 일본 선교에 큰 전환점이 되리라고 확신한다. 8,000개의 일본 교회가 신약교회의 회복에 동참하는 가정교회 사역에 매진할 날을 기대한다.

카자흐스탄으로

카자흐스탄, 우즈베키스탄, 키르기스스탄, 투르크메니스탄, 타지키스탄 등 5개국이 맞붙어서 유럽과 아시아의 두 끝자락을 움켜잡고 연결시키는 곳이 중앙아시아이다. 우리에게는 중국의 비단이 로마로 수출될 때 이곳을 가로질렀다고 해서 생긴 비단길(Silk Road)이란 이름이 더 친숙하게 들리는 곳이기도 하다. 이렇게 동양과 서양을 잇는 지리적 특성을 지녔기 때문에 예로부터 내로라하는 강대국들이 이곳에서 각축전을 벌였다.

역사를 보면, 정치와 경제와 문화의 기복도 심했지만, 특히 종교적 갈등은 그 어느 곳 못지않게 심각했다. 중앙아시아를 사방으로 에워싸고 있는 각종 종교의 세력을 짚어 보면 이를 쉽게 알 수 있다.

서쪽에는 이슬람(아라비아어로 '복종'이란 뜻)교의 메카인 사우디아라비아를 중심으로 한 중동이 버티고 있고, 동쪽에는 실크로드의 시발점인 중국의 신장과 몽골이 있다. 위로는 희랍정교회(Orthodox) 세력인 러시아가 누르고 있고, 아래로는 힌두교 세력인 인도와 이슬람 세력인 아프가니스탄, 파키스탄, 인도네시아, 그리고 불교권의 태국, 베트남, 라오스, 미얀마 등이 진을 치고 있다. 지금은 중앙아시아의 국가와 민족의 대부분이 이슬람 성향을 강하게 보이고 있다. 그 와중에도 적지 않은 한국인 선교사들이 이 지역에 들어가서 자리를 잡고 사역하고 있다.

중앙아시아의 다른 나라들에 비해 카자흐스탄은 이슬람의 압력을 덜 받는 국가이다. 이는 소련 공산당 서기장 출신인 누르술탄 나자

르바예프(Nurshltan A. Nazarbayev) 대통령의 민족 간 평화진흥정책 때문이다. 그는 지난 20년 동안 3번의 총선을 치르면서 장기 집권하고 있는데, 자국민을 억압하기보다는 다민족 국가의 특성에 따라 민족별 문화를 보장하고 진흥하는 정책을 써서 국민의 지지를 얻고 있다.

사실 140개의 민족이 모였으면, 각 민족이 지닌 고유의 전통이나 문화나 풍습이나 종교를 하나로 통제하기란 매우 어려울 것이다. 하지만 전 인구의 반이 넘는 카자흐인은 자신들을 무슬림이라고 생각한다. 한편 러시아인들은 그들 고유의 정교회를 이미 갖고 있다. 그래서 카자흐스탄은 법적으로는 전도의 자유가 허용될지는 몰라도, 기독교가 비집고 들어갈 틈새는 그리 넓지 않다.

복음의 불모지에서

이 틈새를 복음으로 공략하기 위해 사역하는 선교사들이 많다. 1991년 초에 카자흐스탄에 들어가서 지금까지 20년 넘게 꾸준히 주의 말씀을 전하는 주민호 선교사 가정도 그들 중 하나다. 그가 처음 카자흐스탄에 부임해 갔던 1991년 조사 자료에 의하면, 카자흐인 가운데 기독교인은 한 명도 없었다. 카자흐스탄 언어로 쓰인 성경은 물론 선교사도 없는 상태였다고 한다.

주민호 선교사 가정은 아무것도 없는 이 복음의 불모지에 들어가서 러시아어를 공부하기 시작했다. 그때 카자흐인 언어 교사와 함께 언어 보조 교재로 러시아어 성경을 읽었다. 주민호 선교사는 내용을 설명하고, 언어 교사는 문법을 설명하면서 함께 읽어 갔다. 복음에 상당히 마음이 열린 듯해서 복음을 나누고 예수님을 영접할 것을 제안했더니, 쌀쌀맞게 거절했다. 조금 당혹스러웠지만, 이 일은 유목민인 카자흐인의 특성을 더 잘 알도록 도움을 주는 계기가 됐다.

카자흐인들은 대대로 양 떼를 몰고 들판을 떠돌던 유목민이었다. 언제 텐트를 걷어야 하는지, 어디를 가야 풀이 많은지를 스스로 터득하고 행동하는 것이 유목민의 특성이다. 따라서 남이 만들어 놓은 틀에 갇히는 것을 체질적으로 싫어하는 민족성을 가졌다. 스스로 공부하겠다고 결심할 때까지 느긋하게 기다려 줘야 하는 것이다. 그렇게 기다리기를 2년, 그제야 한두 사람의 결신자가 생겼다. 그리고 6개월이 더 지나서 4명이 예수를 믿었다. 열심히 가르쳤다. 모두가 좋아하고 기쁨에 넘친 표정들이었다. 그 모습을 보는 주민호 선교사의 가정도 뿌듯했다.

그런데 첫 번째 성경 공부를 하려고 모일 때부터 일이 터졌다. 시작 시간에 다들 늦게 오는 것이다. 그리고 성경 공부를 다 마쳤는데도 집에 갈 생각을 안 했다. 다들 돌아가야 가족이 식사를 하고 쉴 수 있는데 도무지 가려고 하지 않았다. 그래서 할 수 없이 가족을 위해 준비한 4인분의 식사를 9명과 나누어 먹었다. '이제는 가겠지' 하고 눈치를 보며 서성거리는데, 그렇게 서성거리지 말고 여기 와서 앉으라고 했다. 이제는 아예 집에 가지 않기로 작정한 사람들처럼 이야기가 끊이지 않았다. 그 다음 주에 모였을 때도 마찬가지였다. 먹을 것 다 먹고, 떠들 것 다 떠들다가 늦게 돌아갔다. 내 것도 네 것, 내 시간도 네 시간, 같은 이웃끼리 따지고 계산하고 딱딱 맞추는 행위란 이들에게 없었다. 이것도 유목민이 지닌 특성이라는 것을 알아차리는 데는 그리 오랜 시간이 걸리지 않았다.

이럴 땐 고민 대신 포기가 빨라야 살아남을 수 있다. 주 선교사는 더 이상 속상해하지 않고 자신의 습성을 과감하게 버렸다. 그리고 자신과는 완전히 다른 습성이지만, 자신도 한데 어울려 그들의 습성에 젖어 들다 보니 우선 마음이 편했다. 편한 마음으로 사역하니 열매도 급속히 늘었다. 그렇게 사람들이 예수를 믿기 시작했고, 작은 모임은 또 모임을 낳기 시작했다.

예배당이 없으니 집집을 전전하며 모였다. 성경 공부를 마친 후에는 둘러앉아서 식탁 교제를 즐겼다. 마침 당시(1995년)에 카자흐스탄을 방문한 랄프 네이버 목사를 만나서 이런 이야기를 했더니, 그것이 바로 전형적인 셀 그룹 교회라고 진단했다. 주 선교사와 함께 모이던 카자흐인 성도 그룹은 이때부터 셀 그룹 교회라는 정체감을 자연스럽게 갖게 되었다. 함께 사역하던 중앙아시아의 침례교회들과 선교사들도 모두 셀 그룹 교회 사역으로 안내되었다. 이렇게 열심히 사역하니까 교회마다 영혼 구원과 부흥을 많이 경험했다.

2005년에 나는 중앙아시아 침례교 선교사 정기 총회 강사로 카자흐스탄에 갔다. 가정교회에 대해 강의했는데, 당시에 선교사들은 자신들이 하고 있는 셀 그룹 교회 사역을 가정교회라는 용어로 바꿔서 설명하는 것으로 이해했다. 많은 기대와 준비 가운데 이뤄진 만남이었지만, 별다른 일이 일어나지는 않았다.

외양적으로는 계속 영혼 구원이 일어나고 셀 그룹 사역이 잘 되고 있었지만, 셀 모임의 한계성을 느끼며 내적 갈등을 겪었다. 그중 하나가 셀 그룹이 강조하는 배가 운동에 부담을 느낀 셀 리더들이 지쳐 가는 점이었다. 정해진 기간 안에 분가하지 못하는 셀은 죽은 셀이니

폐쇄할 것이라는 공갈 아닌 공갈도 입에서 나오는 상황이 되었다. 뿐만 아니라 시간이 지날수록 생명을 위한 기도와 섬김보다는 가르치는 리더, 혼자 말하는 리더, 심지어 야단치는 리더로 변해 가는 것을 보게 됐다.

그리고 열심히 가르치고 배우는데도 복음이 삶 속에 드러나는 것이 아니라 겉돌고 있는 것처럼 느껴졌다. 허탈했다. 이들은 "좋은 말은 반은 접고 들어간다"는 속담이 말해 주듯 타고난 이야기꾼들이다. 이 난무하는 이야기 속에서 진정성이라곤 찾을 수 없으니, 아무리 가르친다고 한들 삶의 변화는 기대하기가 어려웠다. 이런 느낌이 서로를 불편하게 할 즈음, 주 선교사 가정은 2008년에 휴스턴 서울교회에서 열린 세미나에 참석하여 가정교회를 경험했다.

가정교회가 자리 잡기까지

결론을 한마디로 표현하면, 충격이었다. 휴스턴 서울교회의 평신도 리더들은 목자와 목녀라고 불리는데, 이들이 하는 일은 살렘 교회의 리더들과 다를 바 없어 보였다. 아니, 오히려 더 힘들어 보이는데 어떻게 저렇게 기쁜 얼굴로 행복한 간증을 쏟아 낼 수 있는지 궁금했다. 문득 우리 살렘 교회의 리더들도 이렇게 행복한 생활을 하게 해 주고 싶다는, 목회자로서의 선한 욕심이 생겼다.

가정교회를 좀 더 자세히 들여다보니 목원-목자-목사로 연결되어 있었다. 이러한 복음 전파의 팀 사역 개념이 마음을 시원하게 했다. '바로 이것이 생명의 삶에 나오는, 벽돌 한 장씩 착착 쌓아 올리는 그림에 대한 설명이구나.' 한 영혼이 구원받는 것은 어떤 특별한 전

왼쪽부터 알마티 중앙교회를 담임하는 한 알렉산드르 목사, 주민호 선교사,
살렘 교회를 담임하는 비보스토프 아이다르 목사, 주원장 선교사(2009년)

도 영웅 때문이 아니라, 성도 각자가 역할을 분담하여 섬길 때 비로
소 열매로 드러난다는 것을 알게 됐다.

주민호 선교사가 가정교회에 관심이 쏠린 또 하나의 이유는, 활발
하게 움직이고 있는 가정교회 네트워크 때문이었다. 그에게는 주님
이 주신 메시지가 있었다. 2003년 가을에 주님께 받은 매우 개인적
인 메시지였다.

"내가 친히 내 교회를 세울 것이다. 목사와 성도가 다 내 교회에 대
한 내용과 확신에 동의하기에 기도 자원, 물질 자원, 인적 자원까지
서로 공유되는, 내 교회의 네트워크가 일어날 것이다. 내 교회의 네
트워크는 미국-한국-선교지를 아우르게 되는데, 너도 그들 가운데
서 함께 사역할 것이다."

이 메시지를 받은 후 수년 동안 주민호 선교사는 한국과 미국을 방문해서 설교할 때마다 "혹시 이 교회가 그 교회인가?" 하는 질문을 던지며 관찰했다. 이미 중앙아시아의 침례교회와 카자흐스탄의 교회들과 나름대로 건강한 네트워크를 만들어 놓고 있었기에 미국과 한국에서 성경적인 교회 사역의 네트워크가 어떻게 연결될 것인지를 기다리고 있었던 것이다. 중앙아시아에서도 복음전도자끼리 네트워크가 잘 형성되어 있지만, 그것과 가정교회 네트워크를 연결시키는 것이 하나님이 원하시는 일이라는 생각이 들었다.

휴스턴 서울교회는 주님이 그렇게 원하셨던 성경적인 교회라는 확신이 들었기 때문에 먼저 살렘 교회를 가정교회로 전환하기로 결심했다. 그리고 하나님이 허락하시면 중앙아시아의 다른 교회들도 가정교회를 할 수 있도록 돕겠다고 결심했다.

전환을 결심한 후 가장 어려운 것은 그동안 살렘 교회에서 현지에 맞게 개발하여 진행하던 제자 훈련 성경 공부의 과정을 다 포기하는 것이었다. 잘 개발되어 효과를 본 것이기에 다 포기하기는 아쉬웠다. 그래서 섞어찌개로 하려는 유혹도 있었다. 그러나 가정교회로의 전환 안내에 따르기로 결심했다. 이런 포기는 나중에 임마누엘 교회, 알마티 중앙교회를 설득하는 데도 큰 효과가 있었다.

주민호 선교사는 먼저 요단출판사와 생명의 삶 교재에 대한 정식 계약을 맺었고, 러시아어와 카자흐어로 번역하여 현지에서 공식적으로 출판했으며, 생명의 삶 강의 자료 일체를 번역하여 사용했다. 내가 쓴 《가정교회로 세워지는 평신도 목회》(두란노) 역시 러시아어와 카자흐어로 번역, 출판되어 목회자들과 교인들의 손에 들려지게 되었다.

그런데 또 한 가지의 어려움이 보였다. 이 역시 카자흐인의 민족성과 관계된 문제다. 카자흐스탄에는 "집안의 먼지를 집 밖에서 털지 마라", "수치를 당하느니 죽는 것이 낫다"라는 속담이 있다. 가정교회의 핵심인 나눔의 시간을 확실하게 이끌려면 집안의 먼지가 아니라 쓰레기를 드러내야 하는데, 과연 이들이 따라 줄지 문제였다. 더군다나 셀 그룹으로 모일 때 "나눔 시간에는 사람들에게 덕이 되지 않는 부정적인 나눔은 하지 마라. 사람들에게 매력을 줄 만한 아름다운 것, 좋은 것, 격려되는 것만 골라 나누라"고 가르쳐 왔다. 이런 토양의 변화 작업이 난제였다. 그러나 막상 목장 모임이 시작되자 나눔을 통해 치유를 경험하는 사람들이 나타나면서 이 난제는 너무나 자연스럽게 해결됐다.

살렘 교회는 가정교회로의 전환을 준비하면서, 그동안 함께 사역하던 선교사들과 현지인 목회자들에게도 가정교회를 소개하기 시작했다. 무엇보다 가깝게 사역하던 알마티 중앙교회(한 알렉산드르 목사), 임마누엘 교회(김현종 선교사)가 함께 가정교회로 전환하면 이 교회들이 카자흐스탄과 중앙아시아에서 가정교회의 허브 역할을 할 것이라고 생각했다. 나는 중앙아시아의 선교사 세 가정과 현지인 목회자 두 가정을 가정교회 세미나 및 연수에 초청하여 동일한 것을 맛보고, 성경적 교회에 대한 꿈을 함께 꿀 수 있도록 길을 열어 주었다.

2009년 봄, 1년이 넘는 준비 과정을 거쳐서 살렘 교회는 중앙아시아에서 처음으로 가정교회로의 전환을 선언했다. 2010년과 2011년에는 알마티 중앙교회와 임마누엘 교회가 가정교회로의 전환을 선언했다.

2009년, 살렘 교회는 국제가정교회사역원의 도움을 받아 목회자 세미나를 주최했다. 내가 직접 방문하여 가정교회 강의와 생명의 삶 강의를 해 주었다. 자신들이 하고 있는 셀 그룹 교회 사역과 비슷한 듯하지만 완전히 다른 목장의 삶과 사역을 경험한 60명의 중앙아시아 침례교 목회자 부부는 자신들의 사역을 가정교회로 전환하겠다고 결심했다. 지금까지의 사역에서 최선을 다해 성경적으로 해 왔는데, 그보다 더 성경적인 모델을 가정교회에서 봤다는 것이다. 목장에서의 나눔이 그리스도인의 삶의 내용과 질 전체를 바꿀 것이라는 확신이 뜨거웠다.

2010년에는 침례교 세계선교훈련원(WMTC)의 협력으로 중앙아시아와 인도, 북아프리카, 중동의 이슬람권에서 사역하는 32명의 한국인 선교사들과 28명의 현지인 목회자가 참석하는 가정교회 세미나가 살렘 교회의 주최로 개최됐다. 이 세미나를 계기로 가정교회가 키르기스스탄, 터키, 오만, 우크라이나로 확산됐다. 2011년과 2013년에도 목회자 세미나가 개최됐다. 그동안 중앙아시아의 침례교 네트워크에 머물러 있던 가정교회가 하나님의 성회, 카자흐 쿠릴타이, 키르기스스탄 연합교회로 확산됐으며, 2015년에도 개최를 준비하고 있다.

또한 중아아시아에서 교회들 간의 연합은 물론 목회자들 간의 협력 사역을 강화하고 있다. 앞에서 언급한 살렘 교회, 알마티 중앙교회, 임마누엘 교회는 모두 가정교회 사역으로 성공적인 전환을 했다.

뿐만 아니라 매년 1~2회씩 평신도 세미나를 주최하는 교회가 되었다. 2015년 10월에는 크질오르다 소망교회(장외숙 선교사)도 평신도 세미나 개최 교회로 합류했다.

중앙아시아의 가정교회 세미나 주최 교회의 목회자들은 평신도 세미나라 할지라도 매번 세미나 강의를 서로 분담하여 함께 감당한다. 멀리 떨어진 도시에 가서 함께하는 모습은 교인들에게도 함께 가는 교회의 모습을 느끼게 하는 데 크게 기여한다. 2013년 9월에는 내가 주강사가 되어 100여 명의 목회자들이 모여서 제1차 중앙아시아 목회자를 위한 가정교회 콘퍼런스를 가졌다. 목회자 콘퍼런스가 또 언제 열리느냐는 문의와 요청이 열화와 같이 빗발치고 있다.

목회자들의 지역 모임도 카자흐스탄 지역에서는 비교적 활성화됐다. 현재 알마티에서 선교사들 지역 모임 2개, 남카자흐스탄에서 한국인 선교사들 지역 모임 1개, 현지인 목회자들 지역 모임 1개, 서북부 크질오르다에서 한국인 선교사와 현지인 연합 지역 모임 1개가 활발하게 모이고 있다. 크질오르다 지역 모임은 장외숙 선교사의 열정적인 섬김으로 서북부 악토베의 목회자들 지역 모임을 분가시켰다. 이런 장외숙 선교사의 섬김이 국제가정교회사역원으로부터 인정되어 공식적인 지역 목자로 임명되는 기쁨을 얻었다. 다른 지역 모임의 리더들은 지역 목자로 임명되지는 않았지만, 그와 상관없이 열심을 다해 사역하고 있다.

중앙아시아에서는 앞에서 언급한 것처럼 《가정교회로 세워지는 평신도 목회》가 러시아어, 카자흐어로 번역, 출판되어서 목회자들과 평신도들을 돕고 있다. 삶 공부 자료로는 생명의 삶이 러시아어,

카자흐어, 위구르어, 키르기스어로, 새로운 삶이 러시아어, 카자흐어로 번역, 출판됐다. 부부의 삶, 예비부부의 삶이 러시아어, 카자흐어로 번역되어 출력물로 사용 중이며, 확신의 삶도 러시아어, 카자흐어로 번역과 감수가 끝났다. 내가 쓴《교회는 병원이다》(요단출판사)도 러시아어와 카자흐어로 번역이 마무리됐다. 이 책자는 가정교회를 지향하는 목회자들의 설교 자료로도 큰 도움을 줄 수 있을 것이다.

중앙아시아의 가정교회는 셀 그룹 교회 사역을 하다가 가정교회로 전환한 경우가 대부분이다. 성공적인 전환을 거쳐서 약간의 성장통을 경험한 후 부흥의 기쁨을 맛보는 쪽으로 향하고 있다. 담임목사 사역을 하는 선교사가 아니면 선교사들도 다들 목자로서, 또 초원지기로서 직접 영혼과 부딪치는 사역을 하고 있다. 그리고 몇몇 선교사와 현지인 목회자들이 처음부터 가정교회로 개척하는 사역을 시작했다. 쉽지는 않지만 잘 진행하고 있다. 처음부터 가정교회로 개척한 교회들이 목장을 배가하고, 초원이 생겨나고, 연합 모임을 형성하는 승리의 소식을 듣게 될 것이다. 그렇게 되면 타 문화권 교회 개척에 대한 완전히 새로운 실험 내용이 세상에 공개될 것이다.

중앙아시아 교회들의 가정교회로의 전환을 도운 주민호 선교사는 살렘 교회의 담임 목사 사역을 현지인인 아이다르 목사에게 넘겨줬다. 현재 그 교회는 중앙아시아 가정교회의 허브가 되었다. 주민호 선교사는 국제가정교회사역원의 중앙아시아 선교 간사로서 역할을 신실하게 담당하고 있다.

모잠비크로

|

정명섭 선교사는 모태 신앙으로 부산 합동 교단에 속한 교회에서 신앙생활을 했다. 그러나 대학 입학 후 3년간 술과 담배로 방탕한 생활을 보냈다. 성령 하나님이 대학부 수련회에서 심령 깊은 회개의 눈물과 함께 큰 능력을 체험하게 하셔서 방탕한 생활을 즉시 접고 대학부 회장으로 섬기게 됐다. 부산 수산대학교를 졸업하고, 1985년에 뚝섬에서 CCC(대학생선교회)가 주최한 세계선교금식대성회에 참석했다. 처음으로 3일간 금식하며 평생 기도 카드를 받았다. 그때 아프리카의 마다가스카르를 받았다. 그때부터 아프리카에서 조업할 수 있도록 기도했다. 기도의 응답으로 북아프리카의 모리타니에서 무슬림 선원들과 한국 선원들과 함께 일했다.

대학교 때 받은 은혜로 주일에도 동일하게 작업하는 선내에서 5년간 한 번도 빠지지 않고 선원들과 함께 주일예배를 드렸다. 무슬림 선원들은 복음을 전하는 정 선교사에게 가브리엘 천사라는 별명을 붙여 줬다.

그는 젊은 나이에 큰 배의 선장이 되었다. 어느 날 한 선원이 선내 사고로 복부에 내장이 파열되어 죽어 가고 있다는 보고를 받았다. 배를 전속력으로 입항하게 하고, 그 선원을 품에 안고 하나님께 큰 소리로 기도하기 시작했다. 그러나 그날은 소리를 지를수록 마음이 더 냉랭해졌다. 결국 그 선원은 정 선교사의 품에서 숨을 거두고 말았다. 그는 하나님께 왜 기도를 들어 주시지 않는지 물어봤다. 그때 하나님은 젊은 나이에 선장으로서 많은 돈을 받으며 정신노동의 편한 삶을 사는 사람이 육체노동과 가난과 고통의 삶을 사는 말단 선원의 삶에 들어갈 수는 없다고 말씀하셨다.

이 일로 인해 깨닫게 된 것은, 죽어 가는 한국 선원들을 위해서도 냉랭한 기도를 했다면, 지난 5년 동안 하루도 빠지지 않고 한 아프리카인들을 위한 기도는 더 냉랭한 기도였다는 것이다. 자신이 받은 기도 카드는 평생 기도 카드인데, 평생 냉랭한 기도만 하다가 주님 앞에 설 수는 없지 않은가? 그래서 일평생 한국에서 내 집 마련을 하지 않고 평신도 선교사로서 아프리카에 살기로 하나님께 서원했다.

군 면제 기간인 5년간의 선박 생활을 마치고, 스페인 라스팔마스에서 직장 생활을 했다. 그러던 중 그곳에 집회 차 오신 한 선교사를 통해 인근 국가인 포르투갈어권 기니비사우에 한국인 선교사가 절실히 필요하다는 정보를 듣게 됐다.

1989년 8월, 정 선교사는 직장을 그만두고 포르투갈로 가서 언어 준비를 했다. 그와 함께 미국 선교사들이 포르투갈 백인 목사들을 양육하는 순복음신학교에서 3년간 공부했다. 그리고 리스본에 있는 마약촌인 까잘벤또쥬에서 3년간 사역했다. 그때 27년간 독립 전쟁과 내전을 하던 앙골라가 전쟁을 종식하기 위해 평화협정을 맺었다. 앙골라 태생인 쥬아웅 까르도쥬 백인 목사님은 정 선교사에게 평화스러운 기니비사우에서 앙골라로 선교지를 변경할 것을 요청했다. 정 선교사 부부는 기도한 후 변경을 결정했다.

당시 앙골라는 대통령 선거를 치룬 뒤 다시 전쟁을 시작했고, 포르투갈 교회는 선교 계획을 무한정 연기한 상태였다. 정 선교사는 앙골라를 포기하지 않고 하나님의 인도하심을 기다리던 중 앙골라에 어업 기지를 가진 ESCO 한국수산회사에 주재원으로 들어갔다. 그는 기지가 앙골라에서 떠날 때는 직장을 그만두는 조건으로 취직했다. 그 회사는 정 선교사가 입사한 지 1년 만에 기지를 이동했다. 정 선교사는 앙골라에 계속 남아서 가난한 청소년들을 모아 공동체를 이루고, 교회와 학교를 개척했다.

그는 자녀 출산과 장인어른의 소천으로 인해 귀국했을 때 고신대학원을 졸업하고 목사 안수를 받았다. 1997년 6월, 고신 총회선교부의 파송으로 앙골라에 교회를 개척하여 14년간 사역했다. 제자 훈련과 구역 예배 시스템으로 청소년과 장년이 600명인 교회가 세워졌다. 그러나 교회가 어느 정도 성장하자 오랜 기간 동안 정체했다. 교회 사역은 공동체에서 양육한 소수의 리더들에 의해 진행되고 있었다. 선교사로서, 담임 목사로서 주어진 많은 사역으로 인해 건강을 잃게 되어 교회 부흥 사역을 일으키는 데 큰 어려움에 빠졌다. 이때 정명섭 선교사의 소원은 해외 선교사 제자의 열매를 보는 것과 아프리카인들을 통한 아프리카 선교가 이뤄지는 것이었다. 그래서 앙골라 현지인 제자 한 가정을 포르투갈어권인 모잠비크에 파송하면서 교회 개척이 시작됐다.

모든 성도가 주님의 제자로 헌신하는 건강한 교회를 개척하려는 소원을 주셔서 앙골라 교회 사역을 양육한 제자들에게 이양했다. 그리고 현지인 제자들과 함께 새 선교지 모잠비크에서 교회를 개척했다. 그러나 2년간 교회 개척의 기간을 보냈는데도 앙골라의 상황과 마찬가지로 헌신된 평신도 리더십이 생기지 않았다. 또다시 딜

레마에 빠졌을 때 가정교회 사역을 하는 구미남교회의 천석길 목사가 교회헌당식에 참여했다. 그곳에서 목회 현장을 보고는 나에게 모잠비크의 상황을 전했다. 나는 2010년에 정명섭 선교사를 목회자 세미나에 참석하고 연수도 받을 수 있도록 주선해 주었다. 이런 과정에서 정 선교사는 교회 정체의 현상에 대한 고민과 전 교인이 함께 헌신하는 평신도 리더십을 세우는 사역에 대한 모든 궁금증이 풀리게 되었다.

정 선교사는 함께 사역하는 앙골라 현지인 목사의 가정과 원형 목장을 시작하여 교회의 모든 리더십이 원형 목장에서 양육되도록 했다. 가정교회 첫해인 2010년에는 원형 목장에서 2번의 분가가 이뤄져서 3개의 목장이 되었다. 2011년에는 9개의 장년 목장과 10개의 청소년 목장, 2015년에는 25개의 장년 목장과 4개의 초원과 35개의 청소년 목장이 세워졌다.

2011년 하반기에 본부 교회에서 분립 교회를 개척했다. 인근 지역에 가정교회로 또 교회 개척을 했고, 모잠비크 북부의 테테에서도 가정교회로 개척했다. 사역을 이양한 앙골라 교회들도 가정교회로 전환했다.

2011년, 분립 개척과 내륙 개척으로 인해 본부 교회에서 앙골라 부부 선교사 한 가정, 싱글 선교사 5명, 공동체 모잠비크의 풀타임 사역자 10명, 장년 50명과 청소년 50명이 새로운 사역지로 옮겨 갔다. 현재는 정 선교사 가정과 다니엘 선교사 가정만 본부 교회의 풀타임 사역자로 남게 되었다. 그럼에도 불구하고 가정교회 사역으로 세워진 평신도 목양 리더십에 의해 청소년과 청·장년 350명 출석과 어린

정명섭 선교사 부부와 모잠비크의 원형 목장(2010년)

이 600명 출석의 성도 사역이 잘 이뤄지고 있다.

아프리카 대다수의 나라가 문맹률이 높으며, 여성들의 경우는 더욱 심각하다. 빈곤 상황도 심각한데, 정 선교사가 사역하는 지역의 경우는 70%가 하루에 한 끼를 먹는다. 최근에 지하자원의 개발로 경제가 급성장하고 있지만 여전히 물, 전기, 주거 환경, 의료 상황, 내전, 치안 등에 문제가 있다. 그럼에도 불구하고 5년 6개월 동안 한 번도 목장 사역을 쉬지 않았고, 평신도의 목양 리더십 속에서 사역이 활발히 일어나고 있다.

2014년 11월에는 평신도 세미나를 가졌다. 2015년 4월에는 남아프리카공화국, 앙골라, 모잠비크의 담임 목사 35명과 한국 선교사 7명이 본부 교회에서 목회자 세미나를 가졌다. 그리고 매달 한 번씩 12명의 모잠비크 담임 목사들과 지역 모임을 갖고 있으며, 지역 분가를 준비하고 있다. 모잠비크와 앙골라, 그리고 아프리카의 여러 나라에서 가정교회 사역을 통한 신약교회의 회복이 역동적으로 일어나고 있는 것이다.

중남미로

추기성 선교사는 예수 그리스도를 구주로 영접한 후, 하나님이 자신을 사랑하시는 이유를 알고 싶은 마음에 신학 공부를 시작했다. 자연스럽게 목회를 준비하면서 복음 전파와 제자 만드는 일에 관심을 갖게 됐다. 그리고 복음이 가까운 이웃뿐 아니라 언어, 문화, 환경이 다른 지역에까지도 전파되어야 함을 깨달았다. 그래서 한국해외선교회 개척선교부(GMP)와 한국외항선교회에서 봉사하면서 타 문화 선교훈련(CCMTI 7기)과 한국해외선교회 선교훈련(GMTC 12기)을 통해 자연스럽게 선교를 준비했다. 2002년, 한국성서침례교회 친교회에서 선교사로 인준받아 멕시코에서 현지인들과 인디언들을 대상으로 교회 개척 사역을 했다.

추 선교사는 인디언 부족들의 복음 전도에 애쓰던 중, 구원받은 영혼들을 주의 제자로 만드는 사명을 어떻게 이뤄 갈지 모색했다. 그러다가 2004년, 가정교회 세미나에 참여하게 됐다. 가정교회의 원리를 도입하여 현지인들의 가정에 VIP들을 초대해서 목장을 시작해 봤으나 실패했다. 목장 인원의 대부분이 VIP인데다가 가정교회를 이해하지 못하는 현지 사역자와의 갈등이 있었고, 목장 모임 중에 도난 사건이 일어나는 등 여러 가지 문제가 생겼기 때문이다. 가정교회를 할 수 있는 충분한 토대가 쌓이지 않았고, 자신도 충분히 준비되어 있지 않았다는 판단을 내리고 가정교회를 접었다. 그리고 기존에 해 왔던 인디언 마을의 순회 사역을 중심으로 교회 개척과 현지 사역자를 돕는 일을 계속했다.

그러나 현지 사역자들을 도와서 그들을 통해 영혼을 구원하고 제자 만드는 교회를 이뤄 보려는 노력에는 한계가 있음을 더욱 절감했다. 그래서 2008년, 가정교회로의 전환을 꿈꾸면서 멕시코의 수도인 멕시코시티 외곽에 '주님의 교회'라는 이름으로 현지인 교회를 개척했다. 집에서 매주 말씀 공부를 하면서 오랜 관계를 유지해 온 2명의 청년들과 함께 예배를 드리기 시작했다. 동시에 가족들과 함께 전도지를 만들어서 노방 전도를 하니까, 인근 주민들과 아이들이 주일예배에 참석하기 시작했다.

그들에게 복음을 전하며 목장 모임을 하고 있을 때, 가끔 예배에도 출석하고 재정적으로도 후원하던 현지인 사역자로부터 연락이 왔다. 자신들이 빌려 사용하던 건물을 더 이상 사용할 수 없게 되었다면서 도움을 요청했다. 이로 인해 현지인 사역자와 추 선교사가 동역하기로 했다. 같은 건물을 사용하고, 함께 예배드리며, 목장을 통한 가정교회 사역을 함께 했다. 하지만 현지인 사역자는 전통적인 목회에 익숙해서 결국 다른 곳에 건물을 얻어 나갔다. 그중 두 가정이 당시에 하나밖에 없던 추 선교사 목장의 목원으로 남기를 소원하는 바람에 인원이 많아져서 조심스럽게 첫 분가를 했다.

처음 분가를 했던 하비엘 & 까르멘 목자 부부의 목장으로부터 다빗 & 앙헬라 목장이 분가했고, 다빗 & 앙헬라 목장을 통해 후안 & 엘레나 목장이 분가했으며, 후안 & 엘레나 목장을 통해 훌리아 목장이 분가했다. 5대 목장이 형성된 것이다. 하비엘 & 까르멘 목장은 이 외에도 에드와르도 & 아드리아나 목장과 아드리안 & 아나 목장을 분가시켰다. 또한 2명의 여교사와 한 명의 목자의 섬김으로 청소년과 청년을 합친 목장이 생겨서 현재 목장 수가 총 7개가 되었다. 2014년에는 추기성 선교사 가정이 1년간 안식년을 가졌는데, 외부의 도움 없이 목자들의 헌신과 연합으로 교회가 튼튼하게 서 갔다. 이는 가정교회의 파워 때문이다.

주님의 교회는 이라크, 스페인, 페루로 파송된 3명의 멕시코 선교사들을 목장에서 후원하며 기도로 섬기고 있다. 멕시코에 있는 위촐 인디언 부족의 마을에서 사역하는 사역자들을 기도 가운데 매달 후원하며 교회 개척 사역을 섬기고 있다. 매년 한 차례 이상 인디언 마을을 찾아가서 VBS 등으로 섬기고 있다. 인디언 마을인 포초띠딴와 로스 카호네스에 가서 예배당을 건축해 준 적도 있다. 하나님 나라의 확장을 위해 인디언 목회자들과의 밀접한 관계 속에서 협력하고 있다.

이처럼 가정교회 사역은 멕시코를 비롯한 중남미에서 확산되고 있다. 아구아스 깔리엔테스와 뿌에블라시를 비롯하여 도미니카공화국, 볼리비아, 과테말라 등에서도 선교사들이 가정교회의 개척을 위해 지속적으로 노력하고 있다. 멕시코 과달라하라 시 북쪽에 위치한 사포판의 주님의 교회(추기성, 정지연 선교사)와 남쪽에서 사역하고 있는 허익현, 김영중 선교사가 섬기는 소망교회는 현재 4개의 목장을

주님의 교회 7주년 기념(2015년)

이루며 가정교회 사역을 하고 있다. 페루 리마에서는 알프레드 선교
사와 홍종애 선교사가 섬기는 요한장로교회가 11개의 목장을 통해
가정교회로 세워지고 있다.

인도네시아로

인도네시아는 세계에서 가장 많은 무슬림이 살고 있지만, 기독교가
공인되었기에 기독교 활동이 다른 무슬림 국가보다 자유롭다. 자유
주의 신학의 영향으로 인해 많은 교회가 복음 전도에 대한 열심이
별로 없고, 세속화되어 가는 경향이 있다. 반면에 오순절교회의 성

령 운동은 말씀에 근거한 올바른 기독교 정신의 보급보다는 체험을 강조하기에 기복적인 신앙으로 자리 잡고 있다. 자카르타, 스마랑, 솔로, 수라바야 등지의 대형 교회들은 랄프 네이버 목사와 싱가포르의 믿음공동체 침례교회(FCBC)의 로렌스 콩 목사의 셀 교회 이론, 콜롬비아 보고타의 국제카리스마미션의 세자르 카스텔라노스 목사가 주장한 G-12 셀 교회 이론을 받아들여서 교회 확장에 사용하고 있다.

인도네시아 선교 간사로 섬기고 있는 하영광 선교사는 1990년 5월, 침례교 해외선교회(FMB: Foreign Mission Board)의 2호 선교사로 인도네시아로 파송받았다. 선교지에서 12년간 사역하던 2002년에, 휴스턴 서울교회에서 개최하는 목회자 세미나에 참석했다. 그때 가정교회에 매료되어《가정교회로 세워지는 평신도 목회》를 인도네시아어로 번역, 출판할 것을 자원하였다. 그리고 2004년 2월, 중부 자바 살라티가에 새생명교회를 개척했다. 이때 가정교회에서 배운 이론으로 목회했지만, 가정교회의 정신과 원리를 100% 적용하지는 못했다.

2005년,《가정교회로 세워지는 평신도 목회》가 출판된 것을 기념하여 나는 인도네시아를 방문했다. 그곳에서 현지 목회자를 대상으로 가정교회 특강을 했다. 이어서 하호성, 주계희 선교사 부부를 휴스턴 서울교회 연수에 초청했다. 연수 후 살라티가 새생명교회는 정식으로 가정교회로 전환했다.

살라티가 새생명교회는 59차(21명), 64차(24명), 74차(17명)의 목회자 세미나를 주관했는데, 참석자는 모두 62명이었다. 하지만 세미나를 다녀간 목회자들 중에서 가정교회를 시도하려고 하는 목회자는 거의 없었다. 살라티가 새생명교회는 가정교회 세미나를 제공하는 것만으로는 인도네시아에 가정교회를 전파하는 것이 어렵다는 판단을 내렸다. 그래서 가정교회 사역을 원하는 목회자들에게 현지에서 세미나를 제공하는 대신에 한국이나 미국에서 하는 목회자 세미나에 참석하도록 유도했다. 최근까지 20여 명의 인도네시아 목회자들이 한국과 미국에서 하는 가정교회 세미나에 다녀갔다.

인도네시아 가정교회의 상황을 지역으로 나눠서 살펴보면, 수마트라 섬 북부 지역의 메단에서 정재교 선교사가 개척한 아누그라 침례교회가 가정교회를 시작하여 정착하는 단계에 있다. 북부의 강력한 미전도 지역인 A지역에서 채부홍 선교사 사역 팀이 가정교회 사역을 활발히 일으키고 있는 중이다.

인도네시아에서 가장 많은 인구가 살고 있는 자바 섬의 자카르타에서 최진기 목사가 담임하는 동부교회(한인 교회)가 18개의 목장을 갖춘 가정교회 사역을 하고 있다. 고 권동호 선교사가 선교 협력을 했던 다사나장로교회(규쇠야 목사)도 가정교회를 시작하여 정착 중에 있다.

중부 자바 지역에서는 스마랑의 꺼둥문두침례교회(아낭 목사)와 기식드로노침례교회(아구스 목사)가 가정교회로 전환하는 작업을 하고 있다.

살라티가 새생명교회도 7개의 목장으로 재편성하여 가정교회로 뿌리내리고 있다. 같은 지역에서 윤예인 선교사가 몇몇 목회자들을 중심으로 가정교회로 전환하는 작업을 시도했으나 그외에는 아직까지 가정교회로 전환한 교회나 새롭게 시작한 교회는 없다.

족자 지역에서는 에벤에셀장로교회(꼬망 목사)와 꾸눙끼둘침례교회(유누스 목사)가 가정교회를 힘들게나마 하고 있는 중이다.

세계 최대의 미전도 족속 중 하나인 순다족이 살고 있는 서부 자바 지역에서 6개의 침례교회 목회자들이 2015년 6월, 안양 은광교회에서 열린 제135차 목회자를 위한 가정교회 세미나에 참석했다. 앞으로 이들을 통해 가정교회가 반둥 지역에서 시작되고 정착할 수 있을 것으로 기대한다.

이 외에도 칼리만탄 중남부에서 최광식 선교사의 인도하에 몇몇 교회가 가정교회 사역을 시작했으나, 아직 정착하지 못하고 있다.

남부 아프리카로

이원준 선교사 부부는 GP 협력 선교사로서 1991년에 아프리카로 파송받았다. 남부 아프리카의 짐바브웨에서 교회 개척과 기술학교 사역을 하고, 보츠와나의 칼라하리 사막에서 미전도 종족인 부시먼족을 위한 교회 개척과 지도자 훈련 사역을 했다. 남아프리카공화국에서는 남부 아프리카에 성경적이며 선교적인 교회를 세우기 위해 목회자 훈련을 통해 신학 교육을 해 왔다. 그런데 서구식 신학 교육과 지식 전달 중심의 제자 훈련은 목회자들과 신학생들의 삶을 바꾸지 못했고, 실천적으로 성경적인 교회를 세우는 것을 돕지 못했다.

이러한 한계와 고민을 가진 이원준 선교사 부부는 2010년, 케이프

타운 로잔 대회에서 전인적이고 총체적인 제자 훈련을 통해 목회자들과 신학생들의 삶의 변화가 가능하다는 생각을 했다. 그리고 실제적인 모델을 배우기 위해 2011년, GMTC 선교사훈련원에서 주재 선교사로서 5개월 동안 보고 배우는 시간을 가졌다. 그 후 목회자들과 신학생들과 일주일에 한 번씩 만나서 식사와 삶을 나누는 멘토링 시간을 통해 제자 훈련을 했다.

2013년, 이원준 선교사 부부는 9명의 현지인 목회자 부부가 좀 더 실제적이고 구체적인 사도행전적 교회 사역의 모델을 보고 배울 수 있도록 그들과 함께 한국 교회를 방문했다. 그리고 가정교회를 하는 한 교회를 방문하면서 목장 모임을 접하게 됐다. 이 목장 모임에서 감동을 받은 현지인 목회자들이 남아프리카공화국에 돌아와서 가정교회를 시작하자고 강력히 요청했다. 이 선교사는 가정교회에 대한 책과 국제가정교회사역원 홈페이지의 자료를 중심으로 현지 목회자들과 예비 목자 부부들을 훈련해 봤지만 역부족을 느꼈다. 그래서 국제가정교회사역원 원장인 나에게 도움을 요청했다.

이 선교사 부부는 나의 도움으로 안양 은광교회(조근호 목사님)에서 열린 목회자 세미나에 참석했다. 그리고 2014년, 남아프리카공화국과 보츠와나의 목회자와 예비 목자 부부들을 위해 가정교회 세미나를 했다. 같은 해 11월, 휴스턴 서울교회를 담임하는 이수관 목사가 가서 목자 부부들을 훈련하고 목회자들을 멘토링 했다.

이 선교사는 가정교회로 전환시키기 위해 남아프리카공화국의 목회자 부부들과 정기적으로 만나서 식사하고 삶과 사역을 나눈다. 또 한 달에 한 번 목회자 부부와 만나서 목장 모임을 갖는다. 목회자들과 1박 2일 동안 목회자의 삶과 가정교회의 목회를 평가하고 계획을 세운다. 1년에 2번, 1박 2일로 목회자 부부 수련회도 갖는다.

목자 부부들과 교인들을 위해서는 삶 공부를 가르치고, 삶 공부 강사를 훈련하고, 현지 담임 목사와 함께 목장을 방문해서 격려한다. 또 목회자들과 함께 4개 교회 연합으로 목자 부부들을 위한 수련회도 계획하고 있다.

주위 분들의 도움으로 이원준 선교사 부부는 가정교회를 좀 더 보고 배우기 위해 2015년 3월, 8명의 현지 목회자 부부와 함께 휴스턴 서울교회에서 목회자 연수를 마쳤다. 그 후 이 선교사 부부는 미주 콘퍼런스에 참석했고, 한 달 반 동안 5개의 교회를 탐방하면서 가정교회에 대해 배웠다.

미주 연수의 경험을 통해 2014년 초부터 가정교회를 시작한 2개의 교회는 잘 정착하고 있다. 목장을 통해 VIP들이 전도되고 있고, 예수 영접 모임을 통해 주님을 영접하는 자들이 생기고 있다. 또한 목장이 분가를 준비 중이거나 분가했다. 생명의 삶은 2기를 진행하고 있고, 담임 목사가 초원 모임을 인도하고 있다.

2014년 말부터 가정교회를 시작한 다른 2개의 교회는 규모가 커서 시범 목장을 통해 점차적으로 전환하고 있다. 2016년 중반까지 완전히 전환할 계획이다. 이 교회들도 VIP들이 전도되기에 예수 영접 모임을 시작했고, 생명의 삶도 2기를 진행 하고 있다. 또한 담임 목사가 초원 모임을 인도하고 있다.

이 선교사는 남아프리카공화국에 가정교회로 정착하고 있는 교회들을 중심으로 목회자를 위한 특강과 세미나와 지역 모임을 하고 있다. 남아프리카공화국의 요하네스버그 지역과 다른 지역들, 그리고 남부 아프리카의 영어권 나라들에 가정교회를 계속 전파할 계획을 갖고 있다.

선교단체로

한국에는 현재 180여 개의 선교단체와 20여 개의 선교훈련원이 있다. 이 가운데 가장 먼저 가정교회를 선교지 교회 개척의 방법 중 하나로 도입한 곳은 대전 침례신학대학교 안에 소재하고 있는 세계선교훈련원(WMTC)이다. 세계선교훈련원은 지난 20년 동안 한국 침례교 선교사들을 훈련시켜 왔다.

세계선교훈련원과 가정교회의 접목

세계선교훈련원은 미국 남침례교 국제선교부(IMB)가 1990년대부터 소개한 교회 개척 배가 운동(CPM)을 핵심 전략으로 받아들이고 있었지만 10년 이상 성공 사례를 제시하지 못했다. 그러다가 침례신학대학교의 안희열 선교학 교수가 세계선교훈련원 원장으로 부임하면서부터 변화가 일어나기 시작했다.

안 교수는 교회 개척 배가 운동의 성공 사례 지역 중 하나였던 캄보디아를 방문했다. 캄보디아 침례교회는 1993년에 이 전략을 택한 후 놀랍도록 성장하여 2004년에 남침례회 선교사가 철수할 때까지 약 200개 교회로 성장했다. 그러나 선교사들이 철수한 후에는 50개 정도만 남아 있었다. 이렇게 된 이유는, 캄보디아에서 개척한 교회들이 선교사의 물질에 너무 의존하여 자립할 수 없게 되었기 때문이다.

그 후 안 교수는 셀 교회를 주도하는 지구촌교회의 셀 세미나와 셀 콘퍼런스에 참석했다. 또한 가정교회를 이끄는 휴스턴 서울교회를 방문했다. 마침내 안 교수와 세계선교훈련원의 스태프는 가정교회를 세계선교훈련원의 핵심 선교 전략으로 결정하게 된다. 가정교회가 선교 현장에 가장 적합하다고 판단했기 때문이다.

2009년 3월, 나는 세계선교훈련원의 초청을 받아 "선교사를 위한 가정교회 특강"을 가졌다. 200명이 넘는 선교사들이 특강에 관심을 보인 것을 계기로 이후에 훈련원의 전 과정에 가정교회를 접목시켰다. 2015년 5월까지 238명의 침례교 선교사가 삶 공부와 목장 모임을 훈련받았고, 선교사(목회자) 세미나를 접하여 12주간의 훈련 과정을 수료했다. 또한 1년에 두 차례씩 정기적으로 선교사를 위한 가정교회 세미나를 개최하여 지금에 이르렀다.

보고 배우는 원형 목장

세계선교훈련원이 가정교회를 택한 이후 훈련 방법에 큰 변화가 왔다. '가르쳐서 제자 삼는 훈련'에서 '보고 배우는 훈련'으로 탈바꿈한 것이다. 매주 금요일 오후에 열리는 목장 모임은 원형 목장을 통한 섬김의 현장이 되었다. 많은 선교사들이 목자들의 섬김을 통해 고정관념에서 벗어났고, 가정이 회복됐으며, 실천을 통한 변화를 경험했다. 목장을 통해 내적 치유를 받는 놀라운 일들도 끊이지 않았다. 베드로전서 2장 12절의 말씀처럼 '삶으로 보여 주는 가정교회의 정신'을 구현하는 데 세계선교훈련원이 앞장서고 있는 것이다.

2012년 1월, 안희열 원장의 뒤를 이어 최원진 원장이 부임했다. 그는 텍사스에서 유학 중일 때 휴스턴 서울교회를 여러 차례 방문하여 가정교회에 대한 이해를 갖고 있었다. 한국에 와서 이미 가정교회를 하고 있는 분당 꿈꾸는교회의 선교 목사로 사역했다. 2010년, 에든버러 100주년 기념 대회에서는 이슬람 선교 관련 논문을 발표하면서 가정교회를 하나의 대안으로 제시했다.

최 원장은 3개월의 전체 훈련 과정에서 삶 공부, 목장 모임, 가정교회 철학, 가정교회 특강 등 전체 커리큘럼의 약 25%를 가정교회에 할애했다. 이후 나와의 논의 끝에 2013년 전반기의 선교사 세미나는 전주 기쁨넘치는교회(김영주 목사)에서, 후반기의 세미나는 세계선교훈련원에서 자체적으로 개최했다. 2014년부터는 후반기 훈련도 자체적으로 갖기보다는 목회자 세미나에 참석시키기로 했다. 2012년 제15기 장기 선교사 훈련을 시작으로 2015년 제20기 장기 선교사 훈련까지, 최 원장은 총 6회의 훈련을 통해 108명의 선교사에게 가정교회를 접목시켰다.

선교는 고정된 과녁이 아니라 움직이는 과녁을 쏘아 맞히는 사역이다. 즉, 변하지 않는 하나님 말씀을 급변하는 세상 속에서 전해야하는 것이 선교다. 지금 선교 현장이 빠른 속도로, 그리고 예기치 않은 방향으로 바뀌고 있다. 보다 체계적이고 구체적인 전략을 요구하는 시대가 됐다. 그럼에도 불구하고 하나님이 원하시는 교회는

2,000년 전이나 지금이나 동일한데, 선교사들이 그런 성경적인 교회의 모습을 놓치지 말아야 한다.

세계선교훈련원은 12주간의 선교 훈련 기간 동안 선교사 훈련생들에게 성경적인 교회를 추구하는 가정교회의 철학과 정신을 심어 주려고 노력하고 있다. 방법론보다 철학과 정신을 제공하는 것이 선교사 훈련에서 가장 중요하다고 믿기 때문이다. 물론 처음 선교지로 가면 언어에만 집중해야 하기 때문에 가정교회의 모습을 훈련시킨 선교사들에게 당장 열매를 기대하기란 쉽지 않다. 그래서 세계선교훈련원은 지금 이 시간에도 선교사들에게 가장 선교적인 교회의 모습을 보여 주고 훈련시켜야 한다는 부담을 갖고 있다.

선교사 훈련생의 목장

chapter 7

가정교회와 함께한
동역자들

미국의 한 도시에 소재한 작은 한인 교회에서 시작된 가정교회가 전세계로 펼쳐 나간 데는 수많은 동역자들의 수고와 희생이 있었다. 한정된 지면에 모두 소개할 수는 없어서 지역 대표로 섬겼던 목회자 몇분과 휴스턴 서울교회의 담임 목사직을 물려받은 이수관 목사의 가정교회 경험담을 소개한다.

한국의 휴스턴 서울교회 : 이재철 목사

열린문교회가 가정교회로 전환하여 활발하게 움직이기 전에는 많은 목회자들이 가정교회는 미국이니까, 휴스턴이니까, 침례교회니까, 휴스턴 서울교회니까, 최영기 목사니까 된다고 생각했다. 이때 가정교회는 한국에서도, 서울에서도, 장로교회에서도, 최영기 목사가 아니어도 된다는 통념을 깨 준 교회가 열린문교회다. 원칙에만 충실하면 한국에도 휴스턴 서울교회 같은 가정교회가 세워질 수 있

이재철 목사, 김재정 목사와 함께(2008년)

다는 것을 보여 줬다.

열린문교회가 가정교회로 전환한 시기는 2000년 3월이다. 전환한 지 2년 만에 평신도 세미나를 개최했다. 해마다 봄에는 목회자 세미나를, 가을에는 평신도 세미나를 10년째 개최하면서 '한국의 휴스턴 서울교회'로서의 역할을 훌륭하게 해내고 있다.

이렇게 가정교회의 모든 사역을 역동적으로 잘 소화해 내기까지는 다른 교회와 마찬가지로 많은 어려움을 겪었다.

싸움만 하는 당회

이재철 목사는 장로 아버지와 권사 어머니를 둔 기독교 가정에서 자랐다. 하지만 신앙이 생기기 전에 교회의 문제점부터 먼저 알게 되었

다. 별것 아닌 문제로 편이 갈리고 교회가 깨지는 과정에서 부모님은
힘들어하셨다. 지금도 어머니를 생각하면 교회 문제로 울며 기도하
시던 모습이 먼저 떠오를 정도라고 한다.

그런데 이재철 목사가 부목사로 사역하고 있던 교회도 그런 문제를
그대로 갖고 있었다. 장로들을 개인적으로 대하면 더없이 좋은 분들인
데, 이들이 모인 당회는 으레 싸움으로 마무리되었다. '이것이 기독교
문화라면, 내가 이런 것을 위해 일생을 바쳐야 한단 말인가?'라는 회의
가 들었다. 그럴 때마다 성경을 읽었는데, '집'이라는 단어가 유난히 눈
에 들어왔다. 브리스길라와 아굴라의 집, 회개한 간수의 집, 감옥에서
풀려난 베드로가 찾아간 집. 그래서 이런 생각을 하기도 했다.

'만일 내가 담임 목사가 되면 건물은 짓지 말고, 예수님처럼 신실한
교인 12명만 데리고 그들 집에서 돌아가면서 예배하자. 그리고 생활
은 그들의 십일조로 하고, 구제는 그들의 감사 헌금으로 하자. 만일 교
인이 늘어나면 그들은 이웃 교회로 보내고, 교회 건물은 짓지 말자.'

눈에 들어온 한 권의 책

이 소박한 꿈이 하나님의 소원과 통했는지, 하루는 신간 서적들을 뒤
적이다가《구역조직을 가정교회로 바꾸라》는 명령조의 책에 눈이 번
쩍했다. 목차를 보니 마음이 급해졌다. 그래서 출판사에 전화를 걸어
서 휴스턴 서울교회의 전화번호를 알아냈다. 곧 목회자 세미나가 시작
되니까 이분한테 전화해서 같이 오라면서 이봉현 목사의 전화번호를
알려 주었다. 이재철 목사는 그 팀에 합류해서 휴스턴 서울교회에 오
게 되었다.

세미나에 가서는 목장이 잘 돌아가지 않아서 애먹고 있는 목자의 가정에서 묵게 되었는데, 그것이 오히려 힘을 줬다. 이 정도는 우리도 할 수 있겠다는 자신감이 생겼다.

강의를 듣는 동안 시차를 조금도 느끼지 않을 정도로 한순간도 졸지 않고 집중했다. 이재철 목사를 더 놀라게 한 것은, 자신이 교인들에게 2년 반 동안 가르쳐 온 리처드 포스터의 《영적 훈련과 성장》과 헨리 블랙가비(Henry T. Blackaby)의 《하나님을 경험하는 삶》(Experiencing God, 요단출판사)을 삶 공부 교재로 쓰고 있다는 점이었다. 그는 마지막 날 소감 발표에서 "하나님의 은혜로 보화를 캔 기분입니다. 앞으로 하나님이 어떻게 일하실지 기대됩니다"라는 말을 남기고 돌아왔다.

싸늘한 반응

이재철 목사는 교인들 앞에서 가정교회 이야기를 꺼냈다. 반응은 예상대로 싸늘했다. "우리에게 일을 다 떠맡기면 목사는 뭐하겠다는 거야?", "매주 모여서 나눔의 시간을 갖는다면, 이건 북한의 오호담당제에서 자아비판을 하는 것보다 더 심한 거 아냐?" 그때 이렇게 말한 사람들은 운동권 출신인데, 지금은 목자를 거쳐서 초원지기로 섬기고 있다.

이 목사는 그들에게 이렇게 물었다.

"그동안 남녀 선교회에서 그렇게 열심히 일하면서 과연 몇 명이나 전도했습니까? 우리 1년만 주님이 원하시는 대로 해 봅시다. 안 되면 하나님의 뜻이 아니니까 그때 다시 원점으로 돌아가면 되지 않습니까?"

교인들에게서 동의를 얻은 후 휴스턴 서울교회가 하는 모든 것을 그대로 도입하기로 했다. 원조 교회의 7년 노하우를 그대로 베껴서 3년 동안 체질을 변화시키면 4년이라는 시간을 버는 것이란 계산이 나왔기 때문이다. 이를 위해 세 번의 연수를 다녀왔다.

이때 한국에서 가정교회 전파에 힘쓰던 이봉현 목사가 개인적인 일로 더 이상 사역할 수 없는 상황이 되었다. 이재철 목사는 나의 권유를 받아들여서 지역 대표를 맡아서 하기로 했다. 이때 이봉현 목사를 1대 한국 대표로 부르고, 이재철 목사를 2대 한국 대표로 부르기로 했다(이때는 명칭이 '지역 간사'였고, 2012년부터 '지역 대표'로 부름).

이재철 목사는 한국 대표로 섬기면서 가정교회로의 전환을 중도에 포기한 교회들의 공통점을 봤다. 하나 같이 평신도 리더들을 충분히 이해시키지 못하고 급하게 시작한 것이 원인이었다. 시간이 걸리더라도 인내하면서 그들이 자발적으로 동의할 때까지 기다리고, 그때까지 가정교회의 정신만 계속 가르치면 된다는 것을 배웠다.

가정교회를 하기 전까지는 여성들이 교회의 리더였다. 가정교회를 준비하면서부터는 남편을 목자로 만드는 것을 놓고 기도하게 했다. 많은 가정에서 이 기도가 응답되었다. 남성 목자들이 열심히 사역하니까 교회에 활기가 넘쳤고, 이는 가정의 행복으로 연결되었다.

한 번은 목녀 한 분이 암에 걸렸다. 너무 힘들 것 같아서 사역을 잠시 내려놓으라고 권했다. 그랬더니 자신에게 목녀 사역은 항암치료제라면서 이것을 빼앗지 말아 달라고 했다. 사역이 힘들어도 보람이 있으니까 그것이 행복한 신앙생활로 연결된 것이다.

서울 동대문구 이문동에 소재했던 열린문교회는 경기도 양주에 새 건물을 짓고 2013년에 이주했다. 멀리 떨어진 양주로 무리 없이 이사하는 데는 목장의 힘이 컸다. 교인들이 목장을 떠날 수 없기 때문에 먼 거리라도 운전해서 참석하기 때문이다. 그래서 교회가 이사한 후에도 거의 모든 교인이 그대로 다니고 있다.

교회가 도시 밖으로 벗어난 것에는 장점도 있다. 주말에 일부러라도 야외로 나가는데 일주일에 한 번씩 쾌적한 양주에 와서 예배도 드리고 목장 식구들과 교제도 나누면 일석이조기 때문이다. 한두 시간의 운행 거리가 걸림돌이 아니라 오히려 즐겁기만 하다.

한국의 등대 같은 교회 : 안태준 목사
|

국제가정교회사역원 그때 한국 대표로 섬기던 이재철 목사가 건축과 교회 이전 문제로 건강이 극도로 나빠지면서 대표로서의 임무를 더 이상 수행할 수 없게 되었다. 그래서 2010년 11월, 국제가정교회사역원 회원들의 투표에 의해 3대 한국 대표로 선출된 분이 인천 등대교회의 안태준 목사이다.

군인 출신의 목사

안태준 목사는 1983년, 대위로 예편하고 신학교에 갔다. 그 계기도 특별하다. 엄격한 군 생활에서 생긴 스트레스를 하루가 멀다 하고 밤새 술로 풀던 시절, 토요일 밤부터 마신 술로 집에도 못 가고 일요일 아침에 술 냄새를 풍기면서 주일예배에 참석했다. 그런데 무슨 일이 있어도 주일예배에 빠지지 않던 아내가 보이지 않았다. 매일 술에 절어 사는 남편과 더 이상 살 수 없다고 이혼을 결심하고 주일예배에 불참한 것이다. 마침 월요일부터 부흥회가 시작된다고 하기에 아내에게 그 집회에 하루도 빠짐없이 참석하겠다고 약속하고, 이혼 이야기는 일단 뒤로 미뤘다.

군인의 특성 중 하나가 약속을 지키는 것이기 때문에 집회에 한 번도 빠짐없이 참석했다. 수요일에는 바빠서 옷 갈아입을 틈도 없이 군복을 입은 채로 나갔다. 그날따라 대표 기도를 할 사람이 참석을 못했다. 담임 목사가 두리번거리다가 군복 입은 사람이 눈에 띄었던지 나와서 대표 기도를 하라고 했다. 평소에는 차례가 되면 기도문을 써서 읽었는데 갑자기 시키니 어쩔 수 없이 앞에 나가긴 했지만, 무슨 말을 해야 좋을지 아무 생각도 나지 않았다. 그래서 우물쭈물하다가 내려왔다. 창피하니까 옆을 보지 못하고 시선을 부흥 강사에게 고정시켰다.

강사가 시편 1편을 풀어서 말하는데 눈물이 왈칵 쏟아졌다. 그 부흥 강사는 시각장애인이었다. 장애를 가진 사람도 저렇게 복음을 전파하며 생명을 살리는 일을 하는데, 대한민국의 표준 체력을 갖고 있는 건강한 장교로서 부끄럽다는 생각이 들었다. 순간 '나도 이제 새사람이 되어서 저 목사님처럼 보람되고 가치 있는 삶을 살아야겠다'는 생각이 들었다. 두 눈에는 회개의 눈물이 흘러내렸다. 예수님을 구주로 영접하는 기적의 역사가 일어나서 하나님의 자녀로 거듭났다. 그 후 장군의 꿈을 내려놓고 전역 절차를 밟았다. 전역을 말리는 연대장, 선배, 후배, 친가, 처가 가족들로 인해 어려움이 있었다. 그러나 결심을 굽히지 않고 전역하여 신학교에 입학했다.

토담집에서 시작된 교회

안태준 목사는 신학교 4학년 때 지금의 인천 등대교회 터 밑에 토담집을 사서 교회를 개척했다. 아내와 함께 전도지를 들고 온 동네를 돌았다. 재수 없다며 물바가지를 퍼붓는 등 온갖 수모를 겪었지만, 하나둘 교인이 모이기 시작했다. 지역적 특성으로 한글도 깨치지 못한 저학력에, 못살고 어려운 이들이었다. 열심을 다해 그들을 섬겼다. 그러자 교회가 안정적으로 자리를 잡아 갔다.

1990년대 초에 중국의 처소 교회를 방문할 기회가 있었다. 그곳은 더 열악했다. 헛간에 몇 명의 처소 교회 지도자들을 모아 놓고 로마서와 갈라디아서를 가르쳤다. 강의를 하면서 중국의 처소 교회가 초대교회의 가정교회와 유사하다는 점을 발견했다. 그래서 처소 교회가 부흥하고 있음을 알았다. 이거다 싶어서 인천에 돌아와서 그대로 해 봤다. 열악한 환경으로 보나, 모인 성도로 보나 큰 차이가 없어 보이는데, 이상하게 인천에서는 생각대로 잘 되지 않았다.

그러던 중 미국 리젠트 대학교 신학대학원에서 함께 공부한 친구 목사의 권유로 목회자 세미나에 참석했다. 첫날 만찬 후에 단 위에 올라가서 자기소개를 하는 것부터 마음에 안 들었다. 군대식으로 말하면 시간 낭비를 하는 것 같은 기분이었다. 그래서 아내와 함께 뭉뚱그려 소개하고 다음 사람에게 마이크를 넘겼다.

다음 날부터 강의를 듣는데, 처음에는 건성으로 시작했지만 시간이 지나면서 점점 빨려 들었다. 성경적 목회를 그토록 갈망했기 때문에 꼭 자신의 아이디어를 뺏긴 기분이 들 정도로 평소에 품은 자신의 생각과 동일했다. 이제까지 소망하며 세워 왔던 성경적 교회, 중국에

인천 등대교회에서 개최한 제31차 평신도를 위한 가정교회 세미나(2008년)

서 감동받고 시도했던 그 교회가 바로 강의에서 펼쳐지고 있었다. 영혼을 구원하여 제자 삼는 것은 평소에 그토록 열망하던 바로 그 구호였다. 생명의 삶은 자신의 노트를 보고 그대로 읽는 것 같았다. 세미나 마지막 날 소감 발표 때 "인천에 돌아가면 꼭 주님이 원하시는 교회를 세우겠다"고 다짐했다.

1%의 다른 점

세미나 때 가져온 교재로 한 달간 준비한 후 곧 시행했다. 처소 교회를 해 본 경험이 있기 때문에 크게 준비할 것도 없었다. 실패한 목장 체제를 재정비만 하면 됐다.

그러면서 처소 교회를 도입할 때 왜 실패했는지를 생각해 봤다. 좀 과장하면 99%는 같고 현저히 다른 것은 단 1%였다. 그 1%가 가정교회의 성패를 좌우한다고 봤다. 그렇다면 그 1%는 과연 무엇일까? 바로 담임 목사인 자신이 삼각형의 꼭대기 정점에서 CEO처럼 명령하고 지시하며 감독한다는 것이다. 담임 목사가 섬기는 자리로 내려와야 한다. 교회의 구도를 역삼각형으로 바꾸고, 위에서 명령하며 지시하는 리더십이 아니라 밑에서 섬기는 리더십으로 바꿔야 하는 것이다.

또 하나는 등대교회의 공동체 풍토가 여성 중심의 리더십이라는 것이다. 남성 중심의 리더십으로 바꿔야 했다. 그래서 재정비를 하다 보니 80개의 목장이 60개로 줄었다. 그러나 개의치 않았다. 처음에는 목자로 세울 분이 남성 반, 여성 반이었지만 앞으로의 방향은 남성 리더십 중심이라고 강조했다. 여성이 많은 한국 교회의 특성상 여성들이 앞에 나서면 남성들은 뒤로 물러서기가 쉽기 때문에 남성들에게만 목자를 시키겠다고 했다.

이런 전환 과정에서 여러 가지 어려움이 있었다. 남성을 세우는 데 부정적인 생각을 가진 사람들은 죽어도 가정교회는 못하겠다고 하면서 교회를 떠나기도 했는데, 가슴앓이를 하면서도 끝까지 잡지 않았다. 교회 공동체의 체질 개선이 필요했기 때문이다. 끝까지 버틴 결과 이제는 남성 중심의 리더십이 정착됐다.

다음으로 성경 공부=제자 훈련이라는 공식을 깨야 했다. 성경 공부를 통해 지적으로 깨달았으면, 그 깨달은 것을 실천하는 삶의 현장이 목장이다. 목장에서 함께 공동체 생활을 하면서 보고 배우는 것이 제자 훈련인 것이다. 이것은 성경 공부를 시켜서 제자 훈련을 한다는 고착된 사고를 갖고 있던 안태준 목사에게는 거의 혁명적인 깨달음이었다.

군 출신인 안 목사에게 순종은 이미 잘 훈련된 것이었다. 그러나 예수님처럼 섬기는 삶을 보여 주는 것은 부담되는 일이었다. 그러나 그는 혓바늘이 수십, 수백 번 터지고 아물기를 반복하면서 지금의 모습으로 변화됐다. 지금도 완전히 변했다고 할 수는 없지만, 지금처럼 섬김이 자연스러워지기까지 3년 반이라는 긴 시간이 소요됐다. 1%를 바꾸기 위한 훈련과 연단의 기간이었다.

그런데 교회 공동체의 분위기, 즉 풍토가 바뀌는 것은 그렇게 호락호락하지 않았다. 그동안 군대식으로 목회를 해 왔기 때문이다. 여태까지는 목사와 평신도가 명령 체계였다면 이제는 동역의 관계로 변해야 했다. 그러나 개척 때부터 지금까지 목사의 군대식 명령에 익숙한 평신도들이 가까이 다가오려고 하지 않았다.

안 목사 자신도 같은 사건을 볼 때 부정적인 면에 초점을 맞추던 관점을 고치려고 노력했다. 원래 무뚝뚝한 성격인데다가 호통부터 치곤 했는데, 용기를 북돋아 주는 말을 하려고 노력했다. 이 노력 끝에 이제는 교인들과 많이 가까워져서 농담도 주고받는 사이로 발전했다.

첫 초원지기

안태준 목사는 가정교회 전파에도 적극적이다. 뭔가 부족한 2%를 찾는 분들에게 가정교회를 소개하고, 세미나 참석을 권유하고, 먼저 시작한 교회로서 경험을 나누곤 했는데, 이것이 지역 모임이 됐다. 지역 모임의 첫 2년은 굉장히 힘들었다. 가정교회를 시도하는 사람들에게 이런 모임과 네트워킹이 필요한 것을 알기 때문에, 목회자 세미나에 다녀온 사람들의 연락처를 입수해서 편지도 띄우고 초청장도 보냈다. 그러나 참석하는 사람은 한두 명에 지나지 않았다. 그래도 굴하지 않고 계속 연락하고 모임을 이어 갔다. 어느새 40여 명까지 모여서 5개의 지역 모임으로 분가시켰고, 지금은 지역 초원지기로 섬기고 있다.

인천 등대교회의 현주소

인천 등대교회는 가정교회의 세 축인 주일 연합 예배, 목장 모임, 삶 공부가 균형을 잃지 않는 데 초점을 맞추고 있다. 목장 식구는 믿지 않는 지인들을 목장에 초청하는 일에, 목자는 그들을 섬겨서 목장에 정착하여 생명의 삶을 수강하게 하는 일에, 담임 목사는 생명의 삶에 등록한 수강생들로 하여금 복음을 깨우쳐 예수님을 영접하고 세례 받도록 하는 일에 꾸준하게 균형을 잃지 않으려고 한다. 여기서 중요한 핵심은, 한 영혼의 구원을 위해 개척할 때와 똑같이 초심으로 씨름하고 있다는 것이다.

예수 영접 모임은 대상이 한 명만 있어도 매월 마지막 주에 꼭 한다. 대상이 없으면 기존 신자들 가운데서 영접 모임을 통해 구원 점검을 받도록 한다. 생명의 삶도 기회를 주기 위해 주일반과 평일반을 운영하며, 한 사람이라도 수강신청자가 있으면 최선을 다해 강의를 진행한다. VIP가 오면 바로 영접 헌신하는 것을 지양하고, 생명의 삶에 등록하게 한다. 생명의 삶 4~5주쯤에 주일 연합 예배에서 영접 헌신을 하고, 영접 모임을 통해 예수님을 영접하게 한다. 그리고 생명의 삶을 마칠 즈음에 세례를 받게 한다.

이 일을 꾸준하게 진행한 결과 인천 등대교회는 매년 주일 출석 인원의 10%에 해당하는 VIP가 세례를 받고 있다. 현실적으로는 원하는 대로 바로 되지 않는 데 대한 조급함도 있고, 기대하던 결과가 나오지 않아서 낙담할 때도 있지만, 열매를 얻기 위해 치열하게 영적 전투를 하고 있다.

다음으로는 4기둥, 즉 영혼을 구원하여 제자 삼는 교회, 성경적으로 목사가 성도를 사역하도록 준비시키고, 준비된 성도는 영혼을 구원하고 교회를 세우는 교회, 서로 보고 배우는 제자 훈련이 이뤄지는 교회, 섬기는 교회로 세워 가는 일에도 균형을 유지하기 위해 심혈을 기울인다. 안태준 목사는 3축과 4기둥이 핵심이기 때문에 이것에 집중하고 균형을 유지하는 것이 가정교회를 정착시키는 데 가장 중요하다고 강조한다.

새로운 도약을 꿈꾸며 : 김인기 목사

|

김재정 목사의 뒤를 이어서 국제가정교회사역원 2대 북미 대표로 섬기게 된 김인기 목사는 올랜도 비전교회를 담임하고 있다.

영성을 다시 흔들어 놓다

김인기 목사는 고교 동창 중 한 명을 휴스턴 서울교회 성도로 둔 인연으로 가정교회를 접하게 됐다. 성악을 전공한 김인기 목사는 당시 전통적인 장로교회에서 성가대를 지휘하면서 부목사로 섬기고 있었다. 휴스턴에서 가정교회 세미나를 한다는 것도 몰랐을 뿐 아니라 관심도 없었다. 그런데 그 친구가 모든 수강 절차를 맡아서 해 주고, 무조건 와 보라고 했다. 그래서 교회에 양해를 얻고 참석한 것이 제3차 목회자를 위한 가정교회 세미나였다. 당시만 해도 그 세미나의 참가 자격은 담임 목사에게만 주어졌다는 사실을 나중에야 알았다.

세미나를 인도하던 나는 제3차인데도 세미나가 지속될 것이라는 확신이 없었다. 그러나 김 목사는 강의를 들으면서 이 강의 하나만으로도 세미나는 계속 이어질 것이라는 확신을 가졌다고 한다. 이 세미나 참석은 그동안 큰 교회의 음악 담당 부목사로 섬기면서 안이한 환경 속에 안주하고 있던 영성을 다시 흔들어 놓는 계기가 되었다.

갈등의 시간

강의 내용과 휴스턴 서울교회 교인들의 섬김의 모습은 집에 돌아가서도 계속 머릿속을 맴돌았다. 김인기 목사는 세미나에 참석한 후부터 스스로에게 질문하며 갈등했다. '내가 목사로서의 사명을 제대로 하고 있는 것인가?', '이런 교회의 현실을 그대로 이어 나가야 하는가?', '차라리 가정교회 강의를 안 들었으면 속 편했을 텐데'라는 생각도 들었다. 이러기를 3년, 결국 김 목사는 결심했다. 이렇게 갈등하느니 어디든 가서 하나님이 원하시는 목회를 3년만 해 보고, 아니다 싶으면 접자고 작정했다.

공교롭게도 이런 결심을 하고 나니 갑자기 여러 곳에서 청빙이 왔다. 그중에서 환경이나 조건이 가장 열악한 곳을 택했다. 그 교회는 17년 동안 8명의 목사가 거쳐 간 교회로, 교인은 60명뿐인데 장로가 12명이나 되는 곳이었다. 이들조차도 여러 파로 갈라져서 서로 분쟁

하는, 교회 이름을 건 전쟁터 같은 곳이었다. 새로 부임한 교회가 이런 형편이라면 잘못 왔다는 생각이 들 수도 있을 텐데, 오히려 이렇게 살아가는 교인들이 한없이 불쌍해 보였다. 더욱이 가정교회라면 치유될 수 있을 것 같다는 생각이 들었다. 이 생각을 좋게 보셨는지 하나님은 그 교회 역사상 처음으로 만장일치 청빙이라는 카드를 뽑아 주셨다. 분쟁하는 교회에서 만장일치로 목회자를 청빙한다는 것은 불가능한 일이다. 분명 하나님의 부르심이었다.

무조건 품는다

부임해 보니, 예상했던 대로 심한 상처와 원망으로 교회가 나뉜 상태였다. 예배 후 한 장로가 씩씩거리며 목회실로 찾아와서 책상을 발로 차며 소리를 질렀다. 누군가가 그의 심기를 건드린 모양이었다.

"장로님, 왜 그러십니까? 우선 여기 앉아서 차근차근 말씀해 보세요."

사실 달래긴 했지만 속으로는 더 험한 모습이 나올까 봐 조마조마했는데, 의외로 그분은 소파에 털썩 주저앉았다.

"아, 글쎄, 그 형제가 날 빤히 쳐다보면서 인사를 안 하잖아요. 지가 뭔데."

"아하, 그래서 노하셨군요. 제가 가서 만나 보지요. 여기서 잠시만 기다리세요."

속으로 다행이라고 생각하고 친교실로 가서 문제의 그 형제를 불러서 자초지종을 이야기했다. 그랬더니 그는 "그래요? 저는 그 장로님이 그런 줄 전혀 몰랐는데" 하면서 목회실로 와서 사과했다. 화내던 장로는 아무 일도 없었던 듯, 멋쩍어하지도 않으면서 그냥 나갔다.

이런 관계를 보는 김 목사의 마음에는 측은한 감정만 들 뿐이다. 오해와 미움을 감춘, 소문과 여러 갈래로 나뉜 영성이 진정한 교회 생활을 불가능하게 한 것이다. 대부분의 교인들이 미국에서 오래 살았지만, 이민자 특유의 피해 의식을 교회에서 직분으로 보상받으려는 분위기가 깊었다. 그래서 직분자를 임명하거나 세우는 선거를 하면 늘 싸움이 일어날 수밖에 없었다. 이런 영성에 예수 믿는 그림이 제대로 그려질 리 만무했다.

김인기 목사는 교인뿐 아니라 그렇게 목회를 이어 온 목회자들에게도 책임이 크다고 생각했다. 그동안 교인들은 종교 생활을 보고 배운 것이다. 예수님의 성품과 사역을 자신의 삶에 적용하여 변화되는 것이 무엇인지를 체험해 본 적이 없었던 것이다. 진정한 섬김의 기쁨을 맛보게 하는 목회를 하려고 하니 쉽지는 않았지만, 목표는 분명해졌다.

가정교회를 소개하고 정착시켜야 한다는 마음이 더욱 간절해졌다. 하지만 가정교회라는 용어는 입 밖에 꺼내지도 못했다. 관계가 형성되기도 전에 섣불리 이야기를 꺼냈다가는 이단 소리가 나올 수도 있기 때문이다. 처음 들어 보는 말이나 해 보지 않았기 때문에 익숙하지 않은 것은 일단 이단이라고 생각하는 잘못된 선입견이 있었기 때문이다. 더군다나 같은 지역의 침례교회에서 가정교회를 하다가 교회가 나뉘고 목회자가 사임한 예가 있었기 때문에 가정교회에 대한 부정적 인식이 있었다. 침례교회에서 실패한 것을 장로교회에서 한다는 것도 쉽게 받아들이지 못했다.

그래서 부임 후 1년 동안 마음의 상처를 치유하는 말씀과 기도의 시간을 가졌다. 주일마다 점심 식사 후에 세미나라는 이름으로 모임을 가진 것이다. 세미나의 주제는 "왜 우리는 분노하며 사는가?", "성질 죽이는 법", "예수 믿는 그림을 다시 그리기", "교회다운 교회의 영성은 어떻게 느껴지는가?" 등이었다. 교회에서 사용하는 추상적이고 종교적인 용어를 피하고, 실제로 자신의 영성을 드러낼 수 있는 제목으로 세미나를 했다. 그러나 내용은 사실상 가정교회의 3축과 4기둥에 대한 설명과 적용이었다. 교회 자체에서 하는 이 세미나는 새 목사가 부임해서 하는 것이었기 때문에 새 목사에 대한 호기심과 잘 알아보자는 마음으로 매번 대부분의 교인이 참석했다.

또한 구역장 기도회를 통해 목장의 모습을 은근히 보여 줬다. 물론 구역, 구역장, 구역 예배 등의 이름은 그대로 사용했지만 내용과 순서에서는 찬양과 기도와 말씀과 나눔이 있었다. 교인들은 모여서 진솔하게 나누고 구체적인 기도 제목을 이야기한 적이 없었기에 반응이 아주 좋았다. 이런 구역 예배는 처음이고, 마음을 나누는 현장이 되어서 너무 좋다는 반응이었다. 구역장들과 리더들에게 모임을 인도하는 방법과 대화법들을 훈련시키자 마음과 관계에서 치유가 일어나기 시작했다. 이런 원형 목장을 1년간 연습하니 그동안 교회를 떠났던 사람들이 돌아오고, 세례자가 나오고, 교인이 160명이 되는 성장을 체험하게 됐다.

이젠 해도 되겠다!

김인기 목사는 이제 가정교회로 바꿀 시기가 된 것 같아서《구역조직을 가정교회로 바꾸라》를 전 교인에게 읽게 했다. 전 교인 세미나를 열어서 책의 내용에 대해 이야기하고, 실제적인 성경적 교회의 그림을 그려

나갔다. 또한《가정교회로 세워지는 평신도 목회》를 함께 읽고 본격적인 가정교회를 시작했다. 이름도 목장으로 바꾸고, 많은 우여곡절이 있었지만 호칭도 형제자매, 어머님, 아버님으로 바꿨다. 결과적으로 보면, 가정교회를 하기 위해 1년 반 정도의 준비 기간을 가진 셈이다.

전 교인과 일주일간 금식 주간을 가졌다. TV를 끄고 전화도 삼가고, 매일 저녁에 가정예배를 드리면서 금식했다. 그런 다음 목자로 추천할 사람을 10명씩 적어 내게 했다. 사람을 뽑는 기준도 잘못 배워 왔기 때문에 목자의 자격은 기도하는 사람, 그리고 앞으로 기도할 가능성이 있는 사람이라고 정해 줬다. 최다 득표를 얻은 10명을 목자로 세우고, 목자 서약을 하게 했다. 그리고 김인기 목사가 발을 씻어 주는 세족식을 했다. 그런 후 10명의 후보를 놓고 교인들에게 자신이 함께 섬기고 싶은 목자를 선정하게 했다. 교인의 약 70%가 선택했다. 선택하지 않은 30%는 목자가 고르게 했다.

놀라운 사실은 가정교회를 하면서 교회가 젊어졌다는 것이다. 김 목사가 부임할 때만 해도 중·고등부가 합쳐서 4명뿐이었고, 아이들의 울음소리는 들은 기억도 없었다. 그런데 이제는 30~40대가 주축을 이루어 영·유아실이 비좁을 정도다. 도대체 이 많은 아이들이 어디에 숨어 있다가 이렇게 모였는지를 생각하면 주님께 감사할 뿐이다. 그리고 8년 동안 200여 명이 세례를 받았다. 올랜도의 한인 수가 5,000명인 것을 감안해 볼 때 이 숫자는 가정교회의 위력을 실감하게 했다.

분쟁과 아픔이 많았던 장소에서 옮겨서 새 건물로 이사했다. 교회 이름도 올랜도 한인장로교회에서 올랜도 비전교회로 바꾸었다. 이

올랜도 비전교회에서 주최한 제31차 목회자를 위한 가정교회 세미나(2008년)

렇게 장소를 옮긴 후 영혼을 구원하여 제자 삼는, 가정교회의 영성을 가진 교회로 자리 잡았다. 김인기 목사는 비전교회의 오늘은 휴스턴 서울교회가 있기에 가능했다고 말한다. 그는 가정교회로 전환하면서 연수, 콘퍼런스 같은 정규 모임 외에도 수시로 휴스턴 서울교회를 방문하여 많은 것을 배워다가 접목시켰다.

김인기 목사는 2014년 4월, 어스틴 늘푸른교회에서 열린 제59차 목회자 콘퍼런스에서 정식으로 임명을 받고 국제가정교회사역원의 2대 북미 대표로 일하기 시작했다. 그동안 받은 은혜를 갚아야 하기 때문에 수락했는데, 어깨는 무겁지만 마음은 가볍고, 할 일은 많지만 걱정은 없다고 한다. 동역자들을 비롯해서, 가정교회를 하겠다고 작정하고 오는 목회자들과 함께 하는 사역은 언제나 힘이 솟기 때문이다.

아름다운 이양 : 이수관 목사

신약교회 회복 운동이 지속적으로 되기 위해서는 가정교회의 승계가 잘 이뤄져야 한다. 가정교회를 시작한 사람이 은퇴함과 더불어 가정교회가 끝나 버린다면 이런 지속성을 추구할 수 없다. 휴스턴 서울교회에서 가정교회를 시작한 사람이 은퇴한 후에도 이를 계승하여 발전시킬 사람을 후임자로 선출하여, 가정교회가 비틀거리지 않고 더 단단해지게 하는 것은 좋은 사례가 된다. 지역 목자로 섬기거나 세미나를 주최하는 목회자들 가운데는 아직 은퇴한 사람이 없고, 휴스턴 서울교회가 첫 케이스기 때문이다. 그러나 평화로운 담임 목사의 승계는 쉬운 일이 아니다. 은퇴하는 목사에게도, 승계하는 목회자에게도, 교회로서도 노력이 필요하다.

이수관 목사는 가정교회 담임 목사의 승계를 성공적으로 이룬 케이스이면서 싱글 목장의 본보기가 된다. 그는 싱글 목장을 섬기면서 11번의 분가 경험을 갖고 있다. 이런 경험을 통해 휴스턴 서울교회의 담임 목사가 되는 준비를 했다. 담임 목사직을 물려준 나의 경험담은《가장 오래된 새 교회, 가정교회》(두란노)에 나와 있다. 담임 목사직을 물려받은 이수관 목사의 이야기를 본인으로부터 직접 싱글 목장의 경험담과 더불어 들어 보자.

LG전자 주재원 이수관 형제

사람이 살면서 겪게 되는 일 중에는 단순히 우연이라는 말로 넘어가기엔 미진한, 설명할 수 없는 일들이 있는데, 제가 휴스턴 서울교회의 목회자로 지금 이 자리에 있는 것도 그중 하나가 아닐까 싶습니다. 처음 보스턴 지사에 발령받아서 주재원으로 미국 땅에 첫발을 딛을 때만 해도 오늘의 제 모습은 꿈에도 생각할 수 없었으니 말입니다. 보스턴에 도착했는데, 그 지사가 그곳의 비즈니스가 컴팩(Compag)과 합병되면서 졸지에 컴팩이 있는 휴스턴으로 내려오게 됐습니다.

휴스턴 서울교회에 다니게 된 것 역시 생각지도 않던 수순이었습니다. 같이 주재원으로 있던 한 형제가 극력으로 휴스턴 서울교회를 추천했습니다. 그 형제는 한국에서도 같은 사무실에 있었는데, 당시에 예수님을 갓 영접한 제가 열심히 전도한 동기생이었습니다. 그때는 꿈쩍도 하지 않던 친구가 휴스턴에 저보다 6개월 먼저 와 있는 동안에 예수님을 영접하고 그리스도인이 되어 있었습니다. 제게 미안한 마음과 아울러 자신의 달라진 모습을 보여 주고 싶은 열망이 있었던지, 강력하게 휴스턴 서울교회를 추천했습니다. 그러나 저는 두 가지 면에서 휴스턴 서울교회에 나가기를 꺼렸습니다.

첫째, 같은 회사의 주재원들이 너무 많이 다니고 있다는 점이었습니다. 주재원끼리 모여 지내다가 가십에 휘말려서 문제를 만들고, 안 좋은 관계로 돌아선 부정적 예를 허다하게 봐 온 터라, 되도록이면 거리를 두는 편이 좋겠다고 생각한 것입니다.

둘째, 제가 한국에서 다니던 교회의 목사님의 가르침 때문이었습니다. 그분이 큰 교회에 다니는 사람은 숨어서 신앙생활을 하는 것이라며 따라서 작은 교회에서 봉사해야 한다는 것을 끊임없이 강조하셨습니다. 그래서 자연히 저도 그런 생각에 물들어 있었습니다. 작은 교회를 찾아야 한다는 부담감을 갖고 있었습니다.

하지만 한 번은 방문하자는 마음으로 1998년 10월에 첫 방문을 했습니다. 저는 그날의 예배를 지금도 잊지 못합니다. 너무나 감동이 되고 성령님의 임재하심이 느껴지는, 설명할 수 없는 무언가가 있었습니다. 요즘도 저희 교회에 처음 오시는 분들에게서 듣는 소감을 저도 똑같이 체험한 것입니다.

그럼에도 불구하고 저는 상기의 두 가지 이유 때문에 계속 마음을 정하지 못하고 있었습니다. 혹 누군가와 연결되어 다른 길에서 하나님의 인도하심을 발견하게 되지 않을까 생각하며 망설이고 있었습니다. 적극적으로 찾아볼 생각을 안 한 것은 아니지만 여건이 허락되지 않았기에 인도하심을 기다리고 있었던 것 같습니다. 그러나 몇 주가 지나도록 아무런 연결의 끈을 찾을 수 없자 아내는 이제 그만 등록하자며 저를 이끌었습니다.

그렇게 휴스턴 서울교회와의 인연이 시작되었습니다. 그리고 1999년 1월에 시작한 생명의 삶 강의를 들으면서 그동안 갖고 있던 교회에 관한 모든 질문에 답을 얻었습니다. 특별히 하나님의 사랑에 대한 깊은 감동이 있었습니다. 한국에서 반복적으로 깨어지는 교회를 다녔던 터라 좋은 교회와 존경스러운 목사님에 대한 갈급함이 있었는데, 생명의 삶은 그 모든 것을 회복시켜 줬습니다.

생명의 삶이 끝나고, 저는 당시에 기신자였는데도 불구하고 생명의 삶 졸업 간증자로 채택되어 대예배에서 간증했습니다.

그 간증을 계기로 당시에 조연급 배우를 찾고 있던 연극 팀으로 부터 러브콜을 받았습니다. 당시는 회사 일이 바빴던 시점이지 만 예배와 생명의 삶에서 은혜를 받았던 터라 연극하면서 하나 님을 조금씩 만나 갔습니다.

특별히 그 당시는 일이 안 되면 한국으로 돌아가야 하는 절박 한 시점이었는데, 실오라기 같던 가능성의 비즈니스가 성사되면 서 결국 휴스턴에 있게 됐습니다. 목장 생활에 활력이 붙어 갔고 특히 생명의 삶, 제자의 삶, 경건의 삶으로 이어지는 삶 공부는 새로운 신앙에 눈뜨게 해 줬습니다.

평신도에서 목사로

등록 후 약 1년이 지난 1999년 10월, 최영기 목사님과 식사를 같이 할 기회가 있었습니다. 식사가 거의 끝날 무렵에 최 목사님은 저에 게 목사가 될 마음이 없느냐는 의외의 말씀을 하셨습니다. 서울교 회의 독특한 가정교회 문화에 대해 말씀하시면서 후임이 교회 안 에서 길러져야 한다고 당신의 생각을 이야기하셨습니다. 아울러 저를 지목한 배경도 이야기해 주셨습니다.

목사님이 저에게서 보신 몇 가지는 다음과 같습니다. 첫째, 성 공한 경력이 있는가를 보셨습니다. 동기 중에 승진이 빠른 편이 기에 이 부분을 보셨다고 합니다. 둘째, 주변 사람들과의 관계가 어떤지도 보셨습니다. 교회에 온 지 얼마 되지 않았지만 연극 팀 에서 열성적으로 섬긴 탓에 무난하게 좋은 소문을 들은 것 같습 니다. 음악적 감각도 보셨는데, 첼로를 배웠다고 하니 그 부분도 통과됐습니다. 영혼 구원에 대한 소망도 믿지 않는 처형을 위해 안타까운 마음으로 기도하는 것을 볼 때 느껴졌다고 했습니다. 다만 가르치는 것에 대한 의문부호가 있었는데, 간증을 여러 차례 시켜 보니 이것도 잘할 것 같았다고 하셨습니다.

이런 뜻밖의 제안을 접하고나니 제게 드는 생각은 '스스로 원해서 하려고 했을 때는 막으시던 하나님이 때가 되니 거부할 수 없는 분명함으로 인도해 주시는구나' 하는 것이었습니다. '기다리며 순종하면 확실하게 당신의 길로 인도하시는구나.' 분명하게 하나님을 경험하는 순간을 갖게 해 주신 것입니다. 생각해 보겠다고 말씀드렸지만, 제 마음은 이미 하나님의 말씀으로 받아들인 상태였습니다.

최 목사님은 후임자로 훈련은 시키지만 휴스턴 서울교회의 담임 목사가 된다는 약속은 할 수 없다고 하셨습니다. 단, 최영기 목사가 키웠다고 하면 받아 줄 곳이 있을 테니 그 부분은 걱정하지 말라고 하셨습니다. 사실 제 생각에도 휴스턴 서울교회의 후임은 계산조차 안 되는 먼 훗날의 일이었으며, 그 안에 무슨 일이 일어날지 누가 알까 싶기도 했습니다. 그런데도 제가 덥석 승낙할 수 있었던 것은, 존경하는 목사님 밑에서 훈련받는 것만으로도 영광이라고 생각했기 때문입니다. 또 하나님이 쓰시는 목회자임이 분명한데, 이분의 필요를 내가 채울 수 있다면 이 또한 하나님께 쓰임 받는 것이 아닐까 하는 생각이 들어서였습니다. 목사님을 잘 도와드리는 것만으로도 제자리를 지키는 순종일 것이라는 확신이 답을 쉽게 만들었습니다.

그러나 아내의 경우는 그야말로 청천벽력이었습니다. 이야기를 들은 아내는 그날로 싸매고 누워서 며칠 동안 먹지도 않고 일어나지도 않았습니다. 그만큼 큰 배신감을 느꼈다고 합니다. 며칠 후 일어나더니 최 목사님이 당신을 잘못 보고 골랐을 수도 있으니 목사님을 직접 만나서 물어보고 확답을 얻어야겠다고 했습니다. 이 면담을 통해 아내는 저에 대한 목사님의 파악에 수긍했습니다. 아내가 두려워하던 사모의 정의에 대해 목사님은 그저 좀 더 헌신된 평신도로 생각하면 된다는 명쾌한 답을 주셨습니다. 그렇게 아내의 혼란스러운 마음을 가라앉혀 주셨습니다.

아내는 제게 앞으로 절대 후회하지 말 것을 주문했습니다. 지금 돌이켜 보면 어렵고 힘든 고비가 정말 많았는데, 그때마다 채우시고 이끄시는 하나님의 은혜로 한 번도 후회한 적이 없습니다. 아내와의 약속도 신기한 방법으로 지킨 셈입니다.

그러나 이런 최 목사님과의 회동은 1년 후인 2000년 10월, 교회에 공식적으로 발표되면서 두 가지 면에서 반향을 불러일으켰습니다. 첫째는 집사회를 비롯한 교회의 리더들이 느낀 배신감이었고, 둘째는 교인들이 보내 온 질시의 시선이었습니다. "대체 얼마나 잘 보였기에 온 지 얼마 되지도 않았으면서 휴스턴 서울교회의 후임 자리를 따내나" 하는 곱지 않은 시선이 저를 참으로 어렵게 했습니다. 그런데 역설적으로 이런 불편함이 제게는 오히려 커다란 도움이 되었습니다. 내가 잘해야 목사님이 좋은 소리를 들으실 수 있다는 생각과 최 목사님의 목회에 흠이 되어서는 안 되겠다는 긴장감이 저로 하여금 모든 면에서 더 열심히 준비하게 했습니다.

　최 목사님은 제가 신학교에 간 지 3개월 만에 첫 주일 설교를 맡기셨습니다. 그 설교를 준비하면서 많은 중압감을 느꼈습니다. 설교를 통해 교인들이 나를 평가할 텐데, 나야 못해도 그만이지만 최 목사님까지 나 같은 사람을 골랐다고 지적받으실까 봐 본문 하나하나를 열심히 따라가며 설교 준비에 심혈을 기울였습니다. 엉성하게 들여다보고 읽는 수준으로는 성이 안 찰 듯해서 설교 본문을 통째로 외웠습니다. 사실 요즘은 그 당시보다 훨씬 쉽게 설교 준비를 합니다. 아마 초창기 때의 그 지옥 훈련이 제 목회의 바탕이 되어 준 듯합니다. 당시의 그런 긴장감이 없었다면 설교를 통째로 외우려는 시도 같은 것은 아예 하지도 않았을 것입니다.

　최 목사님은 차근차근 가르치는 스타일이라기보다는 보고 배우도록 하셨습니다. 그리고 중간중간 일을 떼어 주시면서 직접 부딪치며 알게 하셨습니다. 예를 들어서 생명의 삶 같은 경우에 1년에 3번의 스케줄 중 최 목사님이 2번 강의하시면 제가 1번 맡는 식으로 했습니다. 최 목사님의 출타 시에는 예수 영접 모임을 제가 맡아서 인도해 보는 식이었습니다.

　최 목사님이 일을 떼어 주실 때마다 저는 가능하면 목사님과 똑같이 하려고 애썼습니다. 예를 들어서 최 목사님이 2006년에 6개월의 안식년을 갖기 위해 떠나시기 전 한 달간 최 목사님의 일거수일투족을 따라다니면서 기록했습니다. 주일예배 후 컴퓨터에 무엇을 기록하시는지도 꼼꼼히 살폈습니다. 목사님이 안 계시는 동안 목사님과 거의 똑같이 했기 때문에 교회가 삐거덕

거릴 일이 없었습니다. 똑같이 하다 보니 왜 이렇게 하는지가 더 잘 이해됐습니다. 완전한 카피가 내 것으로 만들 수 있는 지름길임을 실전을 통해 알 수 있었습니다. 그렇게 하다 보니 교인들의 입장에서도 문화 충격이 적었을 것입니다.

교회에서 공식적인 발표가 있고, 정식으로 신학교에 들어간 후에도 영주권 문제로 인해 사표를 제출했던 회사에 다시 파트타임으로 돌아가게 됐습니다. 그 과정 또한 기적이라고 할 수밖에 없습니다. 사표를 제출한 일개 직원을 다시 돌아오게 붙잡는 것은 대기업의 생리로 볼 때 거의 기적 같은 일인데, 저를 아껴 주시던 부사장님으로 인해 가능했습니다. 다윗을 보호하려고 첫 만남에서부터 요나단에게 다윗을 사랑하는 마음을 주셨던 하나님의 섭리가 느껴질 만큼 부사장님은 제게 여러 면에서 특혜를 베풀어 주셨습니다. 그로 인해 저는 공중에 뜰 뻔했던 영주권을 얻을 수 있었습니다. 그리고 지사장을 마지막으로 퇴사하면서 휴스턴 서울교회로 출근했습니다.

싱글 사역 10년

돌이켜 보면 하나님이 세심하게 저를 지키시고 인도해 오신 길입니다. 그중 싱글 목장의 이야기 또한 빼놓을 수 없습니다. 최 목사님과 저의 약속이 공표되기 전인 2000년 6월경, 한 싱글 목장을 사임하는 목자의 뒤를 이어서 목장을 맡아 줄 수 있느냐는 부탁을 받았습니다. 가서 목장 식구들을 만나 보니 꼭 재혼한 아내가 전처의 아이들을 만나는 것 같은 서먹함이 있었습니다.

다음 날부터 우리 집에서 목장 모임을 하기로 하고, 그날 저녁에 딸아이에게 선언했습니다.

"이제부터 우리 집에서 모든 것의 최우선 순위는 '목장'이야. 그러니 금요일에 학교 행사나 기타 무슨 일이 있더라도 엄마 아빠의 참석은 기대하지 마. 네가 이해해 주기 바란다."

초등학교 1학년이었던 나은이는 그게 무슨 말인지도 몰랐을 텐데, 그럼에도 불구하고 저희 가족은 그 약속을 철저히 지켰습니다. 그 후 10년의 목자 사역 동안 교회의 공식적인 행사가 있는 날만 제외하고 금요일 목장 모임은 늘 저희 집에서 했습니다.

목장을 최우선 순위로 놓는 것 외에도 목장 식구들을 아낌없이 사랑하는 것, 그리고 잔소리를 하지 않는 것을 목장 모임의 원칙으로 세웠습니다. 아낌없이 퍼 주다 보니 흩어졌던 아이들이 다시 돌아왔습니다. 아이들이 친구들도 데리고 와서 목장은 금방 부흥하기 시작했습니다.

금요일 목장 모임에 참석한 아이들을 한 명 한 명 바라보면서 왜 황금 같은 금요일 저녁에 이 아이들이 왜 여기 와서 앉아 있을까를 생각해 봤습니다. 단순히 밥을 먹기 위해 온 것일지라도 와 있을 만한 이유가 보이는 아이들은 목장을 떠나지 않았는데, 제 눈에 그 이유가 안 보이는 아이들은 곧 목장을 떠났습니다. 그래서 아이들이 금요일에 여기 와서 앉아 있을 이유를 만들기 위해 이들이 원하는 것이 무엇일까를 생각했습니다.

많은 아이들이 가정을 그리워하고 있었습니다. 유학생으로 와 있어서 부모와 떨어져 있을 수밖에 없는 아이들뿐 아니라, 부모가 여기 있어도 가정에서 따뜻함을 느낄 수 없어서 집에 들어가기 싫어하는 아이들도 있었습니다. 이런 목장 식구들에게 언제든 오고 싶을 때 올 수 있는 가정을 만들어 주고, 부모가 되어 주기로 방향을 잡았습니다.

부모님 집을 방문하는데, 미리 약속하고 들리는 자녀는 없습니다. 그래서 금요일 오후 4시 이후에는 문을 열어 놓았습니다. 그리고 문에 종을 달았습니다. 누가 문을 열고 들어오면 나가서 반겨 맞이하고 꼭 안아 줬습니다. 모임을 끝내고 갈 때도 남은 음식을 싸 주고, 집 밖에 나가서 아이들의 차가 골목을 돌아 시야에서 사라질 때까지 손을 흔들어 줬습니다. 먹을 것을 바리바리 싸 주시며 동구 밖까지 따라 나가서 자녀들에게 손을 흔들어 주시는 시골 어머니의 모습을 따라 했습니다. 또한 꼭 고급 그릇을 썼습니다. 자녀들에게 일회용 식기를 사용하게 하는 부모는 없으니, 당연한 것이었습니다.

한 가지 더 신경 쓴 것은 부부 싸움이었습니다. 자녀들이 가장 힘들어하는 것이 부모의 싸움이라는 생각에 아내에게 눈 한번 흘긴 적이 없습니다. 이렇게 사이좋은 모습을 보여 주어서 건강한 가정에 대한 꿈을 갖게 해 주고 싶었습니다. 덕분에 결혼에 회의적이던 많은 미혼자들이 목자님처럼 아름다운 가정을 꾸리고 싶다는 소원을 갖게 되었습니다.

실제로 저희와 판박이 같은 삶을 사는 많은 청년들이 생겼습니다. 저희가 목장을 섬겼던 것처럼 똑같은 자세로 희생하는 많은 목장이 생겨났습니다. 첫 목장을 시작한 지 6개월 만에 휴스턴 서울교회 최초로 미혼인 상태에서 목자가 된 손현영 목자의 분가 이후 손자 분가까지 합치면 30여 개의 목장이 생겨났습니다. 이들 모두 신실하게 자라서 교회의 큰 일꾼이 되었습니다. 많은 교회에서 싱글 청년들을 소홀히 대하기 쉬운데, 이들을 잘 양육시키면 굉장히 큰 자산이 됩니다.

내가 아니라 하나님이 하신다

사실 최 목사님의 후임으로 휴스턴 서울교회에서 목회한다는 것이 좋은 것만은 아닙니다. 잘해야 본전이고, 조금만 잘못하면 모든 허물을 덮어써야 하는 상황입니다. 그래서 늘 긴장감과 함께 마음 한 구석에 돌 같은 것이 자리 잡고 있었습니다. 그런 중압감 때문에 한동안 휴스턴 서울교회에서 목회하지 않게 해 달라고 기도했습니다.

그러던 어느 날 새벽 기도 중에 하나님의 음성을 들었습니다. 그날도 불평 섞인 푸념을 하나님께 늘어놓고 있는데 "내가 고작 현상 유지나 하려고 너와 같이 이 고생을 하고 있는 줄 아느냐?" 하시는 하나님의 목소리가 들렸습니다. "너와 같이"라는 말이 제 마음에 박히면서 눈물이 한없이 쏟아졌습니다. 나 혼자 고생하고 있다고 생각했는데, 하나님이 같이 하고 계신다는 그 말씀으로 인해 마음이 놓였습니다. '하나님이 이 교회에서 하시고자 하는 것이 있나 보다. 그럼 내가 할 일은 하나님의 음성을 따라가려고 순종하고, 내 자리를 지키는 것이겠구나' 하고 생각하니 마음에 있던 돌덩이가 사라졌습니다. 그때부터 비로소 웃기 시작하고, 여유 있다는 소리도 듣기 시작한 것 같습니다.

내가 하는 것이 아니라 하나님의 인도하심을 따라간다는 마음을 잊지 않는 것, 그것이 내가 할 일임을 분명하게 압니다. 하나님은 우리의 앞길을 인도하실 때 멀리 있는 큰 그림을 보여 주시지는 않는 것 같습니다. 발걸음을 뗄 수 있게 단계 단계로 인도하십니다. 그러나 세월이 지나 돌아보면 큰 그림이 되어 있습니다. 저를 이곳으로 인도하시고, 목회자로 지명하여 세우시고, 후계 문제에서 세습과 분열 등 문제가 많은 교회들 가운데 '아름다운 이양'이라는 선례로 삼아 주신 모든 것이 그분의 뜻이었음을 새삼 느낍니다. 주님께 감사와 영광을 올려 드립니다.

많은 목회자가 가정교회 세미나에 참석하고, 신약교회의 회복을 꿈꾸는 순수한 복음 정신에 눈물 흘리며 감동한다. 하지만 2,000년 전과 같은, 하루에 3,000명씩 회개하는 폭풍 성장은 이제 없다. 오히려 기신자의 수평 이동을 금해야 하기 때문에 가정교회를 해서 현상 유지가 되면 잘 하는 목회다. VIP를 영입해서 회원 교인으로 만드는 속도가 교인의 자연 감소 속도를 따라가지 못한다. 많은 목회자들이 여기에 실망하여 가정교회로의 전환을 주저하거나 가정교회를 하다가 도중하차한다. 심지어 등을 돌려 버리는 일도 있다.

이런 사실을 뻔히 알면서도 가정교회를 해서 하나님의 소원을 풀어 드리겠다는 그 한 가지에 목회의 생명을 건다면, 그는 순수한 성품을 지닌 목회자다. 이런 목적을 가지고 인내하며 기도로 목회하면 신실한 인격으로 변할 수밖에 없다. 하나님은 이 땅의 복음 전파와 확장 사역을 이런 순수한 생각을 가진 소수에게 맡기시는 것 같다.

최영기 목사의 은퇴 및 이수관 목사의 담임 목사 취임식을 마치고(2012년 8월)

개혁을 부르짖었던 많은 운동이 한 세대가 지나면 체제 유지에 급급한 보수 집단으로 전락해 있는 것을 종종 본다. 나는 개인적으로 30년 (한 세대)마다 종교개혁이 일어나야 한다고 믿는다. 그렇지 않으면 신앙생활이 종교 생활로 변질되고, 교회는 사교 모임으로 전락해 버리기 때문이다. 가정교회도 끊임없이 개혁을 추구하지 않으면 같은 말로를 맞게 될 것이다. '신약교회의 회복'이라는 고귀한 사명이 한 세대로 끝난다면 너무나도 안타까운 일이다.

얼마 전부터 새벽마다 빼놓지 않고 하는 기도가 있다.

"신약교회 회복의 사명을 계승할 수 있는 후계자를 세워 주시고, 이 사람이 등장했을 때 알아볼 수 있는 눈을 허락해 주십시오."

이 기도를 드리는 이유는, 후계자를 세울 때 공동체의 유익보다 자신의 업적을 보존할 사람을 세우고 싶어 하는 인간의 성향을 알기 때문이다. 후계자는 새로운 역사를 만들어 가야 하기 때문에 전임자와 생각이나 사역 방법이 다를 수 있다. 그럴 때 불편함을 느껴서 거부하게 될까 봐 이런 기도를 드리게 되는 것이다.

나는 2016년 가을에 국제가정교회사역원 원장의 3년 임기가 끝난다. 그때 국제가정교회사역원 회원들이 다시 뽑아 주면 한 번만 더 원장으로 섬기려고 한다. 그리고 마지막 임기는 사역 이양을 준비하는 데 사용하려고 한다. 새로운 지도자가 새롭게 사명을 감당할 수 있도록 국제가정교회사역원의 정관을 수정하고, 마음 놓고 일할 수 있도록 조직을 재정비하려고 한다.

2017년에 선출될 지역 대표는 단순한 지역 대표가 아니라, 지역 가정교회사역원 원장이다. 일단은 북미 가정교회사역원 원장과 한국 가정교회사역원 원장이 세워지겠지만 차차 일본 가정교회사역원 원장, 중앙아시아 가정교회사역원 원장, 호주 가정교회사역원 원장, 아프리카 가정교회사역원 원장, 영어권 가정교회사역원 원장이 세워질 것이다. 이들은 자신이 맡은 영역에서 지금까지 국제가정교회사역원 원장이 해 왔던 일을 감당하게 될 것이다.

지역 가정교회사역원이 세워지면 나는 남은 임기 동안 이들을 수발드는 역할을 맡을 것이다. 새로 선출된 지역 가정교회사역원 원장의 관심이나 손길이 미치지 못하는 곳에서 도움을 요청하면 요청받은 만큼만 일할 것이다.

내 마지막 국제가정교회사역원 원장의 임기가 끝나면, 그 후부터는 국제가정교회사역원 원장을 따로 선출하지 않고 지역 가정교회사역원 원장 중 한 명이 겸임하도록 정관을 수정하려고 한다.

새로운 가정교회사역원 원장은 가정교회의 시스템이나 방법을 잡아서는 안 된다. '성경대로'라는 원칙과 '영혼을 구원하여 제자 만든다'는 교회 존재의 목적만 잡아야 한다. 가정교회의 기초가 되는 3축과 4기둥조차 필요하다면 지역 가정교회사역원 원장들의 합의에 의해 발전적으로 수정할 수 있어야 한다. 유동성, 신축성, 다양성을 잡지 않으면 신약교회 회복 운동도 한때 빤짝했던 프로그램으로 끝날 것이다.

성경이 그렇다면 그런 줄 알고, 아니라고 하면 아닌 줄 알고, 하라고 하면 하고, 하지 말라고 하면 하지 않는, '성경대로'를 고집하는 사람들이 지역 가정교회사역원 원장으로 세워지고 차세대 리더로 세워지면 좋겠다. 그럴 때만이 신약교회의 회복이라는 고귀한 사명이 지속될 것이고, 가정교회는 주님이 원하셨던 교회의 모습에 날로 근접할 것이다. 그래서 20년, 30년 후에 "사람이 한 것이 아니라 하나님이 하셨다"고 고백하는 또 하나의 가정교회의 역사가 쓰이면 좋겠다.